T0343819

Jürgen Große

Philosophie
der Langeweile

Verlag J. B. Metzler
Stuttgart · Weimar

Bibliografische Information der Deutschen Nationalbibliothek
Die Deutsche Nationalbibliothek verzeichnet diese Publikation in der Deutschen
Nationalbibliografie; detaillierte bibliografische Daten sind im Internet über
http://dnb.d-nb.de abrufbar.

Gedruckt auf chlorfrei gebleichtem, säurefreiem und alterungsbeständigem Papier

ISBN 978-3-476-02281-3

© 2008 J.B. Metzler'sche Verlagsbuchhandlung
und Carl Ernst Poeschel Verlag GmbH in Stuttgart
www.metzlerverlag.de
info@metzlerverlag.de

Einbandgestaltung: Melanie Weiß
Druck und Bindung: Kösel Krugzell · www.koeselbuch.de
Printed in Germany
September 2008

Verlag J.B. Metzler Stuttgart · Weimar

„Weil dich die Philosophie langweilt und dieses treue Mädel,
hältst du dich für einen echten Blasierten? …
In euch beiden steckt ja noch der süße, unsterbliche Gedanke:
Es kommt was Neues, Besseres …
Ihr langweilt euch nicht – o nein! Ihr wollt euch nur besser unterhalten."

Arthur Schnitzler, *Die Blasierten*

Inhalt

Einführung: Zur Metaphysik einer Stimmung

Langeweile ist in den westeuropäischen oder überhaupt westlichen Gesellschaften der Gegenwart ein vertrautes Phänomen. Deshalb verwundert es kaum, daß sie häufig zum Objekt empirischer Erforschung sowie therapeutischer Anstrengungen geworden ist. Daneben finden sich aber auch ausgesprochen metaphysische Bemühungen um die Langeweile. Man hat immer wieder in ihr einen Königsweg zur Totalität von Dasein und Welt, zu Sinnfragen wie Sinnmangelerfahrungen erblickt. Im vergangenen Jahrhundert kulminierte diese Tendenz bei so unterschiedlichen Denkern wie M. Heidegger und E. M. Cioran in ausgearbeiteten Philosophien der Langeweile.

Wie konnte, wie kann die Langeweile für Philosophen interessant werden? Die Frage eröffnet eine historische und eine theoretische Perspektive. Das theoretische Problem einer ‚Langeweile der Philosophen' betrifft die Abgrenzbarkeit gegen ihre alltäglichen und einzelwissenschaftlichen Erscheinungsformen. Hierfür ist ein metaphysischer Ehrgeiz zu unterstellen, der sich anderweitig, z.B. in ‚traditionellerem', onto-theologischem, vor allem aber: intellektualistischem Vokabular nicht mehr ausdrücken kann. Wenn statt dessen gewisse emotionale Zustände ergiebig sein sollen, so müssen sie selbst eine Transformation durchgemacht haben, die metaphysische Leistungsfähigkeit garantiert. Das führt auf den historischen Aspekt des Problems und zugleich auf die Arbeitshypothese der nachfolgenden Studien: Langeweile muß ihres anlaßbezogenen *affektiven* Status schrittweise entkleidet worden sein, muß vornehmlich als gegenständlich unbestimmte, dadurch aber metaphysisch deutungsfähige und -bedürftige *Stimmung* interessieren. Nur eine abstrakte, inhaltlich entleerte Stimmung kann zum Metaphysik-Vehikel werden, beispielsweise als ein Phänomen, das die *Bedingungen* für Affizierbarkeit ihrerseits theoretisch verfügbar macht. Philosophischer Umgang mit der Langeweile bzw. ‚Leere' bedeutet den methodischen Verzicht auf ihre reale zugunsten einer hermeneutischen ‚Füllung', sie fordert ein Aushalten und Ausdeuten der Leere. Diese philosophische Substitution banalen ‚Zeitvertreibs' wird metaphysisch um so ertragreicher sein, je aufwendiger die tatsächlichen – individuellen wie kollektiven – Bemühungen um einen Vertreib der durch Sinnleere lang geratenen Zeit schon geworden sind.

Langeweile ist nicht die einzige Stimmung, die zum Gegenstand metaphysischen Interesses wurde – dem philosophiehistorischen Gedächtnis sind weitere Kandidaten wie Angst oder Melancholie vertraut. Durchgehend ist aber die Tendenz zur formalisierenden und totalisierenden Behandlung von emotionalen Zuständen, sobald sie metaphysiktauglich werden sollen. ‚Langeweile' wäre somit zu verorten in einer philosophischen Geschichte der Gefühle, die einerseits zu klären hat, wie es zur metaphysischen Aufwertung der ‚Stimmungen' gegenüber den mehr akzidentellen, gegenständlich gerichteten ‚Affekten' kam, und die andererseits die Prominenz ausgezeichneter Stimmungen wie eben der Langeweile plausibel machen müßte.

Kapitel I zeichnet den Aufstieg der Langeweile zur metaphysischen Schlüsselstimmung in einer zugleich theoretischen und historischen Interpretation nach. Hierzu wird die Eigentümlichkeit des philosophischen Umgangs mit der Langeweile im Vergleich zu ihrer alltäglichen Erfahrung wie ihrer einzelwissenschaftlichen Deutung herausgearbeitet. Letztere bildet zwar philosophische Zugangsmöglichkeiten, die denen der traditionellen metaphysica specialis entsprechen und noch heute – z.B. in Psychologie oder Anthropologie – das Verständnis von ‚Langeweile' vielfach bestimmen (I.2.1). Der Aufstieg der Langeweile zur daseinsdeutenden Stimmung ergibt sich jedoch allein aus ihrem Anspruch, den einstigen Platz der metaphysica generalis – der Lehre vom Seienden als solchen – als *Begründungs*wissen einzunehmen (I.2.2). Erst im Rückbezug auf deren *Totalitäts*anspruch wird verständlich, warum die ‚Langeweile der Philosophen' sich nicht mit einer bloßen Komplementärfunktion gegenüber einer überlieferten, intellektualistischen Ontologie zufriedengeben konnte. Eine Metaphysik mittels Langeweile kann – wegen ihrer Stimmungsfundiertheit – nicht reine, weltentrückte Kontemplation sein. Sie kann und will aber auch nicht bloß eine weitere ‚Gefühlsphilosophie' sein, sondern muß fundamentalontologisch jene Leere bzw. jenes Nichts dingfest machen, worin alles konkrete Seiende zu seinem Sinn und dieser zur Erfahrbarkeit kommen kann. In den elaboriertesten philosophischen Langeweiletheoremen ist erkennbar, weshalb das Staunen bzw. die Neugier nicht mehr als der ursprüngliche metaphysische Affekt gelten darf: In der anwachsenden Langeweile als philosophischer wie allgemein-kultureller Befindlichkeit bekundet sich eine Historisierung der Metaphysik selbst, die nurmehr als ‚Trümmerfeld' (W. Dilthey) einseitig normativer oder kognitiver Sinngebungsakte erscheint. Allein als Ausdruck von *Stimmungen* – diesseits ihrer nun historisierten Sachgehalte – seien diese Sinngebungen noch nachvollziehbar. Philosophiegeschichte ohne diesen Rekurs auf sinngebende Grundstimmungen wäre buntscheckiges Einerlei, würde langweilen durch Beliebigkeit, könnte jedenfalls nicht das metaphysische Staunen hervorrufen. Langeweile gilt als eine Stimmung, die sowohl sich selbst als auch ihre Kompensate bzw. Füllungen hermeneutisch transparent machen kann.

Die Langeweile hat – aus ihrer semantischen Vorgeschichte als acedia, taedium, noia – eine schuldtheologische wie eine psychopathologische Konnotation, die sie erst in der entfalteten Neuzeit zu verlieren beginnt.

Kapitel II zeigt, wie sich die Transformation der Langeweile zum philosophischen Interpretationsinstrument für alle Lebensgebiete im Zeichen der *Anthropologie* vollzieht. Das Hauptinteresse gilt hierbei dem späten 18. Jahrhundert, jenem Zeitpunkt, da auch der Sinn- und der Zeit-Aspekt im Terminus ‚Langeweile' sich endgültig zu dem modernen, bis in die Gegenwart gültigen Verständnis zusammenschließen. Eine des Sinns entleerte Zeit einerseits, Zeit als Verwirklichungsmedium des Sinns andererseits – diese thematische Verschränkung grundiert die Meditationen Kants, der Romantiker und später auch Schopenhauers über die Langeweile. Die Grundstruktur der neuzeitlichen Langeweile-Philosophie zeichnet sich ab, nämlich eine asymmetrische Polarität aus Substanz und Leerheit, aus affektiver Bewegung und affektloser Statik, aus sinngebendem Wünschen und stets leerlassender Befriedigung, die nurmehr ihrer geschichtsphilosophischen Ausdeutung harrt.

Ihr widmet sich *Kapitel III*, das hauptsächlich Autoren des 19. Jahrhunderts berücksichtigt. In dieser Epoche bildet sich die populäre wie die philosophische Erzählung von der Genese moderner Langeweile heraus, die bis heute wirkt. Es ist die Geschichte eines kontinuierlichen Emotionalitätsschwundes, die Affektivität und Affektlosigkeit jeweils auf eine systematisch ausgelegte Polarität von Vergangenheit und Gegenwart verteilt. Die *Geschichtsphilosophie der Langeweile* ist somit nichts anderes als historisch angewandte Anthropologie: Der gelangweilte, von Leidenschaften entleerte Mensch muß diese in irgendeiner Vergangenheit vermuten. Geschichts*philosophisch* und nicht bloß geschichtlich ist die moderne Erzählung vom Affektivitätsrückgang insofern, als sie den Versuch einer Selbstanwendung einschließt. Der Anspruch, auch Gegenwart zu beschreiben wie eine Vergangenheit, die in der Retrospektive emotionale Tönungen annimmt (‚bunte Vorzeit', ‚finsteres Mittelalter' u.ä.), führt zur metaphysischen These von der Nichtigkeit bzw. Leere der Gegenwart. Diese ist nicht länger der Erscheinungsort von Sinn und Sein. Die Reflexion geschichtlicher Zeit scheitert in ihrer Selbstanwendung, denn die ‚Jetztzeit' wirkt inhaltlich unbestimmt, ja eigenschaftslos. Die ‚Moderne' weiß nichts von sich zu sagen, außer eben, daß nun sie an der Reihe ist, als ‚Jetzt-Zeit' – wie Schopenhauer höhnisch bemerkte. So bildet sich der philosophische Begriff der Neuzeit als „einer durch die Zeitform als solche und nichts zudem bestimmbaren Konsistenz", „als der Bedingung dafür, eine Gegenwart von ausgezeichneter Gewißheit bei kontingentem Erlebnisgehalt haben zu können" (H. Blumenberg). Dieses Aufmerken auf die reine Zeitform bildet eine strukturelle Analogie zur Langeweileerfahrung. Im Ringen mit der Langeweile büßt eine Kultur ihren Willen zum rein kognitiven und voluntativen Selbst- und Weltverhältnis ab, wie es dem Autonomiebestreben des in praktischer und theoretischer Vernunft verfestigten bürgerlichen Ich entspricht. Dies bedeutet dann ein spezifisches Verhältnis zur Zeit und zu ihrem Sinn: Zeit ist inhaltlich nur negativ, als erinnerte *Vergangenheit* affektiven Weltverhaltens zu fassen, wird positiv fühlbar höchstens in der störungsfreien *Kontinuität* kultureller Projekte – und damit als Langeweile. Die Aspekte seiner Zeitlichkeit stehen dem Menschen hierdurch gegenüber wie Gegenstände des Wissens. In dieser Theoretisierung geschichtlicher Zeit verschwimmen Faktum und Interpretation ‚*der* Moderne' als der durch Langeweile bestimmten Epoche – denn Modernität ist selbst bloße Formalbestimmung, schließt endlose Reflexivität auf sich selbst wie auf ‚ihr Anderes', das Vormoderne oder Nicht-Moderne, strukturell ein. Im historischen Bewußtsein des 19. Jahrhunderts wie in der Kritik daran wird dieses Interesse an dem Anderen der inhaltsleeren Gegenwart ‚Moderne' wiederum als Komplementärphänomen einer höchst betriebsamen Langeweile, Nichtigkeit, Substanzlosigkeit gedeutet. Die Langeweiledeutung verschlingt sich hier mit der Pessimismus- und Nihilismus-Diskussion: Langeweile illustriere musterhaft die nihilistische Verkehrung der Mittel zu Zwecken, namentlich einer emotionsbefreiten Reflexivität bzw. Rationalität zum Selbstzweck. Im Ennui als soziokulturellem Gesamtfaktum werde deutlich, inwiefern das neuzeitliche Vorhaben einer vernunftgefertigten Geschichte und eines planbaren Glücks aus kontingenzbefreiter Zeit, kurz: eines ‚Projekts der Moderne', ins emotionale Nichts führe. Die Langeweile (und die zugehörige Sehnsucht nach Emotion, Gefühl, ‚Sensation') ist dabei keineswegs nur negativ bewertet. Hat sich im rein intellektuellen Welt- wie Selbstverhältnis nicht die emanzipationsgeschichtliche Mission des Menschen erfüllt, seine gesamte Affektnatur zur vergegenständlichen, d.h. zu historisieren? Am Beispiel einiger inzwischen recht gering geschätzter oder fast vergessener Philosophen (v. Hartmann und Mainländer) läßt sich zeigen, wie sehr derlei Gedankengänge, wenngleich entdramatisiert, zum selbstverständlichen Bestandteil einer Alltagsmetaphysik der Langeweile in den westlichen Gesellschaften geworden sind.

Kapitel IV fragt nach dem Platz der Langeweile im philosophischen Gespräch der Gegenwart. Augenscheinlich ist man sich der metaphysischen Brisanz der Langeweileproblematik heute vor allem unter philosophisch aufgeschlossenen Fachwissenschaftlern bewußt. Die Ubiquität von ‚Langeweile' als Generalhypothese bei der Erklärung von Enttäuschungserlebnissen und Gewaltphänomenen hat bei Soziologen, Psychologen, Kulturwissenschaftlern philosophische Hellhörigkeit, aber auch Skepsis befördert: Mit der Langeweile läßt sich allzu vieles deuten und erklären. Ihre alltägliche und fraglose Präsenz selbst bleibt das Rätsel. Die *metaphysischen* Möglichkeiten der Stimmungsanalyse haben im 20. Jahrhundert Existentialanalytik und lebensphilosophische Anthropologie wesentlich ausgeschritten. Wo gegenwärtig über Langeweile philosophiert wird, greift man überwiegend auf einzelwissenschaftlich geprägte Zugänge zum Thema zurück.

Die im *Epilog* versammelten Betrachtungen versuchen eine Synthese der zuvor gegebenen Antworten auf die Frage: Weshalb ist die Langeweile neuzeitlich derart daseins- als auch deutungsmächtig geworden? Drei Grundtopoi aus der Metaphysik der Moderne, nämlich Macht, Liebe, Arbeit, werden hierfür einer wechselseitigen Lesung unterzogen.

I. Die Langeweile der Philosophen

Es gibt eine Reihe von Stimmungen, denen man traditionell eine Nähe zu metaphysischen Fragen zubilligt oder zur Befähigung, solche Fragen zu stellen. Ein frühes und prominentes Beispiel dürfte die Melancholie sein, die seit der Antike als das Temperament des geistreichen Menschen überhaupt gilt.[1] Im vergangenen Jahrhundert waren es Angst und Verzweiflung, denen die Existenzphilosophie und eine ihr folgende Belletristik besondere Erschließungskraft für allgemeinste Seins- und Sinnfragen zuschrieben.

Wie steht es mit der metaphysischen Begabung der *Langeweile*? Auf den ersten – ob literar- oder philosophiehistorischen – Blick wird man finden, daß die Langeweile nicht die Prominenz konkurrierender Stimmungen bzw. Emotionen wie etwa der Angst oder der Melancholie erreicht hat. Dagegen scheint das Interesse an ihr weniger von konjunkturellen Schwankungen bestimmt als bei jenen.[2] Ihre geistesgeschichtliche Dokumentiertheit ist beeindruckend.[3] Seit Pascal und den Moralisten des 17. Jahrhunderts begleitet das Nachdenken über Langeweilephänomene dauerhaft die Versuche, den metaphysischen Ort wie Ortsverlust des neuzeitlichen Menschen zu bestimmen. Eine andere Frage ist freilich, inwiefern dabei ‚Langeweile‘ selbst als ein metaphysikträchtiges Phänomen bedacht wurde.

Die *Eignung* der Langeweile, ein metaphysisches Thema abzugeben, können literarische Stichproben wie ein erstes Nachdenken bezeugen. Die Abstraktheit gleichwie Penetranz dieses Leidens, sein unklarer Gegenstandsbezug, die davon ausgehende Versuchung zur indirekten Beschreibung (z.B. über ‚Zerstreuungen‘, die die Langeweile vertreiben sollen und doch von ihr künden) kommen den Anforderungen einer Prinzipienwissenschaft, einem Wissen von den nicht-empirischen Bedingungen des Empirischen zweifellos entgegen, den Fragen nach Einheit und Zusammenhang

---

1 Vgl. Pseudo-Aristoteles, Problemata Physica XXX, 1, 953 a, 9ff.
2 Vgl. Aspekte dessen bei: Patricia Meyer Spacks, Boredom. The Literary History of a State of Mind, Chicago-London 1995; Martina Kessel, Langeweile. Zum Umgang mit Zeit und Gefühlen in Deutschland vom späten 18. bis zum frühen 20. Jahrhundert, Göttingen 2001.
3 Alfred Bellebaum, Langeweile, Überdruß und Lebenssinn. Eine geistesgeschichtliche und kultursoziologische Untersuchung, Opladen 1990.

der Welt nicht weniger als der Existenz,[4] wenngleich all dies nur im Modus des Negativen, des Entzogenseins[5]. Die Stimmung 'Langeweile' bietet offensichtlich eine Analogie zum traditionell metaphysischen Fragen nach dem Ersten und Letzten, dem Großenganzen, dem höchsten Seienden u.ä., selbst wenn es sich lediglich um eine *funktionale* Analogie handeln sollte.

Im weiteren entstehen aber auch Fragen wie: Warum soll gerade die Langeweile einen angemessenen *Zugang* zu metaphysischem oder – wo Indikator metaphysischen Enttäuschtseins – zu postmetaphysischem Denken bieten? Ist ein Zeitalter, das sich als postmetaphysisch begreift, durch den Fortfall 'metaphysischer' Sinn- und Seinsfundamente stärker mit der Stimmung 'Langeweile' konfrontiert als andere Epochen? Vielleicht sind diese Fragen zu groß bzw. schon entschieden durch diejenigen metaphysischen Werke, die tatsächlich über die Langeweile in ihr Thema gekommen sind. Vorerst soll deshalb nur gefragt werden: 1. Gibt es ein spezifisch philosophisches Nachdenken über die Langeweile, sozusagen eine Langeweile eigens für die Philosophen? 2. Und umgekehrt, als die andere Form des Genitivs: Kann die Langeweile – unter historisch spezifizierbaren Bedingungen – ein Movens oder Mittel philosophischen Nachdenkens werden?

Diese Fragen lassen sich nicht durch bloßen Hinweis auf die verschiedenen Metaphysiker beantworten, die je auf ihre Weise Langeweile bedacht oder erwähnt haben. Die Problematik einer *metaphysischen Stimmung*, einer 'Langeweile der Philosophen', findet ihren Sinn wie ihre Möglichkeit in begriffsgeschichtlicher Umgrenzung: 'Langeweile' hat für uns heute eine Zeit- und eine Sinnkonnotation, betrifft eine Erfahrung mit der Zeitlichkeit als auch eines Sinnmangels. Dies ist, seit dem Ende des 18. Jahrhunderts, aber nur der deutschen Wortbildung aus 'langer weil' eigentümlich, nicht den zahlreichen Entsprechungen des Lateinischen. In den Fortbildungen des 'taedium vitae', die viele der heute vertrauten Lange-

---

4 Fast unmöglich, von 'Metaphysik' nicht mit Erstzugang bzw. Rückversicherung über 'Metaphysikkritik' zu sprechen. Als Querschnitt solcher Zugänge vgl. Uwe Justus Wenzel (Hrsg.), Vom Ersten und Letzten. Positionen der Metaphysik in der Gegenwartsphilosophie, Frankfurt/M. 1998.

5 Wie sehr auch der einzelwissenschaftliche Zugriff auf Langeweile metaphysischer Setzungen oder wenigstens Fiktionen bedarf, zeigt sich an der sehr methodenbewußt vorgehenden Interpretation von Spacks: Obwohl ihre Analyse eine „externality of boredom's causes" ins Auge faßt (Boredom, XI) und „boredom" ausdrücklich als „explanatory myth of our culture" entzaubern will (27), erlaubt sie sich die Fiktion einer langeweilefreien Welt. Ergebnis: Der an Selbst- und Lebensgestaltung und deren ethisches Korrelat 'personal responsibility' gewöhnte westliche Mensch würde sich in dieser Welt nicht wiedererkennen (vgl. 9–11).

weilephänomene umfassen, kann die Zeitkomponente sogar ganz fehlen.[6] In nachfolgenden Studien interessiert Langeweile jedoch in der genannten Doppelhinsicht, damit der volle metaphysikgeschichtliche Problemgehalt in der neuzeitlichen Terminus-Verwendung erfaßt werden kann.

1. Wie kann Langeweile ein Thema für Philosophen werden?

Eine Reihe von erlauchten Namen ist hier sofort präsent: die intensiven Meditationen über das Thema bei Pascal, Kierkegaard, Schopenhauer sind einschlägig. In Betracht kommen auch Äußerungen zu psychophänomeno-logischen Nachbargebieten der Langeweile, wie etwa zur tristitia, angefangen von Thomas von Aquin bis zu den Moraltheologen des 20. Jahrhunderts. Man könnte eine Bedeutungsgeschichte von Langeweile anzielen, um eine gewissermaßen ursprünglich philosophische Verwendung des Terminus dingfest zu machen. Nur – worin besteht diese? Wenn man Philosophieren als eine Bewußtseins- oder Redeform neben alltäglicher und wissenschaftlicher versteht, eine bei vielen Philosophen beliebte Charakterisierungshilfe ihres Tuns, dann zeigt sich schnell: Jeder Philosoph kann sich wohl einmal langweilen, was dagegen schwankt, sind die *Auslegungen* der Langeweile in verschiedenen Wissensgebieten.[7] Deshalb scheint es sinnvoll, die Langeweile der Philosophen zunächst in diesen Auslegungen aufzusuchen, in den Regionalontologien oder – traditionell gesprochen – Spezialmetaphysiken.[8]

In der der *Theologie* taucht die Langeweile, wenig spektakulär, zuerst in der Morallehre auf. Das ist natürlich die sog. Mönchskrankheit ‚Acedia', wie sie zuerst *Johannes Cassianus* (360–430) in seinem Achtlasterkatalog

---

6 Zur Bedeutungsgeschichte namentlich von ‚Ennui' im Kontrast zu ‚Langeweile' vgl. Ludwig Völker, Langeweile. Untersuchungen zur Vorgeschichte eines literarischen Motivs, München 1975, 137ff.

7 Sie erlauben je eigene Problemgeschichten von ‚Langeweile' zu geben, die philosophisch sein können auf die Gefahr hin, daß Philosophie hier als der nicht in ihre Geschichte integrierbare Rest dieser Langeweile übrigbleibe. Denn was philosophisch an den Wissenschaften sei, ihnen also ihre Gegenstandsbereiche eröffne und rechtfertige, kann sich ja erst in ihrem Überschrittensein, also im Modus des Historischen zeigen.

8 Der nachfolgende Überblick orientiert sich an der traditionellen Dreiteilung der Metaphysica specialis als Lehre von Gott, Welt und Mensch, letzteres modifiziert entsprechend der neuzeitlichen Auslegung des Menschen in den Humanwissenschaften Anthropologie, Psychologie, Soziologie.

beschrieben hat. Der Überdruß am frommen Leben in der sketisch-nitrischen Wüste Ägyptens „beunruhigt den Mönch vor allem um die sechste Stunde" (deshalb ‚Mittagsdämon').[9] Terminologisch handelt es sich um eine lateinische Entsprechung zur griechischen aked(e)ia (Sorglosigkeit, Gleichgültigkeit, Erschöpfung, Apathie, Verdruß). Mit der Acedia begegnet man einer Reihe von Sinnabsenz-Erlebnissen, die für spätere Phänomenologien der Langeweile wichtig werden. In der frühchristlichen und patristischen Literatur zeigt sich ein weiteres Merkmal späterer säkularisierter Rede von der Langeweile, nämlich die indirekte Beschreibung, vorerst durch Folgelaster: otiositas, somnolentia, importunitas, inquietudo, pervagatio, curiositas.[10] *Gregor der Große* stuft die Acedia ihrerseits (neben desperatio) zum Folgelaster von ‚tristitia' herab. Die Langeweile ist seitdem nicht mehr nur ein Resultat ungenügender (Vor)Bildung, wie etwa anfänglich des Mönches fürs Wüstenleben. Sie wird – in zunehmend abstrakter Beschreibung – zum willensontologischen Problem. *Thomas v. Aquin* sieht in der Acedia eine Krankheit, die alle Menschen befallen kann und zu Flucht, Rückzug, ja Verachtung von Gott führt. Die weitere Geschichte der Acedia, die sich in starker Nähe wie partiellem Übergang zur Melancholie vollzieht, muß hier nicht nachgezeichnet werden. Festzuhalten bleibt die Verallgemeinerung und inhaltliche Entleerung der ehemaligen Mönchskrankheit zu etwas, das die ganze geschaffene Welt – als Subjekt wie Objekt von Langeweile – befallen kann. Diese Welt scheint dann ein Sein ohne Sinn. Es liegt nahe, sie als Folge des menschlichen Abfalls von Gott zu deuten. Das ist in der theologischen Literatur bis ins 20. Jahrhundert hinein immer wieder geschehen.[11] In „sündhafter Trauer" auf das Bestehen einer übernatürlichen Ordnung zu sehen, deren Sein man bedauert[12] – das ist eine mögliche Perspektive auf die Schöpfung, die seit Thomas moralisch verurteilt wird.

---

9   Vgl. Johannes Cassianus, De institutis coenobiorum et de octo principalium vitiorum remediis, deutsch: Von den Einrichtungen der Klöster – Unterredungen mit den Vätern, zwei Bände, Kempten 1877, I, 95.
10 Vgl. Bellebaum, Langeweile, 28.
11 Josef Endres, Angst und Langeweile. Hilfen und Hindernisse im sittlich-religiösen Leben, Frankfurt/M. u.a. 1983 (zit. als „AuL"), 50: „Oft ist sie schon eine Folge sittlichen Versagens." Dort auch zum „Schuldcharakter der religiösen Langeweile." (75) Endres war Professor an der päpstlichen Academia Alfonsiana. Für eine frühe Stellungnahme von evangelischer Seite vgl. den Staatsrechtler und Prediger Carl Hilty, Über die Langeweile, in: Politisches Jahrbuch der Schweizer Eidgenossenschaft 22 (1908), 239–254 sowie in: Das Glück, drei Bände, Leipzig 1895. Auch hier ist Langeweile, Leere, Hohlheit des Daseins grundsätzlich als Folge des Glaubensverlustes interpretiert.
12 Vgl. Thomas von Aquin, Summa Theologiae II, II, 35, 1.

Wie stellt sich das gleiche Phänomen aber in Umkehrung der Perspektive dar? D.h., welchen Grund und welchen Platz hat die Langeweile *in* der Schöpfung? Die moralphilosophische Frage nach der Langeweile verschlingt sich hier mit einer *kosmologischen*. Die meisten Antwortversuche führen in die Nähe des Theodizeeproblems, gnostische Gedankengänge liegen nahe. Für *Pascal* ist die Langeweile das Produkt eines Abfalls aus der ursprünglichen Natur des Menschen, die Ruhe in Gott wäre. Gott hat mit der Genesis der Langeweile nichts zu tun. Man erkennt ein theologisches Motiv der Existenzphilosophie, die sich auf Pascal berufen hat: schuldhaft auf sich gestelltes Dasein, das sich selbst und als solches in (Ver)Stimmung bemerkbar wird. Hier verliert die Langeweile aber auch ihren Zusammenhang mit der tradierten Onto-Theologie der Schöpfungswelt. Dagegen haben verschiedene Denker des 18. und 19. Jahrhunderts die Langeweile ausdrücklich im Schöpfungsplan vorgesehen. Kosmologien der Langeweile bzw. kosmogonische Spekulationen bieten Galiani, Kierkegaard, Leopardi, auch der Dramatiker Büchner. Immer wieder scheint darin ein Nichts notwendig, womöglich sogar eine Selbsteinschränkung bzw. -vernichtung der Schöpfungsmacht, damit ein Etwas sein kann. Eine frivole Spekulation im Anschluß an die biblische Schöpfungsgeschichte bietet der *Abbé Galiani*: Gott habe die Welt aus nichts geschaffen, also haben wir Gott zum Vater, die Langeweile zur Mutter, denn das Nichts bat Gott, es aus seiner Nichtigkeit zu befreien. In Momenten der Langeweile empfinden wir nichts – unser mütterliches Erbteil aus kosmogonischen Tagen![13] Andere Autoren traktieren die Wendung ‚aus Langeweile' metaphorisch noch radikaler. Die Ordnung aller weltlichen Gründe ruhe in einem Abgrund bzw. einer Grundlosigkeit bzw. einer Leere. In analogischer Rede bedeutet das: die Welt wurde aus Langeweile geschaffen. Das gilt offensichtlich für alles Verhältnis welttranszendenter Mächte zur Welt, wo sie als ganze in Betracht kommt: Zeus donnert aus Langeweile *(C. M. Wieland)*, Gott selbst langweilt sich in der Ewigkeit dort oben und erspart sie dem Menschen nur bis zum jüngsten Tag *(Nachtwachen von Bonaventura IX:* „Monolog des wahnsinnigen Weltschöpfers"); *Kierkegaard* läßt in den Ästhetiker-Papieren von „Entweder/Oder" ein Kontinuum von welttranszendenter und weltimmanenter Langeweile entstehen: „Die Götter langweilten sich, darum schufen sie die Menschen. Adam langweilte sich, weil er allein war, darum ward Eva erschaffen. Von diesem Augenblick an kam die Langeweile in die Welt, wuchs an Größe in genauer Entsprechung zum Wachstum der Menge des Volks."[14]

---

13 Vgl. Wilhelm Weigand, Die Briefe des Abbé Galiani, zwei Bände, München-Leipzig 1907, I, 35–37.
14 Sören Kierkegaard, Entweder/Oder, I/1, deutsch von Emanuel Hirsch, Gütersloh 1985, 305.

Offen gnostizistisch argumentierte im vergangenen Jahrhundert der rumänische Denker *E. M. Cioran* mit der Langeweile als Grund von Sein und Sinnlosigkeit der Welt: „Wir wissen nicht, was das Urgleichgewicht ‚fallen' ließ, aber es steht fest, daß eine Langeweile der Selbstidentität, eine Erkrankung des statischen Unendlichen die Welt in Bewegung gesetzt haben. … Und deshalb dringen in jeder Langeweile die Reflexe der Ur-Langeweile durch, als ob in der saturnischen Seelenlandschaft sich Wüstenoasen aus der Zeit ausbreiteten, als die in sich selbst erstarrten Dinge ihres Seins harrten." (Gd, 252)[15] In anderen Werken desselben Autors heißt es, die Langeweile sei das Heraustreten aus der Zeit, die „unser Lebenselement" ist, jedoch „enteignet" zur abstrakten Zeit werden könne[16], ein „Fremdsein in der Zeit" (LvZ, 21)[17] und damit Offenbarung einer „Ewigkeit, die nicht etwa ein Überschreiten, sondern ein Verfallen der Zeit ist" (20). Die Gründe sind freilich stets innerzeitlich und innerweltlich benennbar – Langeweile ist „das Martyrium derer, die für keinerlei Glauben leben oder sterben" (196).

> Selten sind kosmogonische Überlegungen zur Langeweile, die sich aus den theologoumenen Schemata entfernen. Ein Beispiel wäre vielleicht *Leopardis* Ursprungsgeschichte der Langeweile im „Einförmigen". In platonisierender Weise sind hier Seins- und Erkenntnisgrund einander gleichgesetzt: Einförmigkeit als Ursache und Erfahrung (in) der Langeweile. Derlei erzwingt wie im originären Platonismus semantische Erweiterungen, etwa in der scharfen Scheidung von Leere und Langeweile: Es gibt keine Leere in der Seele des Menschen, sie wird sogleich durch Langeweile gefüllt. Die Langeweile ähnele der Luft, die alle Zwischenräume zwischen den Gegenständen und sogleich ihren Platz einnimmt, falls sie verschwinden. So fülle die Langeweile auch die Leere in der Seele des Menschen, die also nur in Form ihrer Verdrängung erfahrbar ist.[18]

Abschließend wird man sagen können, daß alle wesentlichen Aspekte, die im Philosophieren über Langeweile eine Rolle spielen können, in theologischen Kontexten vorgegeben sind. Wichtige Denkmotive bleiben die Erfassung einer Seinsganzheit und einer Sinntranszendenz im Modus ihrer Abwesenheit bzw. ihres Verlusts. Durch eine entsprechende Anthropologie

---

15 Emile M. Cioran, Gedankendämmerung, deutsch von Ferdinand Leopold, Frankfurt/M. 1993 (zit. als „Gd"); Übersetzung leicht korrigiert.

16 Vgl. Emile M. Cioran, Der Absturz in die Zeit, deutsch von Kurt Leonhard, Stuttgart 1995, 149, 135.

17 Emile M. Cioran, Lehre vom Zerfall, deutsch von Paul Celan, Stuttgart 1987 (zit. als „LvZ").

18 Giacomo Leopardi, Zibaldone, hrsg. von Ernesto Grassi, 1949, Nr. 3713.

bzw. Psychologie, die über Argumentationen mit einer Grundlosigkeit menschlichen Wollens und der Wertrelativität von dessen möglichen Objekten einen Bezug aufs Weltganze eröffnen will, hat die Theologie – wie auch die theologisch angeleitete Kosmologie – der Langeweile eine metaphysisch privilegierte Stellung verschafft.

Anthropologie: Das Selbstgespräch des Menschen, bei dem es obendrein um ihn selbst geht, bedarf doch des schweigenden Zeugen. In der frühen Neuzeit findet sich der Anthropologie treibende Mensch bei seinen Selbstbestimmungsversuchen noch zwischen Gottheit und Tier positioniert. In jeder der beiden Vergleichshinsichten erscheint der Zwang oder die Fähigkeit zur Langeweile als auszeichnendes Merkmal allein des Menschen. Anthropologien können in verschiedener Hinsicht entworfen werden – in physiologischer und pragmatischer etwa; sie können auf die Geist- und auf die Triebnatur des Menschen zielen. Was immer mit dieser Natur werden soll – sie wird vorausgesetzt, ob nun als Objekt moralischer Überwindung oder Subjekt einer geschichtlichen Erzählung. Da sie weniger eine Eigenschaft als eine Fähigkeit von ungeklärtem, zumindest wechselndem Gegenstandsbezug ist, entzieht sich die Langeweile spiritualistischer wie naturalistischer Reduktion. Als Anthropologicum wird sie metaphysisch autonom und problematisch. Schüchtern ist diese Autonomisierung der Langeweile bei *Pascal*, der sie noch in vergleichender Hinsicht zur göttlichen Natur benötigt. Er stellt sie neben, nicht unter die „Haupteigenschaften des Menschen" (Gruppe 4 der „Pensées"). Alle positiv-empirische Beschreibung der Langeweile ist indirekt („Zerstreuungen'), die Langeweile ist dem Gelangweilten nicht in einer introspektiven Psychologie zugänglich, weil die menschliche Begierde von paradoxer, selbstaufhebender Verfaßtheit sei (Nr. 136). Der in sich selbst gelangweilte Mensch – sein Unglück rühre daher, „nicht ruhig in einem Zimmer bleiben zu können", denn man sucht Unterhaltung und Zerstreuung nur, weil man nicht vergnügt zu Hause bleibt (ebd.) – ist der Mensch im Elend, das von sich kein Bewußtsein haben will. Das *Bewußtsein* dieses Elends wäre ein Titel auf die Größe der menschlichen Natur, aus ihrer wiederentdeckten göttlichen Abkunft. An Pascals Beschreibung der Langeweile können psychologische wie soziologische Deutungen anknüpfen (der Ennui als inszeniertes Spiel statt Daseinskampf; Wohlstandsphänomen); er schafft das Deutungsmodell der Langeweile als fehlschlagender Selbstgründung der Existenz, wofür Gottesabwesenheit, -leugnung, -verlust strukturell letztlich zweitrangig sind. Der *deskriptive* Anspruch und Gehalt der Anthropologie der Langeweile, nämlich daß hier das Dasein in seiner Zeitverfaßtheit oder gar die Zeit selbst zum Phänomen werde, wird erst in Existenzphilosophie und hermeneutischer Phänomenologie eine Rolle spielen.

Zwischen Moral und Medizin operieren die meisten Anthropologien der Langeweile vom 18. Jahrhundert bis heute. Die Moralisierung und Pathologisierung der Langeweile kompensierten in gewisser Hinsicht den Bedeutungsverlust des Transzendenzbezugs. Die Acedia ist nun ein Begegnis aus innerweltlichen Bewährungssituationen. Individuelle wie kollektive Langeweile erscheinen oftmals als unvermeidlich, aber zu lindern. Der theologisch-transzendente Prospekt auf einen seins- und sinngebenden höchsten Punkt verschwindet darin zugunsten der binären Struktur Mühe der Arbeit – Glück der Ruhe. Letzteres hat in sich keinen Bestand, erst die Arbeit schafft das zu seiner Vergewisserung nötige Quantum Unlust. In der bürgerlichen Deutung der Arbeit als Anthropinum gehen Moral und Medizin der menschlichen Seele zusammen, darin kommen *Locke, Kant, Sulzer* überein. Dementsprechend wird der Müßiggang pathologisiert.[19] Den allgemeinen Deutungsrahmen geben Kulturgeschichten bzw. -philosophien ab, in denen das Verhältnis von Notdurftbefriedigung und Überschußproduktion in einer normativen Anthropologie der Langeweile harmonisiert wird: der Mensch könne nicht nichts tun.[20] Das findet sich bis in die Sozialanthropologien der Gegenwart.[21] Die frühe Ausnahme ist *Rousseau*: bei ihm bedeuten Langeweile und Arbeit Konstitutionsmerkmale eines Wesens, das seinem natürlichen Lebenszusammenhang (Kindheit, Wildheit) entfremdet ist.

In *Kants* „Anthropologie in pragmatischer Hinsicht" verbinden sich Diagnostik und Therapie der Langeweile, weil diese sowohl introspektiv zugänglich als auch Gegenstand einer metaphysisch transzendierenden Betrachtung sein kann. Langeweile entsteht aus Abwesenheit des anreizenden Schmerzes (der in Individual- wie Kulturentwicklung immer das Erste sei), sie führt zur Empfindung leerer Zeit = Leere an Empfindungen (KW VI, 553, 555)[22], ist Vorgefühl eines langsamen Todes (555). So wird die Anschauungsform Zeit selbst anschaulich. Hiermit weicht die „Anthropologie" von Kants sonstigem transzendentalen Ansatz ab. Sowohl die Zeit

---

19 Vgl. John Locke, Gedanken über Erziehung, Langensalza 1910, 207: „Mangel an Aufmerksamkeit" und „schludernde Stimmung" erzwingen Arbeitshäuser schon für Kinder als Kur.

20 Vgl. Johann Georg Sulzer, Untersuchungen über den Ursprung der angenehmen und unangenehmen Empfindungen, in: Vermischte philosophische Schriften (zit. als „SVPS"), I, Leipzig ²1782, 147.

21 So vermutet der Sozialanthropologe Ralph Linton, „daß des Menschen Vermögen zur Langeweile eher als seine gesellschaftlichen oder natürlichen Bedürfnisse an der Wurzel seines kulturellen Fortschritts liegt" (Roger Shattuck, The Banquet Years, New York 1968, 185), zit. nach: Martin Doehlemann, Langeweile? Deutung eines verbreiteten Phänomens, Frankfurt/M. 1991, 71.

22 Immanuel Kant, Werke in sechs Bänden, hrsg. von Wilhelm Weischedel, Darmstadt 1983 (zit. als „KW"), VI, 553, 555.

wie auch die eigene Existenz werden im Modus von Abscheu und Ekel zu Erfahrungsgegenständen (§ 12).

> Arbeit, und das heißt für Kant kontinuierliche Arbeit, gibt dem Leben über das Lusterlebnis der anschließenden Ruhe (§ 87) wie durch ihren anlagenentwickelnden Charakter Wert. In sich hat das Leben „gar keinen eigenen Werth" (§ 66; ApH, 239)[23]. Wie kann man da über das Leben im Ganzen etwas erfahren? Jedenfalls nicht über den Müßiggang – er ahmt formal die Arbeit ja nach, will sich „den Anstrich einer Arbeit geben und sich in demselben einen würdigen Zuschauer vorspiegeln" (§ 61, 233, Anm.). Die – von Kant nicht ausgeführte und in den modernen Arbeitsgesellschaften allgegenwärtig drohende – Antwort würde lauten: in der Nichtigkeit, Hohlheit der Arbeit selbst wird das Leben auf sich zurückgeworfen. Unentfaltet bzw. zweideutig ist das in der Formulierung, womit der Abschnitt „Von der langen Weile und dem Kurzweil" eingeleitet wird: „Sein Leben fühlen, sich vergnügen, ist also nichts anders als: sich continuirlich getrieben fühlen, aus dem gegenwärtigen Zustand herauszugehen (der also ein eben so oft wiederkommender Schmerz sein muß). Hieraus erklärt sich auch die drückende, ja ängstliche Beschwerlichkeit der langen Weile für Alle, welche auf ihr Leben und auf die Zeit aufmerksam sind (cultivirte Menschen.)" (233)

Durch den strikten Binarismus dieser Lust-Schmerz-Deutung der Langeweile eröffnet sich der Blick auf eine Kultur- und Geschichtstheorie, die der aufklärerischen Perfektibilität geradezu ins Gesicht zu schlagen scheint. Die Langeweile des Müßiggangs, vielleicht gar des arbeitsfreien Wohlstands mag eine Leiter sein, die nach Einsicht in die Unrealisierbarkeit tatloser Lebenslust (Zufriedenheit – vgl. § 61) wegzuwerfen ist. Unterscheidet sich davon aber die Arbeit? Sie erscheint – zusammen mit dem Glücksspiel, Schauspiel, Lesen von Liebesromanen und Rauchen – in der Reihe von empfehlenswerten Zeitverkürzungen (§ 60), allesamt kulturelle Symbolverrichtungen.

Schopenhauers Deutung der Langeweile ist ebensosehr psychologisch wie anthropologisch induziert. Sie sei hier zum Abschluß erwähnt, weil sie systematisch sowohl an die eigene willensmetaphysische Grundthese als auch an Pascal und Kant anschließt. Mit Kant teilt Schopenhauer die Überzeugung vom Primat des Schmerzes, d.h. der Negativität bzw. Abkünftigkeit alles Glücks – das Pascalsche Binärmodell ohne theologische Abfallproblematik –, mit Pascal und gegen Kant werden aber die ‚Zerstreuungen' gerade als Indiz, wenn nicht als Faktor der Langeweile gedeutet und mora-

---

23 Immanuel Kant, Werke, Akademie-Textausgabe, Berlin 1907–1917 (Reprint Berlin 1968), VII: Der Streit der Fakultäten. Anthropologie in pragmatischer Hinsicht (zit. als „ApH"), 276.

lisch abgewertet. Schopenhauers Metaphysik der Langeweile ist ebenso elementar wie anschaulich: Langeweile ist „mattes Sehnen" (WWV I, 241)[24], Not und Langeweile seien die Pole, zwischen denen menschliches Dasein aufgrund seiner permanenten Bedürftigkeit – Mangelhaftigkeit, Gehaltlosigkeit schwanke (412), das bloße Dasein, wenn es Gehalt hätte, müßte nämlich zufriedenstellen (PP II, 339). Da eine göttliche Transzendenz als verlorener Grund der Ruhe (Selbst-Genügsamkeit) des menschlichen Daseins für den Atheisten Schopenhauer nicht in Frage kommt, muß eine Art negativer Naturteleologie einspringen, um die schlechte Unendlichkeit des menschlichen Wollens zu erklären: es ist ein mehr-als-menschlicher Wille, der dem menschlichen Bewußtsein jeweils letzte, schmerzstillende Ziele vorgaukelt, dies bis ins Unendliche. Bewußtlose Wesen langweilen sich nicht. Mit Schopenhauer ist die Pascalsche Entfremdungsfigur der Langeweile in die Immanenz des Menschlichen hineingeholt, um den Preis einer Abstraktion von allen gesellschaftlich-geschichtlichen Bezügen. *Psychologie* und *Soziologie der Langeweile* aber sind in der entfalteten Neuzeit die der Anthropologie systematisch nachgeordneten Deutungsfelder.

Selbständiges *psychologisches Thema* wird die Langeweile in der Empfindungslehre des 18. Jahrhunderts. Vor dem Hintergrund der sich formierenden bürgerlichen Arbeitsgesellschaft muß Langeweile, als Praxis des Nichtstuns, doppelt anstößig – bzw. rätselhaft – scheinen.[25] Arbeit ist das Wesen des Menschen wie ständige Bewegtheit das Lebens- und Lustprinzip der Seele. Die Verbindung von Arbeitsthema und Frage nach dem Lust/Unlust-Bezug bedingt und erzwingt die Rede vom ‚negativen Sehnen' der Langeweile, eine Metaphysik der Langeweile, die noch metaphorisch daherkommt. *Sulzer:* Die Seele bedürfe der Nahrung, ihr Essen sei eine Art Tätigkeit, Endzweck menschlicher Handlungen sei, den „Geist mit einer Menge von Begriffen und Gedanken zu versorgen, wie sie für eines jeden Geschmack und Fähigkeit schicklich sind" (SVPS I, 6). Wen kein positiver Schmerz zur Tätigkeit anreize, „den wird allenfalls ein negativer, die lange Weile, als Leere an Empfindung … afficiren" (147). Die Nähe zu Pädagogik und Pathologie[26] des Nichtstuns hat sich in der psychologischen Be-

---

24 Arthur Schopenhauer, Sämtliche Werke, hrsg. von Wolfgang Frhr. von Löhneysen, fünf Bände, Leipzig 1979 (Bd. I und II: „Die Welt als Wille und Vorstellung" – zit. als „WWV I" und „WWV II", Bd. IV und V: „Parerga und Paralipomena" – zit. als „PP I" und „PP II").

25 Gegen die These, bereits im 18. Jahrhundert habe sich die bürgerliche Arbeitsideologie durchgesetzt: Valentin Mandelkow, Der Prozeß um den „ennui in der französischen Literatur und Literaturkritik", Würzburg 1999, 74.

26 Vgl. Karl Philipp Moritz, Gnothi sauton oder Magazin von Erfahrungsseelenkunde als ein Lehrbuch für Gelehrte und Ungelehrte, zehn Bände, Berlin

handlung von Langeweile erhalten, wenn hier nicht – wie im 19. Jahrhundert durch Kierkegaard, Schopenhauer, Nietzsche – eine Überführung der Langeweile von der Seelen- in die Daseinsmetaphysik stattfand oder wie in der *physiologischen Psychologie* des 20. Jahrhunderts in ein Antriebsmodell (Langeweile = Unterschreiten eines Erregungsoptimums). Die Langeweile bleibt in allen Stimmungs- und Erlebnislehren ein kategorial schwer verortbares Phänomen, was sich in ihren asymmetrischen Definitionen zwischen Sorge und Angst zeigt.[27] Sie bleibt – anders gesagt – das Einfallstor für induktive Metaphysiken, die mit Vorliebe bei empirischen Phänomenen mit transzendierender Kraft ansetzen. Offensichtlich ist das in der *psychoanalytischen* Ausdeutung der Langeweile auf den Spuren Schopenhauers – und Pascals. Leeregefühle, ,hollowness' *(O. Fenichel, H. E. Bernstein)* indizieren einen Trieb, der sich phasenweise selbst nichts mehr vormachen kann. Es gehört zu den Ironien in der Geistesgeschichte der Langeweile, daß sich ausgerechnet über die Triebpsychologie eine Verbindung zu Sozialutopien und -philosophien herstellte, wo Langeweile als in ,Zerstreuungen' überspieltes und kompensiertes Leiden an der „technotronischen Gesellschaft" *(M. Csikszentmihalyi, E. Fromm)* freigelegt werden soll.[28]

Zu den gehaltvollsten regionalontologischen Deutungen von ,Langeweile' in jüngerer Zeit gehören die *soziologischen* (gegenwärtig etwa die Arbeiten von *A. Bellebaum* und *M. Doehlemann* – s. Kapitel IV.2). Untersuchungsfelder sind die Klassen- und Schichtensoziologie der Langeweile, die Soziologie der Langeweile in den verschiedenen Lebensphasen und vor allem die Einordnung des Phänomens in das moderne Verhältnis von Arbeits- und Freizeit. Das Bemerkenswerte an den soziologischen Zugriffen auf Langeweile ist fast ausnahmslos ihr starkes historisches Bewußtsein. Die Autoren vertreten oder diskutieren zumindest die These, in der modernen Gesellschaft habe die Langeweile kontinuierlich oder exponential zugenommen.[29] Als Gründe werden genannt: die neuzeitliche „Selbstentdeckung des Subjektes als eines freien, einzigartigen und sinnbedürftigen

---

    1783–1793, VII, 35: Die „Seele des Menschen bebt vor dem Gedanken zurück, von jedem Wunsch, jeder Begier entblößt zu sein und nichts zu haben, woran sie sich halten kann".

27   Mihaly Csikszentmihalyi sieht in der Langeweile eine *unterforderungs*bedingte Entfernung aus dem Fließgleichgewicht der Freude, die im weiteren zur Angst führe, wo man ebenso wie bei der *überforderungs*bedingten Entfernung durch Sorge anlange (vgl. ds., Das flow-Erlebnis. Jenseits von Angst und Langeweile: im Tun aufgehen, Stuttgart 1985, 74ff.).

28   Vgl. Doehlemann, Langeweile? 88ff.

29   Sehr reserviert hierzu Bellebaum in seiner „Einstimmung: Schreckensmeldungen über Langeweile" (Langeweile, 12ff.).

Wesens", die „Aufwertung des Maßstabs ‚langweilig' zur Beurteilung von
Dingen und Situationen" sowie „soziale Unterforderung und die übermäßige Verregelung des Lebens".[30] Charakteristisch ist, daß und wie auch im
soziologischen Zugriff Langeweile als eine Art enthüllt-enthüllendes Dop-
pelphänomen fürs Dasein bzw. Menschsein fungiert. Zum einen findet sich
die methodologische Einschränkung: „Über Befragungen und Beobachtungen ist ... Langeweile nur beschränkt erkundbar."[31] Zum anderen die Beobachtung: „Ein positiver Begriff von Langeweile im Sinne von einkeh-
rendem Stillestehen, geduldigem Verweilen oder empfindsamem Abwarten
ist weitgehend verlorengegangen." Sie „nistet irgendwo zwischen leichtem
Unbehagen und schwerer Mißstimmung, ist, so paradox das klingt, ziello-
ses Streben, ruhelose Apathie".[32] Offenbar ist Langeweile auch als sozio-
logisches Thema nur auf dem Umweg über eine historisch verfahrende
Anthropologie zu etablieren (die ihrerseits auf den bekannten Metaphysiken eines paradoxen Gefühls fußt).[33] Das ist seit über 200 Jahren greifbar
in der Figur des seine Einsamkeit meisternden Menschen, für den Gesellschaft auf zeitvertreibende Geselligkeit schrumpft: Nur wer „sich selbst
nichts geben kann, seufzt und gähnt nach Umgang und Geselligkeit", so
der philosophierende Arzt *J. G. Zimmermann*.[34] Aber auch die umgekehrte,
nämlich sozialfunktionale Perspektive legt diesen Gegensatz von erfüllter
Einsamkeit und sinnentleerter Geselligkeit zugrunde: Bereits ein Spätauf-
klärer spricht von den „etablierten Instituten der Langeweile", die den
Einzelnen wider Willen in Zerstreuungen festhalten, die ihn der Langeweile neuerlich überantworten. Vielgenuß, Vielgeschäftigkeit, Mobilität, Geselligkeit seien Indizien wie Faktoren von „Gemütshohlheit, Leere und
Langeweile",[35] die Soziologie ist die historische Wahrheit der Anthropologie. Festzuhalten bleibt eine Grundbeobachtung an aller Rede von Langeweile auch in der Soziologie: daß sie als erklärend nur vom Beobachter
bzw. Befragenden in Anschlag zu bringen ist. M. a. W.: es bedarf einer

---

30 Vgl. Doehlemann, Langeweile? 101, 103, 105.
31 A. a. O., 9.
32 A. a. O., 14.
33 Als kriminalsoziologisches Beispiel einer metaphysischen Deutungsfigur,
    nämlich der Tendenz des Denkens zur Konkretion, vgl. Norbert Klinkmann,
    Gewalt und Langeweile, in: Kriminologisches Journal XIV (1982), 265:
    Menschliches Leben dränge nach Bezug, „aus der Unfähigkeit des Bewußt-
    seins zur Gegenstandslosigkeit".
34 Johann Georg Zimmermann, Über die Einsamkeit, vier Bände, Karlsruhe
    1785–1787, I, 26.
35 Heinrich Ernst Weber, Das Cultur-Leben, insbesondere das unsers gegenwär-
    tigen Zeitalters, betrachtet als ein vorzügliches Erregungs- und Beförderungs-
    mittel der Langeweile, in: Der Neue Teutsche Merkur, Weimar 1808, II/8,
    300–323, hier: 307, 310, 320.

vorgängigen Deutung von Arbeits- wie Freizeitverhalten als *Ausdruck* von Langeweile, um diese in den Stand der Abfragbarkeit zu erheben.[36]

Resümee 1: Die Thematik 'Langeweile' weist schon früh in die Nähe metaphysischer Kernbezirke (Fragen nach dem 'Grund' von Sein, Gott, Übel, Begierde). Auch der Verlust von metaphysischem Gehalt des Daseins wird via 'Langeweile' thematisch: die moderne Selbst-Ermächtigung führe zu Leere, Öde, Nicht-Gefühl (so Fichte und verschiedene Romantiker – nicht zuletzt aus der Erfahrung ihres eigenen Denkens – s. II.4). Der Mächtige langweilt sich (so La Rochefoucauld, Chamfort und andere Moralisten), mithin auch der Selbstermächtigte. In diesen Beobachtungen seitens sehr verschieden ansetzender Autoren gibt sich ein massiver metaphysischer Befund zu erkennen: die Ordnung der Gründe bzw. der Motive ruht in einem Abgrund, es gibt kein Kontinuum des Sinns zwischen dem Weltschöpfungsakt einerseits, schöpferischen Akten *in* der Welt andererseits. Daher die Schöpfung aus Langeweile, aus dem Nichts, der Leere (Galiani, Leopardi). Selten sind es die prominenten Metaphysiker, die darüber nachdenken. Die meisten Beiträge stammen von Außenseitern desjenigen Kanons, der als akademisch bzw. schulphilosophisch gilt. Bei einem Denker wie Kant wird diese Abseitigkeit des Themas musterhaft deutlich: Langeweile figuriert gerade in dem Teil des Gesamtwerks, auf den sich die transzendentalphilosophische Herangehensweise nicht erstreckt. Alle Formen der Metaphysica specialis bzw. der Regionalontologien lassen metaphysische Konnotiertheiten von 'Langeweile' erkennen bzw. geraten in Exposition metaphysischer Fragen auf 'Langeweile', aber was diese anzeigt und welcher Seelen-, Seins- oder Sinnregion sie zugehört, bleibt strittig und schwankend. Die Verbindung zwischen Langeweile als Problem und Langeweile der Philosophen stellt sich solange nicht her, als ihre Erscheinungsweise – 'Stimmung' – nicht eigens thematisch wird.

2. Movens oder Methode des Philosophierens selbst

Langeweile ist *Thema* in Spezialmetaphysiken. Bietet sie auch einen *Zugang* zu diesen? Nach einem solchen Zugang kann in zweierlei Hinsicht gefragt werden: einmal in Rekonstruktion eines Philosophierens, das dafür in irgendeiner Weise Langeweile *in Dienst zu nehmen* sucht, zum anderen in der Perspektive der regionalen Ontologien bzw. Einzelwissenschaften

---

36 Man denke an die Skepsis gegen statistische Befunde aus Befragungen, die nicht wenige Soziologen der Langeweile äußern.

selbst auf dieses Philosophieren – auf ein *Philosophieren aus Langeweile*. Um mit letzterem, in Umkehrung des regionalontologischen Spektrums aus Teil 1, zu beginnen:

2.1 Philosophieren aus Langeweile? Antworten von Spezialmetaphysiken

Der nächstliegende *soziologische* Zugang zur Langeweile der Philosophen liegt im Phänomen der privilegierten Zeitverschwendung – die Überlieferung hat dafür Beispiele aus Götterdasein, Paradiesmenschheit, europäischer Adelsklasse.

> Die Freiheit von unmittelbarer Existenznot durchschneidet den sorgenden Bezug zur Welt und macht sie bzw. das ihr vorgängige Nichts oder Chaos zum Gegenstand gedanklicher und bald auch schöpferischer Spiele. Dem Sorglosen ist jede Ordnung der Welt vorstellbar, so auch ihre Schöpfung aus Langeweile. Das führt auf Merkmale des metaphysischen Denkens. Ebenso wie die Muße ist auch das Philosophieren zunächst in einer vertikalen Schichtung der Gesellschaft leicht verortbar. Bereits Platon diskutiert Übermaß und Mißbrauch der Muße im Gemeinwesen.[37] Das Philosophieren kann erst dann auf die Muße – reduktiv – bezogen werden, wo diese ihrerseits funktional erscheint, im Gefüge der Differenz körperliche/geistige Arbeit bzw. Arbeitszeit/Freizeit. Die Theoria als um ihrer selbst willen betriebene und daher höchste Tätigkeit ähnelt oder allegorisiert vielleicht Langeweile, sie läßt aber eben darum keine Langeweile aufkommen, weil sie ihre eigene Zeit setzt. Das Nachdenken über das Sein als solches, die ganze Geschichte des metaphysischen Denkens innerhalb der alteuropäisch-stratifikatorischen Sozialontologie, artikuliert keine Langeweile. Ein *Philosophieren aus Langeweile* dagegen scheint plausibel, wenn die Gegenstände des Nachdenkens sich in einer sozialsituativ unverfügbaren, zwar sinnleeren, aber sozusagen objektiven Zeit befinden. Sein, Sinn, Leben ereignen sich in einer Weise, die das Denken ontisch davon ausschließt und es so seine eigene Leere gewärtigen läßt. Dieses Philosophieren wird eine Sache von sozial Isolierten oder Ausgeschlossenen. Entsprechende Philosophentypen hat die Neuzeit, als Gegenfiguren zum aristotelischen *bíos theoretikos*, mit dem spezialisierten Gelehrten, dem Salonphilosophen bzw. höfischen Moralisten und dem Existenzdenker hervorgebracht. Der repräsentative, wenn man will: dekorative Lebenswandel eines domestizierten Adels am Hofe des absolutistischen Herrschers

---

37 Vgl. Elisabeth Charlotte Welskopf, Probleme der Muße im alten Hellas, Berlin 1962, 203, 205.

bietet, gleichsam noch elitär beschränkt, die Urszene der Langeweile: „Fast immer langweilt man sich bei Leuten, bei denen man sich nicht langweilen darf." (*La Rochefoucauld*, Reflexionen oder Sentenzen und moralische Maximen, Nr. 352) Doch auch die metaphysisch später so wichtige Umschlagfigur fehlt nicht: „Äußerste Langeweile kann die Langeweile vertreiben." (Nr. 532)

Selbstverständlich darf Langeweile – um den Preis des sozialen Statusverlusts – nicht Thema des höfischen Gesprächs werden (Beleidigung des Souveräns!). Sie herrscht durch Unaussprechlichkeit. Gesprochen wird im Salon, wo sie wiederum nur indirekt herrscht im Zwang zum Witz, zum Esprit. Wer im Salon geistreich spricht und darüber als Moralist schreibt, erkennt seine Welt- und Selbstbeobachtung als Resultat einer gleichermaßen erzwungenen und gewollten Distanz, einer Soziabilität allein im Zwang zum Zuschauen, zur Zerstreuung ihrer Langeweile im Nachdenken. Nachdem die Moralisten des 17. Jahrhunderts die höfische Langeweile und die Philosophen des 18. Jahrhunderts bereits hin und wieder die Langeweile gelehrter Arbeit beklagt haben,[38] bringt das neuhumanistische Bildungsideal mit ‚Einsamkeit' und ‚Freiheit' Konstituenten der modernen Langeweile zur Sprache. Sie bleiben fortan gültig in der Komplementarität aus wissenschaftlicher Arbeit in weltzeitlichen Funktionszusammenhängen und romantisch-erlebnissüchtigem Eskapismus. In ersterem Falle erscheinen die in einer objektiven Zeitstruktur zu verortenden, von der eigenen Lebenszeit abtrennbaren ‚Projekte' gleichermaßen als Movens wie Palliativ sozial isolierter Tätigkeit. Die gelehrte Sinnproduktion durch Wissen wirkt dann äußerstenfalls wie ein Abbild der Stetigkeit leerverfließender Zeit fixer Vorhaben, die nur individuellen Nachvollzug fordert.

> Von *W. v. Humboldt* bis *Dilthey* verlauten Klagen über die Heteronomie des Sinns, seine Unerlebbarkeit im Arbeiten an wissenschaftlichen Großprojekten, welche die eigene Lebenszeit transzendieren.[39] Die aus der Aufklärung bekannte Problemexposition – Gelehrsamkeit führe zu Einsamkeit, die Einsamkeit sei nur als Philosoph auszuhalten, wenn sie

---

38   Christian Garve, Versuche über verschiedene Gegenstände aus der Moral, der Litteratur und dem gesellschaftlichen Leben, fünf Bände, Breslau 1819–1821, III, 59f.: Selbst der einsame Gelehrte spüre wegen der Einseitigkeit seiner Tätigkeit „die Erschlaffung, die Trägheit, und eine gewisse Niedergeschlagenheit", die „in einen Zustand übergehen, welcher der langen Weile … ähnlich ist". Woraus folgt: Der Einsame „muß entweder Philosoph, oder Dichter seyn" (89).

39   Auch noch der zeitgenössische Verfasser eines Buches über Langeweile muß konstatieren: „Ich habe mich nie so intensiv gelangweilt wie bei der Fertigstellung einer großen Abhandlung nach mehrjähriger Arbeit." (Svendsen, Kleine Philosophie der Langeweile, 38).

nicht langweilen soll – bleibt als Faktum und Postulat unter wissen-
schaftsindustriellen Konditionen gültig. In der romantischen Entbin-
dung davon wird dieser Sachverhalt explizit durch eine Gegendeutung:
Bloß wissenschaftliche Neugier und Arbeitslust seien philiströs, ja vul-
gär; der ganze Bereich der Wissenschaften und ihres individuell uneinholbaren Worumwillen errichte sich aus einer unbeherrschten, unkultivierten Langeweile heraus. Ihre Kultivierung und Indienstnahme oblie-
ge der Philosophie, die Selbstbesinnung aufs transzendentale Prinzip aller Gegenständlichkeit, also auch aller Daseinsbestimmungen, sei. *Novalis* und *Schlegel* sprechen von der „Begeisterung der Langeweile"[40]
als „erste Regung der Philosophie. Alle Langeweile die man hat, macht
man eigentlich sich selbst."[41] Der Existenzdenker, ungeselliger Nach-
fahr der Romantiker, denkt ständig im Angesicht dieser suspendierten
Langeweile der Spezialistentätigkeit. Auch *Kierkegaards* Unterscheidung der sich selbst langweilenden und der andere langweilenden Menschen reproduziert diese Soziologie der geistigen Beschäftigungen aus
einem pervertierten Muße-Ideal.

Mit einem etwas anachronistischen Ausdruck kann man sagen, daß ein
Philosophieren aus Langeweile innerhalb des sozio-ontologischen Ansatzes vor allem sozial*psychologisch* zur Sprache kam, als ein Mißverhältnis
zwischen lebhafter intellektueller Eigenwelt und gleichförmiger (Ar-
beits)Umwelt. Solche Zusammenhänge sind jedoch dem Philosophierenden als solchen – gefangen in der Monotonie der Ideenproduktion[42] – in
der Regel nicht thematisch verfügbar, sie verbleiben den Außenbetrach-
tern, die wiederum den eigentümlichen Gehalt der ‚geistigen Tätigkeit'
nicht zur Sprache bringen können.

Wie steht es mit der *Psychologie* selbst? Die Diskussionsmöglichkeiten
reichen hier vom psychophysiologischen bis hin zum phänomenologisch-
deskriptiven Zugriff. Was das erstere betrifft, ließe sich zurückgehen auf
des *Aristoteles* ambivalente Deutung der Melancholie als Privileg *und*

---

40 Novalis, Schriften, hrsg. von Paul Kluckhohn und Richard Samuel, fünf Bän-
    de, Stuttgart 1960–1988, II, 628.
41 Friedrich Schlegel, Kritische Ausgabe, hrsg. von Ernst Behler u.a., München-
    Paderborn-Wien 1958ff., XVIII, 87.
42 Langeweile trifft besonders den Gebildeten, der „je mehr er seine Geisteskräf-
    te geübt, desto mehr der Langeweile ausgesetzt ist; denn da vermöge seines
    durch Übung erweiterten Ausdehnungstriebes gewisse Vorstellungen ihm ge-
    wöhnlich und geläufig werden und andere wegen ihrer Unwichtigkeit seine
    Kraft nicht hinreichend beschäftigen: so muß der Gang der Vorstellungen bey
    ihm sehr schnell geschehen, und jede Folge von Ideen, die diesem Gang nicht
    entspricht, Langeweile erregen" (Marcus Herz, Grundriß aller medizinischen
    Wissenschaften, Berlin 1782 (zit. als „GmW"), 13).

Krankheit des außergewöhnlichen Menschen. Vergleichbare Befunde existieren auch für die Langeweile.

> Der *naturalistische* Zugriff verträgt sich gut mit einem Aristokratismus, worin die introspektive Thematisierung des auszeichnenden Leidens dieses nicht sachlich verzerrt und ein ausgezeichnetes Dasein sich also selbstdurchsichtig werden kann. Aristotelisch denken Kierkegaard, Leopardi, Nietzsche in ihren Psychophysiologien eines nervös-anspruchsvollen Menschentyps, der sich schneller langweile als andere. Der wahre, eigentliche, ‚höhere' Mensch ist von Natur aus für Geistiges bzw. Sinnhaftes disponiert – also auch für dessen mögliches Ausbleiben empfänglich. Er hat in sich jenen Leerraum, den die Langeweile oder die Vielzahl kultureller Betätigungen füllen kann. Im Unterschied zum vulgären Menschen bzw. Dasein kann der eigentliche Mensch Langeweile empfinden und überwinden, ja sogar an ihr metaphysisch werden, z.B. durch Selbsterkenntnis. Nietzsche: „Wer sich völlig gegen die Langeweile verschanzt, verschanzt sich auch gegen sich selber: den kräftigsten Labetrunk aus dem eigenen innersten Born wird er nie zu trinken bekommen." (Menschliches, Allzumenschliches II, § 200)

Hier herrscht in der Methodik meist eine individualistische Binnenperspektive vor, die für den seelenmetaphysischen Zugriff auf die Langeweile keineswegs von Anbeginn typisch war. In der *aufklärerischen Medizin und Pädagogik* sollte Langeweile als spezifisches Leiden der Gebildeten in individueller *und* sozialer Anstrengung therapiert werden (GmW, 13): Ist die Einsamkeit des gebildeten Menschen – je höher die Bildung, desto enger der Kommunikationskreis – diesem durch soziales Schicksal zugefallen, kann geistige Tätigkeit, insbesondere Philosophieren, zur Selbsttherapie aufsteigen. Sie bildet eine mögliche adäquate „Nahrung der Seele", wo mangels Außenreizen sonst „Langeweile aus erzwungener Unthätigkeit der Seele" herrschte (SVPS I, 21, 6). Das ist der Weg zu *Schopenhauers* nicht mehr kulturell-verallgemeinerbar gemeinter Empfehlung, sich durchs Philosophieren von sozialer und geistiger Fremdverfügung über die eigene Lebenszeit zu suspendieren, die Langeweile erzeugt. Der Gelehrte muß Philosoph sein, wenn er sich nicht langweilen will. Die Entwicklung dieses Topos führte über *Kant*, bei dem die Langeweile bereits aus dem triebnaturalistischen Schema gelöst ist und zum Indiz philosophischer Begabung gerät. Denn wenn es heißt: Kultivierte Menschen leiden mehr unter Langeweile, „weil sie auf ihr Leben und ihre Zeit aufmerksam sind" (ApH, § 61), dann sind ja – mit Leben und Zeit – Größen benannt, die nicht mehr Gegenstände einer empirisch-realistischen Einstellung werden können.

Langeweilefurcht scheint der Philosophie so lange günstig zu sein, als diese den äußersten Gegenpol zum Stumpfsinn und zur Ermüdung aus professionell gewordener Bildung markiert, also zu einer industriell betriebenen Gelehrsamkeit. Daran hielten Aufklärung, idealistische Klassik, Romantik gleichermaßen – im großen und ganzen – fest. Doch kann auch die Philosophie bürgerliche ‚Geistesarbeit' werden. In der Massenproduktion von Gedanken wirkt sie dann intellektuell so wenig privilegiert wie in der Massenhaftigkeit ihrer schulmäßig aufgezogenen Arbeiter. Philosophie als Beruf ist Denken aus der psychischen Indifferenz heraus, ist Nachdenken nicht mehr über die Dinge, sondern über ‚Ideen' im Sinne verdinglicht-ablösbarer Vorstellungen – die einen erfahrungsfreien Zugriff aufs Seinsganze erlauben. In dieser Hinsicht kann das Phänomen ‚Langeweile' zum Ausgangspunkt einer Enthüllungspsychologie werden, die das bürgerliche Idol der – in der Philosophie kulminierenden – Ich-Veredlung durch Arbeit angreift.

> Der junge Cioran schreibt: „Die Philosophen haben begonnen, mir gleichgültig zu sein, als ich inne geworden bin, daß man nur in einer psychischen Gleichgültigkeit zu philosophieren vermag, in einer unzulässigen Unabhängigkeit von jedem Gemütszustand. Psychische Neutralität ist wesentlicher Charakter des Philosophen. Kant ist niemals traurig gewesen. ... Die Philosophen haben wie die Ideen kein Schicksal. Wie bequem es doch ist, Philosoph zu sein!" (BdT, 165)[43] Ciorans lebensphilosophisch inspirierte Kritik an der (akademischen) Philosophie betrifft letztlich alle Arten von Intellektualismus, die ja – in der Korrelation von *theorein* und *theoria* – ein bestimmtes kontemplatives Sich-Verhalten dem Aufscheinen entsprechender metaphysischer Sachverhalte zuordneten. Cioran reißt diese Phänomenologie des Philosophierens ins derb Psychologische herab: „Der Stolz der Philosophen hat lange darin bestanden, die Ideen zu betrachten, außerhalb ihrer zu sein, sich von der idealen Welt loszulösen, welche sie indessen nicht weniger der höchste Wert dünkte. Ihr Dasein hat der Unfruchtbarkeit und Schalheit der Ideen nachgeeifert. Die Philosophen leben nicht in den Ideen, sondern für sie." (ebd.) Die Konsumenten jener metaphysischen Ideen teilen die triviale Grundgestimmtheit der Produzenten: „Wenn der oberflächliche Mensch sich überhaupt metaphysische Fragen stellt, dann übersteigt die psychische Grundlage, aus der diese laue Unruhe quillt, kaum die Langeweile." (32) Mit anderen Worten: Man kann zwar aus Langeweile philosophieren, nicht aber dadurch ihren stimmungshaften Umkreis überschreiten. Diesem Urteil ist Cioran bis in sein Alter treu geblieben; in „Gevierteilt" (1979) heißt es: „Die Langeweile, die alles zu ergründen scheint, ergründet in Wirklichkeit nichts, weil sie sich nur in sich selbst vertieft und nur ihr eigenes Vakuum erforscht." (G, 154)[44]

---

43 E. M. Cioran, Das Buch der Täuschungen, deutsch von Ferdinand Leopold, Frankfurt/M. 1990 (zit. als „BdT").
44 E. M. Cioran, Gevierteilt, deutsch von Bernd Mattheus, Frankfurt/M. 1989 (zit. als „G").

Zurück zur aufklärerischen Psychologie der Langeweile, die sich erstmals explizit mit dem Verhältnis von Seelenverfassung und geistigem Tätigkeitstyp befaßte! Sie beförderte eine über das Aufklärungszeitalter hinaus wirksame *Anthropologie*: Der empfindsame, gebildete, womöglich philosophierende Mensch steht in einem kundigeren Verhältnis zur Langeweile, deren Leiden fürs Menschsein überhaupt paradigmatisch sein soll – so kann man das Verhältnis von psychologischer und anthropologischer Deutung der Langeweile umreißen.[45] Wer das Thema anthropologisch aufnimmt – das wird hier noch deutlicher als in den psychologischen Ansätzen –, der muß es aber exemplarisch traktieren, mit allen diesbezüglichen Schwierigkeiten: die Langeweile wäre als Anthropinum latent ja immer anwesend, findet aber nur in bestimmten Menschen, Völkern, Ständen zu ihrer Selbstreflexion und Selbstüberwindung.[46] Den moralphilosophischen Aspekt, wonach die philosophische Theoria die *würdigste* Tätigkeit für den wechselbedürftigen Menschen sei, alle anderen Zeit-Vertreibe hingegen eine quälend langweilende, leere Erinnerung zurückließen,[47] hat die Anthropologie nach Kant immer mehr eingebüßt. Es bleibt die Verankerung im *metaphysischen Bedürfnis*, das die Langeweile angesichts alles immanent Seienden ins Unbedingte zu transzendieren sucht. Der mögliche Ausgangspunkt des Philosophierens ‚Langeweile‘ (Novalis, Schlegel), nämlich als Grauen vor der Leerheit, Vorgeschmack eines langsamen Todes (ApH, § 58), verrät seine Abkunft aus der Ökonomie der Zeit in der bürgerlichen Arbeitsethik und weist doch voraus in existenzphilosophisch reduzierte Anthropologien. Das Philosophieren kann der veränderten Situierung von Arbeit und Muße – innerhalb der Zeitökonomie – trotzdem entsprechen, und zwar durch Pervertierung oder Allegorisierung der Arbeit, d.h. durch bewußt herbeigeführte *Überarbeitung* (Arbeit als Selbstzweck gewordenes Mittel, darin Parodie der Muße) und *Spiel* (Arbeit, die erklärtermaßen das Bedürfnis nach Arbeit stillt). Beides empfiehlt *Nietzsche* als Palliative der Langeweile (Menschliches, Allzumenschliches II, Nr. 369).

In Gesellschaft, Seele, Mensch kann sich nach all diesen Befunden und Ansätzen ein Philosophieren über die Langeweile einnisten. Metaphysik scheint bedingt oder verursacht durch *Situationen*, in denen sich die Zeit

---

45 Die thematische Interferenz von anthropologisch und psychologisch aufgefaßter Langeweile läßt sich ziemlich genau datieren auf das Briefwerk der Madame Du Deffand (um 1770), wo gerade durch Individualisierung der ‚ennui‘ seine menschlich-gesellschaftliche Wandelbarkeit erweist – vgl. Mandelkow, Der Prozeß, 84.

46 Vgl. hierfür die bei Bellebaum (14) und anderen zitierten Belege zu Goethe: Langeweilefähigkeit des Menschen als Grenze zum Affen, Montesquieu: Deutsche denken wenig, langweilen sich wenig.

47 Vgl. Immanuel Kant, Vorlesung über Ethik, hrsg. von Gerd Gerhardt, Frankfurt/M. 1991, 173, ähnlich Anthropologie, § 61.

als solche – also leere – bemerkbar macht und die durch das Vokabular regionaler Ontologien zu beschreiben sind. Wie steht es mit den nächsthöheren Gattungen der ‚metaphysica specialis', der Kosmologie und Theologie?

In *kosmologischer* Perspektive wäre zu fragen, ob es irgend etwas Langweiliges in oder an der Weltbeschaffenheit gäbe, das philosophieren machte. Die Antwort kann in der Nähe von Gnosis und Nihilismusrede vermutet werden, auch in den poetisch-theoretischen Mischdiskursen von Weltschmerz und schwarzer Romantik („Nachtwachen von Bonaventura"). Die bekannte Welt muß hierfür als Seinshorizont verbindlich geblieben, jedoch in ihrem Sinn fraglich geworden sein. Statt einer innerweltlichen Verschiebung muß eine Bezuglosigkeit (Sinnlosigkeit) von Teilen oder ihrer Gesamtheit zur sinngebenden Instanz eingetreten sein. Der letzte Fall wäre bereits ein genuin theologisches Thema, der erstere ist dagegen in vielen einzelwissenschaftlichen Befunden vorausgesetzt. Man beschreibt dann also – bei Voraussetzung einer zunächst nicht weiter explizierten Vergleichsgröße ‚Existenz', ‚Leben', ‚Subjekt' u.ä. – eine Sinn-Veränderung oder Erweiterung von Welt, auf die sich eine metawissenschaftliche oder philosophische Rede darüber selbst als Antwort einführt und anbietet.

Einige wahllos herausgegriffene Beispiele zur Illustration: soziale Geborgenheit, Emanzipation, aufklärerische Weltsicht führten zu einer „Verlangweiligung unseres Welt-Erlebens" – so der Verhaltensbiologe *Rudolf Bilz*.[48] Für den tschechischen Philosophen *Jan Patočka* ist Langeweile „keine private Erfindung, sondern der ontologische Status einer Menschheit, die ihr Leben ganz der Alltäglichkeit und deren Unpersönlichem untergeordnet hat."[49] Sie „taucht den Menschen in eine Welt billiger Surrogate und endlicher brutaler Orgiasmen".[50] Ähnlich *Anton Zijderveld*: Weltanschaulich überraschungslose Zeit sei auch langweilige Zeit – ein endlos dauerndes Posthistoire. Die Langeweile braucht Schocks für die geschichtliche Bewegung.[51] *Georg Büchners* Dramen haben das grell zum Ausdruck gebracht, seit dem Erstling „Dantons Tod", wo die Langeweile der Titelfigur aus alltäglichen Unvermeidbarkeiten begründet wird: „Das ist sehr langweilig, immer das Hemd zuerst

---

48 Rudolf Bilz, Langeweile – Versuch einer systematischen Darstellung, in: Paläoanthropologie I, Frankfurt/M. 1971, 186.

49 Jan Patočka, Ist die technische Zivilisation zum Verfall bestimmt, in: Ketzerische Essais zur Philosophie der Geschichte und ergänzende Schriften, hrsg. von Klaus Nellen, Stuttgart 1988, 121 ff., hier: 138.

50 A. a. O., 144.

51 Anton Zijderveld, Cliché and Boredom, in: On Clichés. The Supersedure of Meaning by Function in Modernity, London 1979, 75 ff.

und dann die Hose drüber zu ziehen und des Abends ins Bett und morgens wieder heraus ...“[52] Scheinbare Selbstverständlichkeiten der Lebensumwelt drängen sich in ihrer Temporalität auf, wenn sie ihren Bezug zu weltzeitlichen Sinngebilden verlieren – wenn die Geschichte bzw. Zeit der Welt sinn-neutral weitergeht. Im Aufmerken auf den Teil der Welt, der Alltag oder Existenz heißen mag, setzt dann die philosophische Deutung ein: Was „Woyzeck“ sowie „Leonce und Lena“ aus Langeweile verlautbaren, zeigt gleichermaßen den Zwangs- wie den Indifferenz-Aspekt solcher Sinn-Neutralität. Freilich, der neutralisierte Mensch Woyzeck selbst *philosophiert* (räsoniert), im volkstümlichen Verständnis des Wortes, inmitten dehumanisierender Experimente ... Das Philosophieren wird zum Kandidaten psychiatrischer Hinsichten und Zugriffe.

Die *pathologische* Auffassung gelangweilten Müßiggangs scheint im *theologischen* Denken zurückzustehen zugunsten jener *Moralisierung* der acedia, des taedium Dei et vitae, das den Umgang mit dem Thema seit dem frühen Mittelalter bestimmt. Das ist auch gegen Ende des 20. Jahrhunderts noch der Fall. Die moraltheologische Behandlung der Langeweile sieht deren Spektrum „von der einfachen ‚Zerstreuung‘ beim Gebet bis zur Abneigung dagegen, bis zum Überdruß davor, bis zum Widerwillen vor Gott und den göttlichen Dingen“ (AuL, 70). Letzteren Überdruß, als eine Form der sündhaften Trauer, erregt gerade die Hinordnung alles weltlich Seienden auf einen transzendenten Sinn (75). Die Leugnung des Seins dieser Sinninstanz oder ihre Ersetzung durch Gegen- oder Nicht-Sinn[53] dürfen als originäres Philosophieren aus Langeweile gelten.

Christliche Denker konnten so immer wieder einmal eine immanentistische Betrachtung der Welt mit der herrschend gewordenen Langeweile in Verbindung bringen. Ein Beispiel für diese Argumentationsfigur: Wenn Gott aus der Lebensmitte verschwunden sei, werde die Welt „immanent-unendlich und damit die Zeit endlos“, eine „Einbruchstelle der Langeweile“.[54] Gleichlautend schon *Walter Rehm*: „Die Leere und Tiefe der Langeweile ... ist Sinnbild jener Leere, die dort gähnt, wo ein Platz im Menschen frei geblieben ist: der Platz Gottes.“[55] Svendsen

---

52 Georg Büchner, Gesamtausgabe, hrsg. von Fritz Bergemann, Wiesbaden 1958, 33f.

53 Als die zwei Möglichkeiten, den „kategorischen Ausschluß von Sinn, Wert und Wesen“ durch ein „Nichts“ zu denken, sieht Winfried Weier zum einen die Substitution, zum anderen die Leugnung besagter Dimension (vgl. ds., Nihilismus. Geschichte, System, Kritik, Paderborn u.a. 1980, 24f.).

54 So Gerhard Jacobi, Langeweile, Muße und Humor und ihre pastoral-theologische Bedeutung, Berlin 1952, 19.

55 Walter Rehm, Experimentum Medietatis, München 1947, 100.

nennt die Langeweile „Immanenz in ihrer reinsten Form".[56] Das ist in der Sache vergleichbar den soziologischen und allgemein geistesgeschichtlichen Befunden von der Langeweile als Subjektermächtigung und damit Statthalter der Angst, die ihre konkreten Anlässe verloren habe.[57] Dasein aus weltimmanenter Vernunft wie Philosophieren aus Langeweile scheinen so gleichermaßen aufgeschobene Schwermut oder verhinderte Angst.

Die paradoxienreiche Auffassung des Philosophierens als einer unauthentischen Antwort auf die Langeweile des Seins nach Ausbleiben eines gottgegebenen Sinns hat in unzähligen Facetten *E. M. Cioran* entfaltet. Die Langeweile verschafft ein Wissen von der gefallen Kreatur bzw. von der verfehlten Schöpfung, das die Philosophen gern verleugnen: „Inmitten der Langeweile *wissen* wir, daß das Dasein nicht hat sein sollen; in seinen Unterbrechungen vergessen wir alles und *sind* da." (Gd, 198) Die Langeweile ist „ein Gegenüber zweier Spiegel, die ihr *Nichtvorhandensein*, die ein und dasselbe Bild der Nichtigkeit reflektieren", aber eben auch Offenbarung einer Ewigkeit, die allerdings „nicht etwa ein Überschreiten, sondern ein Verfallen der Zeit ist" (LvZ, 19), „Nachhall einer sich zerrüttenden Zeit in unserem Innern, Offenbarwerden der Leere, Versiegen jenes Wahns, der das Leben erhält oder – erfabelt" (20). Nur Heilige und Schwachköpfe seien gegen sie gefeit (Gd, 80).

Resümee 2.1: Der Durchgang der Spezialmetaphysiken bzw. Regionalontologien hat manche Strukturanalogien in der Kontextualisierung von Sichlangweilen und philosophischer Gestimmtheit gezeigt, jedoch auch, daß all diese regionalontologischen Verortungen nicht schon eine spezifisch philosophische Gestimmtheit erklären können. Die metaphysische Potenz der Langeweile wird sichtbar in semantischen Weiterungen, wie man sie vergleichbar aus der philosophischen Deutung von Emotionen kennt (etwa: ‚Furcht' vor einzeln Begegnendem – ‚Angst' vorm und im Ganzen): Neben eine vulgäre Form der Langeweile ist eine metaphysisch aufschlußreichere gestellt, die über ihre empirischen Anlässe oder Dispositionen hinaustreibt, wenn sie etwa zur Selbsterkenntnis führt. Diese Grunddifferenz aller Metaphysik der Langeweile kann sie als Statthalter eines unermeßlichen Anderen (in der theologischen Deutungstradition z.B. des Göttlichen), als fühlbare Leere erscheinen lassen, sie kann aber auch, wie in der modernen anthropologischen, psychologischen, soziologischen Langeweiledeutung

---

56 Svendsen, Kleine Philosophie der Langeweile, 50.
57 Vgl. Doehlemann, Langeweile? 101ff.; Haskell E. Bernstein, Boredom and the ready-made life, in: Social Research XLII (1975), 536; Wilhelm J. Revers, Die Psychologie der Langeweile, Meisenheim 1949, 73, 78; Svendsen, Kleine Philosophie der Langeweile, 35.

häufig, das Phänomen selbst je nach Vulgär- und Hochform spezifizieren. Daraus ergeben sich die typischen Asymmetrien der Langeweilephilosophien: wer sich langweilen kann (Privilegierung zu theorieförmigem Leiden an *Sinn*-Mangel), unterhalte andere, wer sich nicht langweilt (und jederzeit die leere *Zeit* zu füllen weiß), langweile jene sinn-sensitiveren anderen (so Schopenhauer, Kierkegaard, Galiani u. v. a. m.). Der Durchgang der regionalontologischen Ansetzungen von Langeweile als *Motiv* des metaphysischen Denkens hat aber weiterhin ergeben, daß keine Form davon selbst schon eine hinreichende Bedingung des Philosophierens darstellt. Somit bleibt nur noch der umgekehrte Fall zu erwägen, nämlich daß – faktisch – philosophiert werde mit dem Anspruch, Langeweile sei für das Zustandekommens dieses Faktums irgendwie unerläßlich.

2.2 Operationalisierung der Langeweile zur philosophischen Schlüsselstimmung

Abgesehen von der übermütigen Rede mancher Romantiker von der ‚Begeisterung der Langeweile' als Voraussetzung des Philosophierens war der Ennui als philosophische Schlüsselstimmung jahrhundertelang nicht populär. Das ist vor allem dem Nebeneinander zweier Topos-Traditionen geschuldet. Die theologische, mit dem von Pascal prominent gemachten Ennui, formuliert eine Sinnlosigkeits- qua Leereerfahrung, sieht dabei aber weitgehend vom Zeitlichkeitserleben ab. Das Grundmotiv dieses Philosophierens bleibt eine Umkehr, vielleicht sogar eine Erleuchtung, worauf man sich dem Grund von Sinnleere und -fülle bewußt zuwendet. Wenn auch nicht methodisch *verfügbar*, ist Heilung von der Langeweile doch *denkbar*. (*Unverfügbar* erscheint Sinn vor allem dort, wo Langeweile – wie in den frivolen Spekulationen Galianis, Kierkegaards, Leopardis – in eine weltgeschichtliche Rahmenerzählung eingesenkt ist.) Mit den aufgeklärten Anthropologien und Psychologien wiederum bilden sich Konzepte heraus, die Langeweile zwar als zeitlich konnotiertes, affektives Phänomen fassen, es u.U. sogar in entsprechenden Zyklen verorten. Dadurch rückt es aber ebenso ins Unverfügbare – einer conditio humana nämlich – ab. In Schopenhauers Theorie von Not und Langeweile (Schmerz und Sättigung) als Polen des Daseins findet die anthropologisch-immanente Deutungslinie ihren Höhepunkt.

Zeit und Sinn, genauer: *individuell erlebte Zeit* und *mundan aufscheinender Sinn*, müssen in eine Beziehung kommen, damit die Stimmung ‚Langeweile' metaphysisch beunruhigen kann. Beispiele für diese Verschränkung von Sinn- und Zeit-Problematik gab es immer wieder: der zuletzt erwähnte Cioran, aber auch Kierkegaard. Dort waren idealiter die

Bedingungen zu studieren für eine Autonomisierung von Langeweile als philosophische Zugangsweise. Es sind wesentlich zwei:
– die regionalontologisch aufgefaßte Transzendenz-Versagung aus einer bloßen Stimmung, einem Gefühl, muß überschritten werden (z.B. in einer Aufwertung von Stimmung innerhalb von Konzepten vorprädikativer Erkenntnis, intuitiver Wahrheitsbegriffe);
– gleichzeitig muß Langeweile auch von theologisch-transzendenter Lesung auf etwas Dahinterliegendes, Überweltliches hin befreit sein, als dessen bloß defizienter Modus sie erschiene, als Folge einer sittlichen oder ontologischen Verfehlung. Schon hier ist zu vermuten, daß die Frage nach Langeweile als einem philosophisch-metaphysischen Phänomen Recht und Sinn nur in einer bewußtseinsgeschichtlichen Konstellation haben kann, da sie aus stratifikatorischer Seins- und Wertordnung herauslösbar erscheint. Dies zeichnet sich mit dem Verfall Alteuropas als Daseins- und Deutungshorizont seit Ende des 18. Jahrhunderts ab. Der Begriff des *höchsten Seienden* und einer Metaphysik als dessen *Wissenschaft* werden unplausibel.

Langeweile als metaphysische Grundstimmung: M. Heidegger

Eine ausdrückliche Formulierung als Sinn- *und* Zeitproblem erhält die Langeweile in der Existentialontologie M. Heideggers, namentlich in der Vorlesung über „Die Grundbegriffe der Metaphysik" (1929/30)[58]. Diese Grundbegriffe sind „Welt – Endlichkeit – Einsamkeit" (so der Untertitel der Vorlesung), ihre Erschließung und Durchdringung erfordere die „Weckung einer Grundstimmung unseres Philosophierens". Anders sei Metaphysik, zentrales Lehrstück der ganzen Philosophie und Angriff des Daseins auf den Menschen (GdM, 1, 31), nicht (mehr) möglich. Die bisherige – ‚rationale' – Metaphysik habe das nicht geleistet und nicht leisten können, weil sie das Dasein zugunsten der Suche nach einem zeitlosen höchsten Seienden vernachlässigt habe (68f.). Nur durch Weckung einer in ihm liegenden *Stimmung* sei aber Da-sein als Da-sein zu ergreifen (99).

> Gefragt ist zunächst die „verborgene Grundstimmung unseres heutigen Daseins" (1. Kapitel). Die „tiefe Langeweile" ist diese „verborgene Grundstimmung", die uns aus den „kulturphilosophischen Deutungen unserer Tage" erwächst (111). Die Langeweileerfahrung soll also nicht, wie traditionell oftmals üblich, den Gelangweilten zu einer realweltlichen Selbstobjektivierung verleiten; sie soll vielmehr eine Innen- und Rückwendung inspirieren. Beruhigende Deutungen wie die kulturphilosophische bestimmen gewöhnlich das Dasein (114). Sie sind ihrerseits

---

58 Martin Heidegger, Gesamtausgabe. Bd. 29/30: Die Grundbegriffe der Metaphysik: Welt – Endlichkeit – Einsamkeit, hrsg. von Friedrich-Wilhelm von Herrmann, Frankfurt/M. 1992 (zit. als „GdM").

geleitet von „weltgeschichtlichen Ortsbestimmungen", die „uns selbst"
aber gar nicht berühren (111). Heidegger dagegen will sich an Hörer
wenden, die *„eine tiefe Langeweile in den Abgründen des Daseins wie
ein schweigender Nebel"* hin- und herziehen sehen (115), Hörer, die
sich vielleicht selbst soweit langweilig geworden sind, daß sie bereit
sind, sämtliche kultur- und geschichtsphilosophische Diagnostik ihrerseits als enttäuschende Versuche zur Überwindung der Langeweile dieser noch zuzuschlagen. Denn in jenen Versuchen steckt die langeweile-
verschlimmernde Neugier nach Interessantem: „Somit dürfen wir nicht
in einem weitläufigen Kulturgerede von uns fortlaufen, aber ebensowenig in einer neugierigen Psychologie uns selbst nachlaufen, sondern wir
müssen uns finden, so, daß wir uns an unser Dasein binden und dieses,
das Da-*sein*, für uns das einzig Verbindliche wird." (116) Man muß, ab-
seits der interpretativen Verstelltheiten, vom zugleich schlichten und
basalen Phänomen der Langeweile selbst ausgehen. Die Langeweile
und die Frage nach ihr erweist sich dann als eine Art, wie wir zur Zeit
stehen, als ein Zeitgefühl, die Frage nach ihr ist ein Zeitproblem (120).

　　Die Analyse unterscheidet drei Formen der Langeweile, die aufeinander aufbauen. Das sollen keine Bewußtseinsanalysen sein, wie die
Überschrift klar macht: „§ 22. Methodische Anweisung für die Interpretation des Gelangweiltwerdens: Vermeidung der bewußtseinsanalyti-
schen Einstellung, Erhaltung der Unmittelbarkeit des alltäglichen Daseins: Auslegung der Langeweile aus dem Zeitvertreib als dem unmittelbaren Verhältnis zu ihr". Die erste Form ist Gelangweiltwerden und
Zeitvertreib, beispielhaft zu erörtern am vierstündigen Warten auf einen
Zug in einem Provinzbahnhof (140). Ergebnis: „Die Langeweile ist nur
möglich, weil jedes Ding, wie wir sagen, *seine* Zeit hat. Hätte nicht jedes Ding *seine* Zeit, dann gäbe es keine Langeweile." (159) In der
zweiten Form – „das Sichlangweilen bei etwas und der ihr zugehörige
Zeitvertreib" – fehlen scheinbar Merkmale der ersten: Hingehaltenheit
und Leergelassenheit (172ff.). Eine exemplarische Situation ist die Einladung zu einer Abendgesellschaft, deren nachträgliche Betrachtung
erst den Befund Langeweile erbringt. Man weiß allerdings nicht, wovon
verursacht. Der gesellschaftliche Situationszwang wirkt nur äußerlich,
er reichte als Erklärungsprinzip nicht in den Grund der Zeitigung (173).
Um so klarer zeichne sich aber ab, was ein Zeitvertreib sei, „der weniger die Langeweile vertreibt, als daß er sie gerade *bezeugt* und *dasein*
läßt" (177). Es ist ein „Hingehaltensein an die stehende Zeit" (181ff.).
Die Indifferenz wird hier zur Leidenschaft und zur Bereitschaft, denn
„demgegenüber, was um uns los ist", sind wir „*ganz Gegenwart …*,
oder, wie wir sagen, schlechthin nur" beim „*gegenwärtigen* – dieses
hier verstanden im transitiven Sinne", „um jederzeit mitzugehen" (187).
Das „stehende Jetzt", wie aus der theologisch-metaphysischen Tradition
vertraut, erfährt in Heideggers Situationsbeschreibung eine radikale
Umbewertung: es ist „das *Unbekannte*, und es ist zugleich unbestimmt,

und das in einem betonten Sinne. Wir wollen es gar nicht bestimmt haben." (190)

Damit ist jene Vertiefung der Langeweile benannt, auf die es Heidegger ankommt. Denn während im ersten Beispiel Langeweile „das gleichsam äußere Eintreffen und Ankommen der Langeweile aus einer bestimmten Umgebung" anzeigt, handelt es sich bei der zweiten Form um „das Aufsteigen der Langeweile im und *aus* dem Dasein, gelegentlich der betreffenden Situation" (197). Die Langeweile entspringt sichtbar *„aus der Zeitlichkeit des Daseins"*, sie „entsteigt einer ganz bestimmten Art und Weise, wie unsere eigene Zeitlichkeit *sich zeitigt*" (191). Sie ist also gerade *Bereitschaft*, etwas zu gegenwärtigen – der Gegenwart von etwas inne zu werden (wenngleich dieses Etwas vorerst noch denkbar trivial war!). Diesem Unterschied gemäß fällt der daseinsanalytische Wertbefund für beide bislang traktierten Langeweileerfahrungen aus: dort (Langeweile I) ein „Herauszappeln in die Zufälligkeit der Langeweile", hier „das Hereingezogenwerden in die eigene Schwere der Langeweile" (197).

> Die dritte Form der Langeweile heißt „die tiefe Langeweile als das ‚es ist einem langweilig'". Daß in ihr der Zeitvertreib nicht mehr zugelassen ist, gilt Heidegger als „Verstehen der tiefen Langeweile in ihrer Übermächtigkeit: Das Gezwungensein zu einem Hören dessen, was die tiefe Langeweile zu verstehen gibt" (so der Untertitel § 30). Wie wenig diese Phänomenologie der Langeweile mit einer regionalontologischen oder psychologisch-deskriptiven Annäherung zu tun haben will, geht aus Heideggers Beobachtung am Phänomenologen der Langeweile selbst hervor: *„es langweilt. Das ist nun das Entscheidende, daß wir dabei zu einem indifferenten Niemand werden."* (203) Die zwei, aus der Beschreibung der vorigen Formen der Langeweile schon bekannten Aspekte Leergelassenheit und Hingehaltensein werden nun wie folgt auslegbar: Mit einem „Schlag wird alles und jedes gleichgültig, alles und jedes rückt in einem zumal in eine Gleichgültigkeit zusammen. … Wir stehen nicht mehr als Subjekte und dergleichen ausgenommen von diesem Seienden diesem gegenüber, sondern finden uns inmitten des Seienden im Ganzen, d.h. im Ganzen dieser Gleichgültigkeit." (208)

Diese anhaltlose „Hingehaltenheit als Hingezwungenheit an die ursprüngliche Ermöglichung des Daseins als eines solchen", diese „strukturale Einheit von Leergelassenheit und Hingehaltenheit als Einheit der Weite des im Ganzen sich versagenden Seienden und der einzigen Spitze des Ermöglichenden des Daseins" (211), bringt, wie schon abzusehen, den Umschlag. An diesem dritten Punkt endet die phänomenologische Beschreibung, wo jede gelingende phänomenologische Beschreibung enden muß: bei einer Tautologie.

Denn die nun sichtbare „eigentümliche Verarmung, die mit diesem ‚es ist einem langweilig' bezüglich unserer Person einsetzt, bringt das *Selbst* erst in aller Nacktheit *zu ihm selbst* als das Selbst, das da ist und sein Da-sein übernommen hat. Wozu? *Es zu sein.*" (215) Von hier aus muß der Rückweg zu dem angetreten werden, was die phänomenologische Entfaltung des Langeweile-Themas ursprünglich motivierte, nämlich zur „Frage nach einer bestimmten tiefen Langeweile als der Grundstimmung unseres heutigen Daseins" (V. Kapitel).[59] Als „eigentlich Langweilendes der Langeweile" hat sich ja „die Zeitlichkeit in einer bestimmten Weise ihrer Zeitigung" erwiesen (§ 35). Nicht „das Seiende, sondern die Zeit, die selbst die Offenbarkeit dieses Seienden im Ganzen ermöglicht", versagt etwas (226). Was versagt wird, zeigt sich im perpetuierten, sozusagen angestauten, nicht in einer Handlungs- und Auslegungsgesamtheit von Vergangenheit – Gegenwart – Zukunft stehenden Augenblick: „Was demnach die bannende Zeit an sich hält und im Ansichhalten zugleich als Freigebbares ansagt und als Möglichkeit zu wissen gibt, ist etwas von ihr selbst, das Ermöglichende, das sie selbst und nur sie sein kann, der Augenblick. Die *Hingezwungenheit des Daseins in die Spitze des eigentlich Ermöglichenden* ist das Hingezwungensein *durch die bannende Zeit in sie selbst*, in ihr eigentliches Wesen, d.h. *an den Augenblick* als die Grundmöglichkeit der eigentlichen Existenz des Daseins." (224)

Der weitere Denkgang führt in Heideggers politische Ontologie und Gegenwartsanalyse: Als „wesentliche Not im Ganzen" gilt hier das „Ausbleiben der wesenhaften Bedrängnis des Daseins", nämlich „die *Leere im Ganzen*, so daß keiner mit dem anderen und keine Gemeinschaft mit der anderen in der wurzelhaften Einheit eines wesentlichen Handelns steht. Alle und jeder sind wir die Angestellten eines Schlagwortes, Anhänger eines Programms, aber keiner ist der Verwalter der inneren Größe des Daseins und seiner Notwendigkeiten." (244) Auch das ist Leergelassenheit, „die *im Grunde langweilende Leere*" (ebd.). Die Details in ihrer Verbindung zu den Grundbegriffen der Metaphysik müssen nicht mehr verfolgt werden. Man erkennt jedenfalls leicht die strukturelle Ähnlichkeit zwischen Heideggers Befund eines sich in seiner Not versagenden Daseins und seinem Wahrheitsbegriff der Unverborgenheit; überhaupt die Privilegierung von eröffnenden ‚Grundstimmungen' in einer Phänomenologie, die im – eigentlichen – Existieren selbst die Dimension von Wahrheitsfähigkeit er-

---

59   Auf die Spezifizierung der Langeweile-Bestimmung als Korrelat der „Grundlegung unseres Zeitalters" und nicht etwa einer zeitlosen Möglichkeit von Gestimmtsein hat Klaus Held aufmerksam gemacht – vgl. ds., Grundbestimmung und Zeitkritik bei Heidegger, in: Zur philosophischen Aktualität Heideggers, hrsg. von Dietrich Papenfuß und Otto Pöggeler, Frankfurt/M. 1991, 31–56, hier: 39, Anm. 12.

reicht bzw. das Sein des Seienden angezielt sieht. Wenn Heidegger dazu auffordert, sich der tiefen Langeweile auszusetzen, auf sie zu ,hören', dann nicht, um etwas ,über' die Langeweile oder überhaupt über ,Seiendes' herauszubekommen. Es geht nicht um Aussagen, sondern um die Aussage-fähigkeit – genauso, wie es in der Geschichte der Langeweilemetaphysik nicht um moralische oder intellektuelle Teilnahme an dieser oder jener Sache, sondern um Teilnahmefähigkeit überhaupt ging.

Zweifel an der metaphysischen Brauchbarkeit der Langeweile:
E. M. Cioran

Heideggers Phänomenologie der Langeweile war Station auf dem Weg, „die Wahrheit des Seins einfach zu sagen" (MHGA IX, 313). Wie man weiß, führte dieser Weg, über den Versuch einer Destruktion abendländi-scher Metaphysik, später auch von der Form akademischen Philosophie-rens immer weiter hinweg, nämlich in ein ursprünglicher denn alles ,bishe-rige' – metaphysische – Philosophieren gemeintes Seinsdenken. Statt von Philosophie wird schlicht vom Denken[60] die Rede sein. Den Übergang dazu bildet eine ,Befindlichkeit' des Philosophierens, das schon nicht mehr des – sei es auch nur verbalen – Bezugs auf emotionale Schlüsselphäno-mene bedarf. „*Philosophie* hat als Gründung der Wahrheit des Seyns den Ursprung in ihr selbst; sie muß sich selbst in das, was sie gründet, zurück-nehmen und einzig daraus er-bauen." (LXV, 39) – so heißt es bei Heideg-ger um die Mitte der 1930er Jahre. Den Weg, auf dem Metaphysik – Philo-sophie – Denken in deutliche Entfernung voneinander geraten, kann man aber auch umgekehrt gehen; metaphysisches Philosophieren kann auch von einem Denken her relativiert und destruiert werden, das von Anbeginn in radikalem *inhaltlichen* Gegensatz zum akademischen Philosophieren steht. Stilistisch schließt dieses Denken an die große Tradition der europäischen Moralistik an. In dem selben Jahr, als Heidegger an seinen „Beiträgen zur Philosophie" zu arbeiten beginnt, veröffentlicht der 25jährige E. M. Cioran sein „Buch der Täuschungen" (1936), worin die These eines ,Philosophie-rens aus Langeweile' noch einmal aufgenommen und entschieden skep-tisch behandelt ist. Vieles klingt wie ein verdeckter Dialog mit Heidegger: Langeweile sei weder metaphysisch schöpferisch noch operationalisierbar – allerdings mag es eine gewisse Strukturanalogie zwischen professoralem Philosophieren und der Langeweile des bei der Philosophie rat- oder trost-suchenden Laien geben.

Cioran kehrt zur frühen Lebensphilosophie, namentlich Schopenhauers Polarisierung von Leid und Langeweile, zurück, um zu fragen: „Warum

---

60 Vgl. Martin Heidegger, Was heißt Denken, Tübingen 1954; ds., Zur Sache des Denkens, Pfullingen 1969.

langweilen sich Leidende nie? Auf der Stufenleiter negativer Zustände, die mit Langeweile anheben und in Verzweiflung versiegen und durch Melancholie und Trübsal hindurch fließen, wird der leidende Mensch derart selten von der Langeweile ergriffen, daß für ihn die Melancholie die erste Stufe bildet. Die Langeweile wird nur von Menschen erfahren, die keinen tieferen inneren Inhalt aufweisen und sich ausschließlich durch äußere Reizmittel lebendig erhalten können. Alle Taugenichtse suchen die Mannigfaltigkeit der Außenwelt, denn Oberflächlichkeit ist nichts anderes als Selbstverwirklichung vermittels Gegenständen. Der oberflächliche Mensch hat ein einziges Problem: die Rettung durch Objekte. Deshalb hascht er in der Außenwelt nach allem, was diese ihm darbieten kann, um sich selbst mit äußeren Werten und Dingen auszufüllen." (BdT, 31)

So weit, so vertraut. Doch ist nun von dem Beliebigkeitscharakter der durch ‚Langeweile' ergriffenen Objekte auf deren metaphysischen Status wie folgt geschlossen:

„… die Metaphysik, zu welcher die Langeweile verleitet, ist nur Gelegenheitsmetaphysik. In der Langeweile wird das Problem des Menschen oder zum mindesten des Subjekts niemals ernstlich aufgeworfen, sondern lediglich zum Problem der Orientierung und zur unmittelbaren Haltung gegenüber der Außenwelt. Es ist nicht einmal eine Frage der *Laune*, von *Schicksal* ganz zu schweigen. Langeweile ist das erste Anzeichen von Unruhe, wenn der Mensch nicht bewußtlos verharrt, durch sie manifestiert das Tier bereits den ersten Grad von Menschlichkeit. Wie sehr ist der Leidende alledem entrückt! Er ist niemals so armselig, daß er sich langweilen könnte. Der unversiegliche Leidensquell läßt den Menschen niemals dermaßen einsam sein, als daß er anderer bedürfen könnte!" (32)[61]

Nicht in der Langeweile, sondern im *Leiden* drückt sich eine metaphysische Disponiertheit aus. Sie steht in schärfstem Gegensatz zu allen operationalisierbaren – sprich: akademischen, professionell-professoralen –

---

61 Wie im folgenden zu sehen, wird Cioran aus diesem Befund eine Nähe zwischen platonisierender Wesensmetaphysik und metaphysischer Oberflächlichkeit des Alltagsbewußtseins herleiten. Sein direkter Antipode hierin ist Paul Valéry, der in diesen Jahren als heroisch-resignativer Anwalt des europäischen Intellektualismus auftritt: „Wir ertragen keine Dauer mehr. Wir können die Langeweile nicht mehr fruchtbar machen. Unsere Natur hat einen Horror vor der Leere – jener Leere, in die die Geister von ehedem ihre Ideale einzuzeichnen verstanden, ihre Ideen im Sinne Platons." (ds., Bilanz der Intelligenz (1932), in: Zur Zeitgeschichte und Politik, hrsg. von Jürgen Schmidt-Radefeldt, Frankfurt/M. 1995, 105–134, hier: 105).

Denkmotiven.[62] „Entweder wir sterben an unseren Gedanken oder wir geben das Denken auf. Wenn das Denken kein Opfer ist, weshalb dann noch denken? Nur die schwierigen, unauflöslichen und letzten Fragen seien die unsrigen. Die andern beantworten Professoren, denn dafür werden sie bezahlt. Wenn Leben, Leiden, Sterben, Schicksal oder Krankheit lösbar wären oder wir sie durch Verstehen zu erschöpfen vermöchten, hätte es noch Sinn zu denken?" (70) Ohne Leiden, diese intensivste Form des Affektbezugs, kein Schöpfertum.

> „Es gibt keine schöpferische Philosophie. Die Philosophie erschafft nichts. Damit meine ich, daß sie uns zwar eine neue Welt darzulegen vermag, aber sie gebiert, befruchtet diese nicht. … Kein philosophisches System hat mir das Gefühl einer von allem, was nicht sie selbst ist, unabhängigen Welt vermittelt. Schmerzlich, aber wahr: ihr könnt so viele Philosophen lesen, wie ihr wollt, aber ihr werdet nie fühlen, daß ihr andere Menschen werdet. Die reflexive Tätigkeit besitzt keinerlei Vorzüge, die mir Bewunderung abzuringen vermöchten. Ideen, die nicht ein Schicksal widerspiegeln, sondern andere Ideen, haben überhaupt keinen Wert." (167)

Aus dieser Sicht muß die philosophisch ambitionierte Phänomenologie der Langeweile à la Heidegger ein bloß verbales Spiel sein, die Techniken der phänomenologischen Reduktion schlichte Umdeutungsversuche an unrettbar trivialen Tatsachen. Die mit ihr befaßt sind – die Menschen, „die mit vollen Händen im *Leeren*" schöpfen –, müssen nichts mehr fürchten; sie sind philosophische Verwerter ihres ‚Nichts' geworden: „Die Langeweile bewirkt Wunder: sie transformiert das Vakuum in Substanz, sie selbst ist *überquellendes Nichts*." (SdB, 35)[63] Die in der Langeweile manifestierte Situation des Denkens kann durch dieses unmöglich transzendiert werden. Der Versuch des Professors, durch irgendeine ‚Entschlossenheit' zum Nichts mehr als ein gewöhnlicher Bürger zu sein, ist vergeblich: „Das *Leere*, die Prämisse der Nichtstuer, dieser geborenen Metaphysiker, ist die Gewißheit, welche die braven Leute und die Berufsphilosophen am Ende

---

62 Die Nicht-Operationalisierbarkeit des Leidens (Synonyme: ‚Schmerz', ‚Trauer', ‚Trübsal', ‚Schwermut') ergibt sich gerade aufgrund einer empirisch-transzendentalen Doppelstruktur, die es mit der traditionell dafür beanspruchten Langeweile gemeinsam hat. ‚Trübsinn' zum Beispiel bedeutet so ein empirisch-psychologisches gleichwie ein existentiales Faktum: „Wenn du ein einziges Mal grundlos trübsinnig warst, dann bist du es dein Leben lang gewesen, ohne es zu wissen." (Gd, 183).

63 E. M. Cioran, Syllogismen der Bitterkeit, deutsch von Kurt Leonhard, Stuttgart 1995 (zit. als „SdB").

ihrer Laufbahn und gleichsam als Entschädigung für ihre Enttäuschungen entdecken." (33)

Dennoch hat sich auch Cioran über Jahrzehnte hinweg mit der besonderen Situation beschäftigt, in die das Denken *und* die Langeweile bringen, ohne Scheu vor einer Trivialisierung metaphysischer Traditionstopoi und Sublimierung alltagsweltlichen Mißbefindens. Wie schon gesehen, hält Cioran die ,Trübsal', nicht die Langeweile, für die eigentliche Erkenntnisquelle (vgl. Gd, 10); die metaphysischen Ambitionen eines ,Philosophierens aus Langeweile' werden somit nicht in Richtung eines ,ursprünglicheren Denkens' überschritten, sondern in die Kontexte einer gnostischen Anthropologie und skeptischen Weltweisheit gezogen. Die Trostversprechen der kontemplativen – aus Heideggers Sicht also: ,bisherigen' – Metaphysik, die auf Idealisierung und Sublimierung des Weltbezugs und des Selbstverhältnisses setzte, fertigt Cioran nicht so sehr als intellektuelle Einseitigkeiten denn als existentielle Selbsttäuschungen ab. Die von der idealistischen Metaphysik angezielte emotionale Purifikation (,Indifferenz', Apathie) ist bei Cioran als Realmöglichkeit gar nicht geleugnet, jedoch in ihrem Sinn angezweifelt. „*Reine* Gefühle – die dem Philosophieren *ohne Probleme* entsprechen. Weder Leben noch Denken haben auf diese Weise irgendeine Beziehung zur Zeit, und das Dasein läßt sich als Enthobensein begreifen. Alles, was sich in dir ereignet, läßt sich auf nichts mehr beziehen, denn es richtet sich nirgendwohin aus, sondern erschöpft sich in der inneren Finalität des Aktes. Du wirst um so *wesentlicher*, als du deine ,Geschichte' der Zeitlichkeit beraubst" (Gd, 12), heißt es in „Gedankendämmerung" (1940). In der – durch Langeweile paradigmatisch verwirklichten – emotionalen Unbetroffenheit ist *tatsächlich* das Ziel der traditionellen Metaphysik erreicht, ein Reich idealer Wesenheiten jenseits des Zeitbezugs vor einem non-involvierten Betrachter-Ich vorüberziehen zu lassen, ja, dieses Reich gar zum Objekt eines entsprechend emotionsbefreiten Herstellens zu machen. Solche Professorenarbeit der Ideen-Produktion verfehlt jedoch die allein pathisch-affektiv zugängliche Wahrheit des Lebens. „Die Mittelmäßigkeit der Philosophie läßt sich dadurch erklären, daß man nur bei niedriger Temperatur zu denken vermag. Wenn du deines Fiebers Herr wirst, ordnest du Gedanken wie Gliederpuppen; du ziehst die Ideen an den Fäden, und das Publikum vermag sich dem Gaukelwerk kaum zu entziehen." (21) So kann im traditionellen, Pascal-Schopenhauerschen Dualismus von Mangelzustand und objektlosem Sehnen die Philosophie mit letzterem synonym gesetzt werden. Die Philosophen leiden an nichts, haben daher keine Gedanken, bedürfen also schon vorgefertigter, die sie dann lediglich verbinden. Wie sollten diese Elaborate nicht langweilen? „In der Philosophie ist alles zweiten, dritten Ranges ... Nichts *Unmittelbares*. Ein System wird aus Ableitungen errichtet und ist selbst das Abgeleitete an sich. Der Philosoph ist nicht mehr als ein *umwegiger* Genius." (23)

Die Philosophen produzieren situationsfreies Wissen, das wertlos bleibt. „Jede Lebenslage eröffnet eine andere Perspektive auf das Leben. Die Philosophen denken an eine andere Welt, weil sie, von Gewohnheit gebeugt, es satt sind, diese zu betrachten." (43) In solcher Analyse gleicht sich platonisch-kontemplatives Theorieverständnis dem ungerührten Positivismus der Geistesarbeit an – das Schauen wie das Schaffen sind von der gleichen affektiven Neutralität und daher Inkompetenz. Daraus wird aber auch die Sehnsucht der industriellen Welt nach dem Nicht-Produzierbaren unmittelbar verständlich, seien dies auch psychophysische Mangelzustände: „Kranksein ist Betätigung; Langeweile nicht. Deshalb gleicht sie einer *Befreiung* – von der wir uns zu befreien trachten." (81)

Den Zusammenhang des platonischen Vorstellens der Dinge mit ihrem positivistischen Herstellen hat auch Heidegger gesehen, als Herrschaft des Seienden übers Dasein bzw. später über das ‚Seyn'. Als – wenngleich immer eigenwilligerer – Schüler Husserls hielt Heidegger jedoch in einem begrenzten Umfang an der Operationalisierbarkeit des Zugangs zum Sinn von Sein bzw. Dasein fest. Wenn dies nicht mehr über die fundamentalontologische Auslegung von Stimmungen möglich war, so über anderweitig ‚zugeschickte' Eröffnungen bzw. ‚Lichtungen' des Seinsganzen. Niemals wäre aber die Heideggersche ‚Gelassenheit' in jene für Cioran typische – ob aggressive oder sarkastische – Resignation übergegangen, worin Stimmung und Gestimmtes kaum mehr zu unterscheiden sind: „Seit einiger Zeit denkst du nicht mehr über die Langeweile nach, sondern läßt sie über sich selbst nachdenken. In der Verschwommenheit der Seele strebt die Langeweile zur Substanz. Und wird zur *Substanz der Leere*." (Gd, 236)

3. Resümee und Fragen im Anschluß

Cioran wie Heidegger setzen bei der alltäglich-‚trivialen' Befindlichkeit der Langeweile an, um zu einem Urteil über Metaphysik bzw. Philosophie zu finden. Dabei beurteilt Cioran den metaphysischen Wert der Langeweile negativ gerade *wegen* ihres unfixierten Gegenstandsbezugs, ihrer affektiven Neutralität. Heideggers Analyse schlägt die entgegengesetzte Richtung ein. Seine Indienstnahme der Langeweile als metaphysischer Schlüsselstimmung mag vor dem Hintergrund der Tradition bizarr wirken in ihrem Mangel an spielerischer Frivolität, in der Ernsthaftigkeit, Detailbesessenheit, ja Unerbittlichkeit der hermeneutischen Besitznahme. Mit der ausdrücklichen Ergreifung von Langeweile als Stimmung werden Langeweile-Erleiden und -Befunde, Dasein und ‚das Ganze des Seienden' in eine geschlossene Relation wechselseitiger Verweise gebracht. In ihr ist der Aufruf zur Entschlossenheit in der Daseinsübernahme nicht zu trennen von dem Aufweis bzw. der Erschlossenheit des Seinsganzen. Das eine scheint je die Außenseite des anderen. Darin wirkt Heideggers Phänomenologie der Langeweile nun fast wieder vertraut: man erkennt die traditionellen Figuren des Umschlags, das Motiv der fehlschlagenden Selbstgründung angesichts einer elementaren Grundlosigkeit, der Nivellierung aller innerweltlichen Bezüge, den Griff aufs Seinsganze im Modus von dessen Sinnentleertheit. Zumal Heideggers Rückgang zu der ‚tiefen Langeweile' durch Abbau ihrer Verdeckungen in trivialen Langeweileformen nimmt die tradierten Themen – Leere und falsche Fülle, objektloses Sehnen und Überdruß – unverkennbar auf. Die Tendenz schon der Tradition zur Abstreifung aller gegenständlichen Bezüge der Langeweile-Stimmung ist bei Heidegger erfüllt. Das heißt: Man findet ein gewisses Pathos aus den Spezialmetaphysiken der Langeweile durchaus wieder. Metaphysiken, die ein bestimmtes Seiendes je zum höchsten oder fundamentalen ernennen, wirken von der existentialontologisch fruchtbar gemachten Grundstimmung Langeweile her gesehen allerdings als theoretisches Verstellen dessen, was eine solche Grundstimmung, diesseits alles Ansetzens bei inner- oder überweltlichen Bestimmungen, eröffnen kann. Metaphysiken, Deutungen bzw. Selbstauslegungen des Daseins ja auch, sind nun ganz auf die Seite der Geschichte gebracht, die bei Heidegger neben der Hermeneutik des Langeweilephänomens ihren Platz hat. Metaphysikgeschichte, so könnte man sagen, treibt ein in der tiefen Langeweile sich selbst durchsichtig gewordenes Dasein, wenn es einmal nicht ‚zu sich' entschlossen ist. Man denke an Heideggers Plan zu einer hermeneutischen Zusammenschau der Metaphysikgeschichte im Modus ihrer Destruktion, womit „Sein und Zeit" vervollständigt werden sollte![64] Die Freiheit zu einer solchen Destruktion gibt die Selbstauslieferung des – ob existentialontologischen, ob seinsgeschichtlichen – Destrukteurs an eine Grundstimmung, die sagt, *wie* sich Dasein inmitten von anderem Seienden befindet. Sie kann das nur, „wenn sie aus dem Grunde des Wesens des Daseins aufsteigt, zumeist seiner Freiheit entzogen" (GdM, 238). Zumeist werde freilich die Stimmung am freien Emporsteigen gehindert – indem man, zum Beispiel, „die tiefe Langeweile niederhält", „um über sie herzufallen im Umtriebe des oberflächigen Daseins" (ebd.). Ein solches Dasein unterdrückt die Langeweile mittels „weltgeschichtlicher Ortsbestimmungen", wie es szientistische oder dialektisch konstruierte Philosophiegeschichten sind. Diese sind nach einer kausalistischen oder ästhetischen Logik des Vorstellens entworfen, worin das Dasein vor sich selbst wegläuft – und so auch der historizistisch gesinnte

---

64 Vgl. Theodore Kisiel, Das Versagen von Sein und Zeit: 1927–1930, in: Thomas Rentsch (Hrsg.), Martin Heidegger, Sein und Zeit (= Klassiker auslegen, Band 25), Berlin 2001, 253–279.

Philosoph (mit seiner Frage „wo stehen wir?"). Er wagt es nicht, sich zu langweilen. Allein der seinen Stimmungen frei zugewandte Denker („wie steht es mit uns?") kann auch vergangenes Denken noch einmal ermöglichen, indem er es stimmungsmäßig aufsteigen läßt (Heideggers Inspirator Yorck v. Wartenburg sprach hier von „virtueller Gegenwart"). Ist es übertrieben zu sagen, daß dieses Zulassen der Grundstimmung auch die Freiheit einschließt, *sich an der – vorstellig gemachten, dargestellten – Philosophiegeschichte zu langweilen?*

3.1 Anschlußfrage: Warum Stimmungen?

Die philosophische Indienstnahme von ‚Stimmungen' geschieht in dem Bewußtsein, daß Metaphysik (bzw. ihr Anliegen) nurmehr im Modus der Metaphysikkritik möglich sei. Berechtigte bzw. unleugbare metaphysische Bedürfnisse werden zu metaphysischen Stimmungen und schließlich Gestimmtheiten, die von ihren notwendigerweise vereinseitigten Resultaten – etwa ‚metaphysischen Systemen' – zu unterscheiden seien. Diese Unterscheidung haben zuerst die ‚lebensphilosophischen' Denker seit dem ausgehenden 19. Jahrhundert artikuliert.

> Die akademische Variante der Lebensphilosophie bei *Dilthey* ist hierfür folgenreicher geworden als diejenige *Klages'*, weil Dilthey mit der Verbindung von transzendentalem Stimmungsbegriff und philosophiehistorischer Erforschung verblichener Metaphysiken ein positives Arbeitsfeld für eine ganze Schule eröffnen konnte. Religion, Philosophie, Kunst sind bei ihm gleichermaßen ‚Weltdeutungen', die auf entsprechende Grundstimmungen zurückzuführen seien. Sie verzweigen sich mannigfach – Forschungsfeld für die diversen Weltanschauungstypologien seit dem ausgehenden 19. Jahrhundert.
> Klages' Generalangriff gegen den Intellektualismus bzw. den ‚metaphysischen Rationalismus' entsprach die schroffe Gegenüberstellung von Leben/Emotionalität und Geist. Einer Metaphysik-Restitution durch Aufnahme ‚metaphysischer Grundstimmungen' jenseits ihrer propositionalen Verfestigungen war damit von vornherein der Weg abgeschnitten. Das Leben vollzieht sich, im „bewußtlosen Strom des ursprünglichen Erlebens", zwar unaufhörlich stimmungshaft (GWS, 255).[65] Auch sind die elementaren ‚Grundstimmungen' vergangener Lebens- wie Geschichtsabschnitte keineswegs ‚Rückprojektionen' oder pure Relationsphänomene, wie später in Gadamers transzendentalhermeneutischer These vom ‚Zeitenabstand'. Für Klages bleibt dennoch

---

65 Ludwig Klages, Der Geist als Widersacher der Seele, Bonn ⁵1972 (zit. als „GWS").

die Bilanz einer noëtisch nicht zugänglichen Faktizität der Stimmungs-
‚farben', weil die für ihren Zugang notwendigen „Gefälle des Lebens-
stromes", die dann zu „Taten der *Selbst*besinnung" führten, nicht operationalisierbar seien (255). Der Täter der Selbstbesinnung verfügt nicht
über die zur Analyse notwendige gleiche Distanz zu seinen Stimmungen. Somit scheidet eine Selbsttransparenz nach der Art eines seine empirische Realität deduzierenden transzendentalen Ego und dergleichen
aus: „Die zur Vergleichung geforderte Zweiheit der Stimmungen steht
zur Verfügung; aber die *Tiefenkraft* der vergleichenden Akte schwächt
sich im Ausmaß der Nähe und Vertrautheit des Gegenstandes, steigert
sich im Ausmaß seiner Ferne und Fremdheit." (263)

Bei Dilthey dagegen finden sich die grundlegenden Ansprüche und Probleme der philosophischen Nobilitierung von ‚Stimmungen', nämlich die
Hoffnung, an ihnen etwas wie ein empirisch-transzendentales Doppelphä-
nomen zu besitzen, das sodurch etwa historische und systematische Analyse zu verbinden vermag. Stimmungen sollen nämlich gleichermaßen basal
und umgreifend sein: „Lebensstimmungen, die zahllosen Nuancen der
Stellung zur Welt bilden die untere Schicht für die Ausbildung der Weltanschauungen" (DGS VIII, 82)[66], die je Schöpfung einer Person sind, „in
welche diese Alles, ihre Begriffe wie ihre Ideale ergießt", „von Einer Ge-
mütsverfassung, Einer Grundstimmung getragen" (33). Die Stimmungen
sind dadurch aus der Trias Wollen-Fühlen-Denken in der antiken wie der
neuzeitlich-empirischen Seelenlehre [67] herausgelöst und herausgehoben
übers „bloße Gefühl".[68] Stimmungen sind mehr als Gefühlszustände, sie
sind umgreifende Weltbezüge, nicht auf Einzelobjekte, sondern aufs Ganze
der jeweiligen phänomenalen Welt bezogen, eben dadurch aber meist verdeckt und hintergründig, instabil, schwankend (vgl. DGS I, 364; VIII, 92,
162f.). Das Verhältnis von Grundstimmung und Weltanschauungsgebilden
ist ein Verhältnis der unvermeidlichen Vergegenständlichung. Dadurch
kommt in Diltheys metaphysikgeschichtliche Narrationen ein tragischer
Ton wie von Schicksalhaftem. Aber eben nur ein Ton. Die Grundmelodie
nimmt das metaphysische Motiv der Ewigkeitsaspiranz auf: die metaphysi-

---

66 Wilhelm Dilthey, Gesammelte Schriften, hrsg. von Bernhard Groethuysen
    u.a., Berlin-Leipzig 1912ff. (zit. als „DGS").
67 Vgl. Johann Nicolaus Tetens, Philosophische Versuche über die menschliche
    Natur und ihre Entwicklung, zwei Bände, Leipzig 1777, I, 590.
68 Die Umdeutung und Umbewertung von ‚Gefühl' spielt eine herausragende
    Rolle im Briefwechsel Dilthey – Yorck und in des letzteren Fragment „Be-
    wußtseinsstellung und Geschichte". Vgl. hierzu: Jürgen Große, Gestalt – Ty-
    pus – Geschichtlichkeit. Yorck von Wartenburgs Versuch, gegen die präsenz-
    metaphysischen Voraussetzungen des Historismus anzudenken, in: Philoso-
    phisches Jahrbuch 106 (1999), 41–63, hier: 50f.

sche Gestimmtheit ist der die Systeme überdauernde Rest- und darin Grundbestand der Metaphysikgeschichte (vgl. DGS I, 364), das metaphysische Bewußtsein bspw. der Person in ihrer Selbstbesinnung sei „ewig" (386).

Dilthey hat im Unterschied zu Schopenhauer die Langeweile nicht philosophisch thematisiert; er hat seine Stimmungslehre nicht auf sie angewendet. In den ‚Stimmungen' und ‚Grundstimmungen' haben sich dann jedoch insbesondere Weltanschauungsanalyse und lebensphilosophischer Psychologie eine Arbeitsmethode und ein Arbeitsfeld eröffnet. *K. Jaspers'* „Psychologie der Weltanschauungen" führt die typologische Ordnung der Stimmungen ins Detail, mit der charakteristischen Rückung, daß es speziell die *philosophischen* Deutungen von Welt und Leben seien, die als ‚Gestalt' gewordene bzw. ‚vergegenständlichte' Stimmungen gelten können.[69] Gegen die Übermacht der existenzphilosophischen Vereinnahmung der ‚negativen Stimmungen', vor allem der Angst im ersten Drittel des 20. Jahrhunderts hat, sozusagen von orthodox lebensphilosophischer Position aus, *O. F. Bollnow* Einspruch erhoben. Bollnow wiederholt noch einmal die von Dilthey bekannte Metaphorik von ‚Stimmungen' – als „unterste Schicht des seelischen Lebens", „tragender Grund der Seele" – sowie die Behauptung ihrer Gegenstandslosigkeit (vgl. WdS, 3, 33, 53).[70] Er teilte die Heideggersche Intention, „den strengen Sinn der Stimmung als der Grundverfassung des menschlichen Daseins" herauszuarbeiten (34). Vielleicht aus übergroßem Respekt vor Heideggers Angst-Analysen läßt Bollnow eine existenz- wie lebensphilosophisch typische Zweideutigkeit zu, wenn er die Stimmungen zugleich als ohne „bestimmten Gegenstand" und „gegenständlich unbestimmt" qualifiziert (34f.). „Das Wesen der Stimmungen" (1941) ist von existenzphilosophischer bzw. phänomenologischer Seite dennoch recht kritisch aufgenommen worden.[71] Anlaß dafür dürften hauptsächlich gewisse psychologistische Anklänge gegeben haben, wie nicht zuletzt vielfach in der Innen-Außen- bzw. Oben-Unten-Metaphorik vernehmbar. Zwar nennt Bollnow nicht viel anders als Heidegger die Schicht der vorhandenen Stimmungen den tragenden Untergrund, aus dem sich das gesamte sonstigen Seelenleben entwickle, nicht intentional bezogen und Färbungen des gesamten menschlichen Daseins (vgl. WdS, 3, 54f.). Aber dieses Immer-Vorhandenensein ist ähnlich als mentalistischer Kategorienfehler deutbar wie etwa das cartesianische „Die Seele denkt immer, auch wenn sie schläft".[72] Die existenzphilosophische, genauer:

---

69 Vgl. Karl Jaspers, Psychologie der Weltanschauungen, Berlin 1919, 444f.
70 Otto Friedrich Bollnow, Das Wesen der Stimmungen, Frankfurt/M. 1980 (zit. als „WdS").
71 Vgl. Otto Pöggeler, Der Denkweg Martin Heideggers, Pfullingen ³1990, 414.
72 Bollnow diskutiert Hans Lipps, Die menschliche Natur, Frankfurt/M. 1941, und stimmt dessen Auffassung zu, „daß die Stimmung sowohl als tragender

existentialontologische Auffassung der Stimmungen, wie in ihrer Heideggerschen Form dann rasch prägend geworden fürs Langeweile-Thema,
führt deutlicher auf das Problem metaphysisch privilegierter Stimmungen
und damit auf die Zweideutigkeit von potentieller und aktueller Erschlossenheit jenes Ganzen, welches man traditionell der Metaphysik unterstellt
habe. Jedenfalls nimmt Heideggers Umgang mit dem Terminus ,Stim-
mung' – wie vor allem in „Sein und Zeit", „Grundbegriffe der Metaphysik", „Beiträge zur Philosophie", „Was ist Metaphysik?" – die lebensphilosophischen Grundintentionen und -topoi auf. Diesseits der historischen
Projektionen von Metaphysik als Ergebnis von Anschauungs-, Urteils-,
Verstandesarbeit führten die Stimmungen in eine ursprüngliche Erfahrung
von Welt (SuZ, 138).[73] Stimmungen seien gegenstandslos, ungerichtet,
unbestimmt, keine Klasse von Erlebnissen (GdM, 100). Gestimmtsein ist
die Grundweise, wie das Dasein als Dasein ist (101), das Dasein ist immer
schon gestimmt (SuZ, 134). Dieses Immer-Schon verleiht der metaphysik-
relevanten *Aktualität* von Stimmungen allerdings einen prekären Status.
Handelt es sich dann nicht um undifferenzierte *Emotionen*, die zwar nicht
beeinflußbar, aber dafür wenigstens mit dem Vokabular empirischer Wissenschaften zu beschreiben wären? Heidegger hat, wie schon sein Vorgän-
ger hierin, nämlich Kierkegaard, ein „anthropologisches Beforschen" des
Menschen (WiM, 47)[74] bzw. „psychologisches Begaffen" von Seelenzu-
ständen (46) auszugrenzen versucht. Die metaphysische Erschließung von
Stimmungen erfolge undeduzierbar augenblicksartig. Heideggers Vorlesungen der späten 1920er Jahre (WiM, GdM) arbeiten mit einem entfalteten Konzept der wechselseitigen Erhellung von Seiendem-im-Ganzen und
Da des Daseins durch Stimmungen. Mit der Langeweile als Grundstimmung ist zudem – recht aggressiv – eine Alternative zur Kulturdiagnostik
und Geschichtsphilosophie vorgetragen, was Angst/Furcht vielleicht nicht
im gleichen Maße gestattete. Dieses Begriffspaar leitete den ersten Versuch Heideggers, „Die Zeitlichkeit der Befindlichkeit" herauszuarbeiten, in
SuZ (§ 68, b). Die Langeweile spielt hier noch keine Rolle. Die Sonderheit
der Stimmungen muß gegen ,Gefühl' (Romantik, Lebensphilosophie) einerseits, Vorrang der ,theoretischen Einstellung' (Neukantianismus, Husserls Phänomenologie) erst herausgearbeitet werden. Die Ansprüche und
Härten der Konzeption liegen in diesem Spannungsfeld. Im fünften Kapitel
von SuZ („Das In-sein als solches"), Unterkapitel A: „Die existentiale
Konstitution des Da", § 29: „Das Da-sein als Befindlichkeit", sind Stim-

---

Grund immer vorhanden ist als auch sich dann in besonderen Fällen hervor-
drängen kann" (149) – definiert aber an anderer Stelle: Stimmungen seien der
Lebensuntergrund, Gefühle höhere Leistungen (36).
73 Martin Heidegger, Sein und Zeit, Frankfurt/M. [12]1972 (zit. als „SuZ").
74 Martin Heidegger, Was ist Metaphysik? Frankfurt/M. [14]1992 (zit. als „WiM").

mung und Befindlichkeit einander zugeordnet wie Ontisches und Ontologisches (178). ‚Stimmung' und ‚Gestimmtsein' werden zumeist synonym verwendet. Das Dasein ist „schon immer gestimmt" (179). Der Heideggerschen Grundunterscheidung von ontologischer und Aussage-Wahrheit entspricht hier jene von Erschlossenheit und Erkenntnis: „In der Gestimmtheit ist immer schon stimmungsmäßig das Dasein als *das* Seiende erschlossen, dem das Dasein in seinem Sein überantwortet wurde als dem Sein, das es existierend zu sein hat. Erschlossen besagt nicht, als solches erkannt." (179) Psychologische Selbst*beobachtung* wäre mithin Behandlung des daseinsmäßigen Da als eines vorhandenen – eine Kappung des ontologischen Bezugs der Stimmung zum ‚Da': „In der Befindlichkeit ist das Dasein immer schon vor es selbst gebracht, es hat sich immer schon gefunden, nicht als wahrnehmendes Sich-vorfinden, sondern als gestimmtes Sichbefinden." (180) ‚Wissen' und ‚Wollen' bezeichnen die Weisen, womit das Dasein alltäglich der Stimmungen Herr wird: „Nur darf das nicht dazu verleiten, ontologisch die Stimmung als ursprüngliche Seinsart des Daseins zu verleugnen, in der es ihm selbst vor allem Erkennen und Wollen und *über* deren Erschließungstragweite *hinaus* erschlossen ist. Und überdies, Herr werden wir der Stimmung nie stimmungslos, sondern je aus einer Gegenstimmung." (181) Diese Beobachtung stimmt zumindest in ihrem Sachgehalt mit traditionell ‚metaphysischer' Betrachtung, etwa Spinozas rationaler Psychologie (Affekte sind nur durch Gegenaffekte besiegbar), überein. Die Stimmung tritt hier auf wie eine Emotion. Auch Bemerkungen wie „Die Stimmung überfällt" (182) weisen in diese Richtung. Doch soll ‚Stimmung' als *Basis* emotionalen Geschehens fungieren. Indem sie dieses ‚ermöglicht', nimmt sie den Platz des Erkennens ein: *„Die Stimmung hat je schon das In-der-Welt-sein als Ganzes erschlossen und macht ein Sichrichten auf ... allererst möglich."* (182) Existential*ontologisch* ausgedrückt: *„In der Befindlichkeit liegt existenzial eine erschließende Angewiesenheit auf Welt, aus der her Angehendes begegnen kann.* Wir müssen in der Tat *ontologisch* die primäre Entdeckung der Welt der ‚bloßen Stimmung' überlassen." (183) ‚Erschlossenheit' ersetzt in dieser Konzeption die kognitiven Funktionen. Dadurch können die Stimmungen nicht mehr unter die psychischen Phänomene gerechnet werden. Dies war die Denkweise der rationalistischen und substanzontologischen Metaphysik: „Unbeachtet bleibt, daß die grundsätzliche ontologische Interpretation des Affektiven überhaupt seit Aristoteles [in Stoa und Christentum – J. G.] kaum einen nennenswerten Schritt vorwärts hat tun können. Im Gegenteil: die Affekte und Gefühle geraten thematisch unter die psychischen Phänomene, als deren dritte Klasse sie meist neben Vorstellen und Wollen fungieren. Sie sinken zu Begleitphänomenen herab." (185) Gibt es eine philosophische Zugangsweise außer dieser Seiendes-im-Ganzen wie Da-sein erschließenden Macht der Gestimmtheit? Man könnte auch fragen: kann dem ‚je schon gestimmten Dasein' dessen Sinn überhaupt entgehen? *Eine* Antwort darauf wäre die Auszeichnung gewisser Gestimmtheiten als metaphysisch interessanter. Eine *andere* der Hinweis auf Verfahren transzendentaler Reduktion, phänomenologischer Einklammerung etc.: Die existentiale Analytik „vermag, wie jede ontologische Interpretation überhaupt, nur vordem schon erschlossenes Seiendes auf sein Sein gleichsam abzuhören. Und sie wird sich an die ausgezeichneten weittragendsten Erschließungsmöglichkeiten des Daseins halten, um von ihnen den Aufschluß dieses Seienden entgegenzunehmen. Die phänomenologische Interpretation muß dem Dasein selbst die Möglichkeit des ursprünglichen Erschließens geben und es gleichsam sich selbst auslegen lassen. Sie geht in diesem Erschließen nur mit, um den phänomenalen Gehalt des Erschlossenen existenzial in den Begriff zu heben." (186) Ein kritischer Interpret bemerkt dazu: „Das Sein qua sich erfüllender Seinssinn des Existierens geht einem bestimmt gearteten Existieren, nicht dagegen der philosophischen Erkenntnis auf, da sie es sich durch seinen Nicht-Vollzug in der Existenzialanalyse vermittelt."[75] Mithin „muß die Existenzialanalyse eine ihr vorbehaltene Erkenntnisleistung vollbringen. Zwar soll das Transzendieren vom Existieren geleistet werden, aber die Analyse des Existierens klärt auf, wie sich dies zuträgt. So verteilen sich zwei verschiedenartige Leistungen auf zwei verschiedene Instanzen."[76] Die existentialanalytische Erkenntnis „leistet etwas, wovon das Existieren selber nichts zu wissen braucht, demgegenüber es in einem unmittelbaren Leistungsvollzug verharren kann, ohne daß der Zustand dieses Nichtwissens seine über den Seinssinn entscheidende Leistung beeinträchtigte."[77] Diese Dichotomie von Existenzvollzug und Existenzerkenntnis erfordert und verstärkt weitere Dichotomien wie die von ‚eigentlich' und ‚uneigentlich'. Psychologische Phänomene wie Furcht erhalten ihre existential ‚ursprünglicheren' Begleiter (‚Angst'). Die Langeweile aber scheint derlei verbal nicht zu fordern. Allein das Attribut ‚tief' charakterisiert sie als existentialanalytischer Aufmerksamkeit würdig.

3.2 Anschlußfrage: Warum Langeweile?

Es spricht einiges dafür, daß Stimmungen tatsächlich – etwa gegenüber Affekten – metaphysisch ausgezeichnet sind und daß unter den Stimmungen wiederum die Langeweile und ihre Substitute eine besondere Klasse

---

75 Paul Janssen, Heideggers Verständnis von Phänomenologie, in: ds./Elisabeth Ströker, Phänomenologische Philosophie, Freiburg-München 1989, 203ff., hier: 225.
76 Janssen, Heideggers Verständnis von Phänomenologie, 227.
77 A. a. O., 228.

bilden – noch oberhalb etwa von Angst oder Melancholie –, die sie zu
einer Stimmung der Philosophen qualifiziert. Allerdings unter gewissen
Voraussetzungen bzw. Einschränkungen:

Selbstverständnis der Stimmungsphilosophen

Die Hoffnungen, die Philosophen des 19./20. Jahrhunderts auf ‚Stimmungen' setzten, waren offensichtlich: eine Reihe von Dualismen zu überwinden, vornehmlich den von Subjekt/Objekt und Innen/Außen, sowie das
Philosophieren vom Stubengeruch rein ‚theoretischer Einstellung' zu befreien. Durch Stimmungen bzw. Befindlichkeiten fühlt sich auch der Mann
am Schreibtisch mitten in die Welt bzw. unters Ganze des Seienden ver-
setzt. „Im Gegensatz zu dem wohldefinierten Gegenstandsbezug der Affekte liegt in dem Weltbezug der Stimmungen zwar auch ein Gegenstandsbezug, aber ein offener, unbestimmter."[78] Diese Unbestimmtheit bildet den
Dispositionscharakter (Heidegger: ‚Angänglichkeit'), der eine Person auf
beliebige, in Handlungssituationen auf sie zukommende Ereignisse reagieren läßt. Weil in der Stimmung der Langeweile – im Unterschied etwa zu
Depression, Glück, Mißmut – *nichts* begegnet, scheint dem Philosophen
die Möglichkeit gegeben, eine Disposition selbst zum Phänomen zu erheben bzw. eine Potentialität wie ein Faktum zu behandeln. In der Langeweile scheint, mit einer anderen Terminologie gesagt, die Verbindung des
Existentiellen und des Existentialen möglich, ein Anspruch, den etwa Jaspers gerade in seiner Kritik an der phänomenologischen Stimmungsanalyse
hervorhebt. Die Langeweile und ihre Auslegung scheinen die Mißlichkei-
ten der Introspektion zu umgehen, als es sich hier um die einzige Stimmung handelt, aus der *und* über die man philosophieren kann. Sie empfiehlt sich als metaphysisches Thema wie als metaphysische Stimmung
nach den einschlägigen metaphysikkritischen Aufklärungen, weil sie ohne
definitorische Gewaltsamkeit auskommt, wie sie etwa für die Angst/Furcht
und andere Stimmungen mit transzendentalen Doppelgängern typisch sind.
In höchstem Maße scheint hier das Affektive der anderen Stimmungen zu
fehlen, das eine Person mit auf ihr Wohl oder Wehe bezogenen Sachver-
halten verbindet – so daß exklusiv in der Langeweile die Person oder das
Dasein o.ä. „mit sich" konfrontiert[79] und damit die Ebene einzelwissen-
schaftlich-empirischer Beschreibung ebenso notwendig wie zwanglos
überschritten ist[80]. Welt- und Selbsterschließung durch Selbst- und Welt-

---

78 Ernst Tugendhat, Selbstbewußtsein und Selbstbestimmung. Sprachanalytische
    Interpretationen, Frankfurt/M. 1993, 206.
79 Vgl. Tugendhat, Selbstbewußtsein und Selbstbestimmung, 204.
80 Eine Problematik, die in der psychologischen Literatur zum Thema häufig
    anklingt. Stellvertretend und summarisch hierzu vgl. Herbert Bless, Stimmung
    und Denken. Ein Modell zum Einfluß von Stimmungen auf Denkprozesse,

bezug jenseits des Subjekt-Objekt-Schemas sind verheißen. Allerdings ist auch die *tiefe*, metaphysikerschließende Langeweile eine Stimmung, die allererst zu *wecken* ist (vgl. GdM, 89f.). Somit ließe sich fragen, ob bzw. mit welchen Mitteln diese Weckung zustande kommt und operationalisiert werden kann, wenn nicht mit solchen, die dem Repertoire alltäglich-faktischer und einzelwissenschaftlich benennbarer Verhaltensweisen entnommen sind. Dieser Einwand ist, in Form eines Zweifels an der metaphysischen Dignität der Stimmung ‚Langeweile' überhaupt, gegen Heidegger auch vorgebracht worden.[81] Er läßt sich so zusammenfassen: Ist die Langeweile mehr als eine Leiter, die man wegwerfen kann, sobald das Niveau metaphysischer Fragen nach ‚dem Ganzen', Welt, Zeit, Endlichkeit etc. erstiegen ist?

Externe Sichten auf ihr Philosophieren

Wer Langeweile und im weiteren Stimmungen überhaupt in metaphysischer (oder metaphysikkritischer) Absicht befragen will, ist in hohem Maße geschichtlichen Unverfügbarkeiten ausgesetzt. Mag das Ganze des Seienden oder das ganze Seelenleben in Langeweile (Heidegger) bzw. Stimmungen (Bollnow) zugänglich sein – operationalisieren läßt sich dieser Zugang nur unter Schwierigkeiten.[82] Das ist auch von den Langeweile- bzw. Stimmungsdenkern selbst gesehen und mit Eigentlichkeits- oder Ehrlichkeitsgebot, Selbstauslieferungs- oder Distanzierungsforderung beantwortet worden.[83] Damit bleibt der Eindruck folgender Situation: *Die Vorzüge der Stimmung gegenüber Gefühlen, etwa die Gegenstandsunabhängigkeit und die ‚Angänglichkeit' durch ein ‚Ganzes', werden aufgewogen*

Bern u.a. 1997, 3 über die Abgrenzungskriterien von Stimmungen gegen Emotionen. Die Nichtthematisierbarkeit der Ursache von Stimmungen durch das Individuum bei fehlendem Objektbezug ist einer der Einstiegspunkte in eine metaphysische bzw. metapsychische Definition: es bietet sich die Möglichkeit, die kausal sich entziehende Stimmung bzw. Gestimmtheit (vgl. 3f.) auf das Dasein des Individuums im Ganzen zu beziehen.

81 Vgl. Svendsen, Kleine Philosophie der Langeweile, 130.

82 Vgl. den gewichtigen Einwand von Ursula Wolf: Wenn auch in der Affektivität „Motiv oder Ursprung für die Bemühung einer Explikation des Verstehens im Ganzen" liege – angesprochen ist hier Heideggers Analogisierung von Erkenntnis- und Existenzvollzügen –, so ließen sich konkrete „Explikationsschritte" jedoch nicht mehr aus der Affektivität gewinnen (ds., Gefühle im Leben und in der Philosophie, in: Hinrich Fink-Eitel/Georg Lohmann (Hrsg.), Zur Philosophie der Gefühle, Frankfurt/M. 1993, 112–135, hier: 122f.).

83 Vgl. Bollnows Überlegungen zur „Möglichkeit einer Regulierung der Stimmungen" (Wesen der Stimmungen, 132) und seine Deutung der kultivierten Stimmung als „Zustand der beginnenden Verkehrung" (140), als „Umwendung", die alles „echte seelische Leben" zerstöre (150).

durch Geschickabhängigkeit. Natürlich kann man den stimmungshaft eröffneten Bezug zum Geschick nun selbst wieder als den ‚eigentlichen'
Gegenstand des Denkens bestimmen. Das soll hier nicht weiter verfolgt
werden. Die Frage nach Langeweile als metaphysischer Stimmung bzw.
nach solchen Stimmungen überhaupt könnte man aber auch auf niedrigerer
Ebene stellen – etwa, indem man sie in eine Philosophiegeschichte der
Gefühle einordnet. Die Stimmungen und zuletzt die Langeweile erwiesen
sich dann vielleicht, in ihrer metaphysisch privilegierten Stellung, als Resultate eines Gleichstellungs-, Verabsolutierungs-, Umkehrungs-, Materia-
lisierungsprozesses in verschiedenen Etappen. Zunächst der Gleichstellung
des Emotionalen mit dem Kognitiven noch zuzeiten der rationalen Psychologie (die Ästhetik als *gnoseologia inferioris* bei A. G. Baumgarten), dann
der romantischen Umkehrung (‚Gefühl' bedeute die *ganze* seelische Le-
bendigkeit), die rasch zur Suche nach einem Absoluten wird, transzendentalphilosophisch vorbereitet; das Begründungsproblem ist zum Konstituti-
onsproblem transformiert, die Gefühlssphäre wird – vor allem: moralischer
– Aspirant auf die vormals metaphysische Ganzheitsfunktion; schließlich,
im Ungenügen an den ‚nur-formalen' Lösungen der orthodoxen Kantia-
nismen, erfolgen verschiedene Materialisierungsversuche am Transzendentalen, das in Wiederaufnahme älterer (systemidealistischer) Ambitionen
zunehmend als ‚Sphäre' aufgefaßt wird. Bestimmte Gefühle und schließlich Stimmungen erscheinen als Kandidaten für metaphysische Ganzheits-
gebote und -aspirationen.[84] Stimmungen nehmen aber besser als Gefühle
eine Korrektiv- und Ersatzfunktion gegenüber tradierten Metaphysikbe-
ständen wahr. Diese Doppelfunktion, introspektiv-psychologisch erfahrbare *Gegeninstanz zu* rationalistischen Vereinseitigungen (Wille-Denken,
Denken als Machtwille) gleichwie *Geltungsgrund für* jene zu sein, bleibt
allerdings auch ihre schwerste Hypothek aus der lebensphilosophischen
Phase.[85] Wenn die inhaltlich so unbestimmte, in ihrer Leere aber gerade
phänomenologisch geräumige, überall anschlußfähige Stimmung ‚Langeweile' einen bevorzugten Platz nach der metaphysikkritischen Abwägung
der Stimmungen erhält, dann ist das durchaus als Entlastungsversuch gegenüber solchen Hypotheken zu verstehen. ‚Stimmung' scheint ja ähnli-
chen Einwänden ausgesetzt wie Metaphysik selbst, nämlich ein ‚gegebenes' Moment zu verabsolutieren und als paradigmatisch, als ‚repräsentativ'

---

84 Eine dazu komplementäre Tendenz läßt sich auf analytischer Seite beobachten
    – vgl. Sabine A. Döring, Emotionen und Holismus in der praktischen Begrün-
    dung, in: Georg W. Bertram/Jasper Liptow (Hrsg.), Holismus in der Philoso-
    phie. Ein zentrales Motiv der Gegenwartsphilosophie, Weilerswist 2002, 147–
    167.
85 Vgl. außer Bollnow und Hans Lipps, wenngleich am Rande: Paul Schröder,
    Stimmungen und Verstimmungen, Leipzig 1930; Philipp Lersch, Der Aufbau
    des Charakters, München ⁴1951.

für ein nicht-gegebenes Ganzes zu nehmen, an dem es ontisch teilhat. Der hochgradige Formalismus, den der Umgang mit Langeweile erlaubt, verspricht hier manches abzuwenden. Das betrifft vor allem den eher pragmatischen Gesichtspunkt, daß metaphysisch ambitioniertes Denken über Stimmungen den gewöhnlichen Sprachgebrauch überstrapazieren oder gefährlich essentialistisch klingende Unterscheidungen wie echt/unecht, primär/sekundär, ursprünglich/derivativ, eigentlich/uneigentlich einführen muß. Bollnows Gedankengänge bewegen sich in nächster Nähe dieses Problems.[86]

Die Einwände bleiben aber bestehen, denn es enthält sie bereits der Anspruch: Langeweile als introspektiv ‚gegebenes‘, nachvollziehbares, u.U. evozierbares Basisphänomen muß nicht inhaltlich stets auf Metaphysisches beziehbar sein, gar eine metaphysische Notlage anzeigen. Billigt man der Langeweile hingegen den Status einer ‚eigentlichen Stimmung‘ zu, einer affektiven Beunruhigung darüber, daß es auf die Frage nach dem Ganzen der Welt und des Lebens keine ‚vernünftige‘ Antwort gibt, dann handelt es sich vom Phänomen her weniger um eine Stimmung, sondern eher um eine „existentielle Grunderfahrung“.[87]

Aus der Distanz bleibt die Frage, ob die Langeweile unter anderen metaphysisch interessanten Stimmungen wenigstens insofern hervorrage, als sie komplementfrei und dadurch tatsächlich in einer gewissen Absolutheit residiere. (Ihre Stellung wäre dann etwa vergleichbar jener von ‚Begierde‘ oder ‚Streben‘ gegenüber Freude/Trauer und weiteren Gegensatzpaaren in der rationalen Psychologie Spinozas und Descartes‘.) Bollnow diskutiert Probleme dieses Typs an existenzphilosophischen Standardstimmungen wie Angst und Verzweiflung. Zwar hätten diese „kein eigentliches Gegenteil“. Doch könnte man sie als Gegensatz zu „Ruhe und Sicherheit und der darauf gegründeten Gelassenheit stellen“, mithin „als Störung der Gleichgewichtslage“ begreifen, „die sonst das durchgehende Wesen der Stimmungen ausmacht“.[88] Dann wären also Angst und Verzweiflung Stimmungen anderen Typs, vielleicht außerhalb des normgebenden „Wesens der Stimmungen“? Und als solche außerwesentlichen Phänomene gerade empirisch-inhaltlich qualifiziert, nämlich als Ereignisse *in* der Seele? Hier wirkt tatsächlich die ‚leerlassende‘ Langeweile als geeigneterer Anwärter auf den Platz einer Grund-und-Boden-Stimmung!

Jedoch – die Langeweile hat ja ein Gegenstück: das Staunen, den Affekt der Interessiertheit überhaupt! Staunen, ob nun über ‚das Seiende im Ganzen‘, ob darüber, ‚daß nicht nichts sei‘ – ist das nicht das Gegenstück

---

86 Vgl. Bollnows Kritik an Heideggers ‚eigentlicher‘ Stimmung Angst, in: Wesen der Stimmungen, 68ff.
87 Darauf hat Wolf, Gefühle im Leben, a. a. O., 122 aufmerksam gemacht.
88 Vgl. Bollnow, Wesen der Stimmungen, 49.

zum Gähnen und seiner impliziten, ‚zu entfaltenden' Frage: Warum geht mich das alles nichts (mehr) an? Metaphysische Ansprechbarkeit vor dem Grund des *Seins* dort, vorm Fehlen des *Sinns* hier![89] Dabei zeigt sich eine Merkwürdigkeit. Langeweile und Staunen sind affektive Zustände, deren metaphysische Potenz schon in einer schlicht empirisch-psychologischen bzw. ontischen Lesart offenliegt. Das Staunen wie die Langeweile verraten theoretische Vorprägung, nur so können sie Anstoß nehmen an theoriewidrig oder -entbehrlich scheinendem Einzelnen, um es zu überschreiten auf ein wiederum theoretisierbares Ganzes hin.[90] Der Weg der Philosophie beginnt nicht nur beim Staunen (Theätet, 155 d), sondern er findet auch sein Ziel in einem Staunenerregenden (Symposion, 210 e). Hingegen bedeuten Angst und Melancholie bereits in der philosophisch (z.B. phänomenologisch, transzendental) noch nicht gereinigten Erfahrung positive Hindernisse des Denkens bzw. Theoretisierens.

Nur steht das Staunen am Anfang, die Langeweile am Ende der Geschichte metaphysischen Denkens – und ganz oft in der Lebensgeschichte der Philosophen, d.h. der Denker von Beruf. Den Maßstab philosophischer Professionalität gibt gewöhnlich der Umfang des schon Gedachten ab, das jemand zu vergegenwärtigen und zu repräsentieren vermag. Im Rückblick auf eine Geschichte des schon Gedachten fällt es so gerade professionellen Philosophen leichter, sich zu langweilen als zu staunen. Wo es um ein vergangenes, ‚überwundenes', d.h. nun für metaphysisch geltendes Philosophieren geht, ist Staunen der seltenste Philosophen-Affekt. Auch das könnte der Langeweile ihren metaphysischen Status sichern.

---

89 Die funktionale Analogie von Staunen- und Sich-langweilen-Können hat ein bedeutender Denker der Langeweile thematisiert: Für *Schopenhauer* ist das Staunen-Können über Sein und Wesen von Mensch und Welt Gradmesser des intellektuellen Ranges (WWV II, 176, 188f.). Eine Strukturähnlichkeit dürfte in der Wirkung je von Langeweile und Staunen liegen, die alltägliche Einstellung zu Menschen und Dingen *verkehren* zu können: das Sein für Schein zu halten, die Begehrensobjekte zu finden ohne die zugehörige Begierde.

90 „Das im Staunen liegende Nichtwissen ist aber nicht ein Nichtwissen schlechthin, sondern lediglich das Nichtwissen unseres Alltagsverstandes. Und dieses Nichtwissen entsteht ja angesichts eines vorgängigen außerbegrifflichen Wissens." (Karl Albert, Das Staunen als Pathos der Philosophie, in: Ingrid Craemer-Ruegenberg (Hrsg.), Pathos, Affekt, Gefühl, Freiburg-München 1981, 149–171, hier: 154. Vgl. auch 154f. zur etymologischen Nachbarschaft von Staunen und Schauen.)

II. Anthropologie der Langeweile zwischen Kant und Schopenhauer

1. Vorblick

Der Aufstieg der Langeweile zum metaphysischen Königsweg war keineswegs selbstverständlich. Es gab andere, privilegierter scheinende Kandidaten, die mit ihr um den Status einer philosophischen Schlüsselstimmung konkurrieren konnten: die Melancholie etwa, aber auch Angst und Verzweiflung. Der Weg der Langeweile zu jenem Platz, den sie im 20. Jahrhundert bei Heidegger oder Cioran einnimmt, ist nicht reich an jähen Wendungen; es ist überwiegend ein Schleichweg. Entscheidend ist oft eher, *woran* es *vorüber*geht, als *wohin* es *voran*geht. Vor allem ist nicht durchgehend sicher, wer auf diesem Weg was vorantreibt: die Langeweile ihre metaphysische Explikation oder die Metaphysik eine Explikation der Langeweile. Wichtige Umschlagpunkte bzw. Wendungen markieren solche geistesgeschichtlichen Parallelphänomene wie die *Neubewertung der Gefühle* und die Ausbildung einer *Anthropologie* als philosophischer Disziplin im 18. Jahrhundert. Mit letzterem Faktum ist die Langeweile als theoriewürdiges Thema etabliert. Mit ersterem ist jener Umschlag bezeichnet, worin sich das Irritierende und Erklärungsbedürftige zu einem Explanans emanzipiert und sogar intellektuellen Elitestatus verheißen kann. Durch die Formel „Langeweile zwischen Kant und Schopenhauer" soll zunächst eine grobe Epochenmarkierung genannt sein, zudem aber auch die vielleicht folgenreichsten philosophischen Langeweilesystematiker aus besagter Umbruchsituation. Der Folgenreichtum liegt in der *anthropologischen* Grundlegung, damit in einer Offenheit wie Integrationsfreudigkeit hinsichtlich einzelwissenschaftlicher Beiträge als auch philosophischer Idiome. Darin spiegelt das Langeweilethema die zwiespältige Rolle der (philosophischen) Anthropologie überhaupt.[1]

Vieles mußte geschehen, damit aus den medizinischen, psychologischen, physiologischen ‚Anthropologien' des 18. Jahrhunderts und der mitgehenden pädagogischen Ansprüche die pragmatische Anthropologie eines I. Kant oder A. Schopenhauers Anthropologie der Willensnatur wer-

---

1 Vgl. René Weiland (Hrsg.), Philosophische Anthropologie der Moderne, Weinheim 1995, Vorbemerkung, 9.

den konnte. Eine wichtige Vorarbeit hierfür leisteten jene frühneuzeitlichen Denker, die Transzendenz aus der Gottbezogenheit in menschliche Bedürftigkeit verlegten (Montaigne, Hobbes, Spinoza). Dem wollendfühlenden Wesen bleibt sein Glücksobjekt ewig transzendent, denn im Glück eines Objektbesitzes erkennt es *sich* – das zuvor darbende – nicht mehr. Nur das Eingeständnis einer Fadheit des Glücks, das in dieser Sicht ja nie mehr denn Mangelbeseitigung sein kann, verschafft Selbsterkenntnis. Die Idee eines konstitutiven Mangels in der Menschennatur erzeugt jenes Bild des Seelen- und Trieblebens, wo neben dem Sehnen, Bedürfen, Wünschen die *Langeweile als Oppositum* steht, nämlich als Erfüllung und vorübergehende Auslöschung des Fühlens insgesamt. Wenn es dann zur Sehnsucht nach emotionalem Geschehen überhaupt kommt (wie in Sturm und Drang, Philosophie des Lebens, früher Romantik), ist Metaphysik als Möglichkeit restauriert: als Überschreitung der Immanenz menschlichen Gefühlslebens. Die Langeweile bezeugt sich als metaphysisches Bedürfnis, als eine Intelligibilität, die von Sehnsucht nach Empirischem geplagt ist.

Die Säkularisierung der Anthropologie bedeutete beides: die Herauslösung der rationalen Psychologie aus der Trias der theologiehörigen Spezialmetaphysiken und ihre Anreicherung mit der Trieb- und Gefühlssphäre. *Ganzheitsanspruch* der Deskription wandte sich darin gegen *Fundamentalismus* der Deduktion. Dieser Erdung der Anthropologie im Voluntativen und Emotiven entspricht umgekehrt die philosophische Aufwertung der Gefühle im betreffenden Zeitraum.[2] Zunächst ist dies ablesbar am Auftauchen von Redeweisen, die man als metaphorische Verlegenheitslösungen ansehen kann (Gefühl des Schönen, Achtung vorm Sittengesetz) – nichtempirisch gemeinte Affekte mit empirisch-psychologischer Beimischung. Der ‚Transzendenzbezug des Gefühls' (U. Franke) reproduziert damit eine metaphysische Problematik, die bspw. gnoseologisch vom Topos eines *sinnenbefreiten* Geschauten bei sinnenvermitteltem *Schauen* her bekannt ist. Weiterhin gilt ‚Gefühl' unter den neuen, anthropologischen Bedingungen als per se schon ‚Ganzheit' versprechend, symbolisierend, umfassend; eine Ganzheit, die nurmehr auszulegen ist, wobei dann die Arbeit der Auslegung ihrerseits von einer Nicht-Empirizität im Affektiven zeuge. Gewisse Gefühle enthalten offensichtlich mehr, als worauf sie aktual bezogen sind. Seit dem frühen 20. Jahrhundert hat man den metaphysischen Gehalt von Affekten unter den Titeln ‚Stimmung', ‚Grundstimmung', ‚Gestimmtheit' verhandelt. Hier wird die Langeweile ihren Platz als Statthalter aller empirisch-konkret – im Modus ihrer Abwesenheit – beschreibbaren Affektationen wie als Statthalter unverfügbarer Transzendenz einnehmen. Der

---

2 Vgl. Ursula Franke, Ein Komplement der Vernunft. Zur Bestimmung des Gefühls im 18. Jahrhundert, in: Ingrid Craemer-Ruegenberg (Hrsg.), Pathos, Affekt, Gefühl, Freiburg-München 1981, 131–148, hier bes.: 144ff.

Ausdruck ‚Stimmung' ist freilich zu der Zeit, da diese Problematik exponiert wird, noch wenig prominent für die damit umrissene Sache. Erst recht nicht für jene Entgegensetzung, die später Analytische Philosophie der Gefühle, Phänomenologie, Existentialhermeneutik je auf ihre Weise getroffen haben: gegenständlich gebundene Affekte vs. Nicht-Intentionalität der Stimmungen.[3]

Die Stimmung der Langeweile hatte lange in einem theologischen Kontext gestanden.[4] Ihre Befreiung aus diesem in den ‚Anthropologien' des 18. Jahrhunderts geschieht um den Preis neuerlicher Pathologisierung und Moralisierung. Allerdings soll nun der Einzelne selbst diese Krankheit *beherrschen* lernen. Ihre Reproduktion auf höherer Ebene ist dadurch vorgezeichnet, nämlich in der Langeweile einer als Palliativ der Langeweile gedachten (meist *geistigen*) *Arbeit* in Einsamkeit und Freiheit. In Überdruß und Erschöpfung erst beginnt der Mensch wieder seine conditio entis zu sehen, für die ihn die Arbeit blind gemacht hat. Zwischen Kant und Schopenhauer formuliert die Romantik ein solches verballhorntes Theoria-Ideal. Als Passivum, das nicht abzuschütteln ist, macht Langeweile den (dafür disponierten) Menschen zum Spiegel des Weltganzen wie der Existenznot. Die Krankheit adelt nunmehr intellektuell. Die Intention aufs humane Ganze statt auf höheren Sinn teilt die metaphysische Bemühung um Langeweile mit der allgemeinen anthropologie- und gefühlsgeschichtlichen Tendenz seit dem 18. Jahrhundert. Langeweile ist ein Klageruf des ganzen Menschen gegen seine Verwundung bzw. Vereinseitigung durch – unaufhörlich ‚nützliche', d.h. industrielle – Arbeit. Letztere bildet ja den wichtigsten Gegenbegriff zum Überdruß, der den Aufklärern nur Laster oder seelischer Defekt (Disziplinlosigkeit) sein konnte. Dadurch entsteht in der Folge, auch und gerade in den Umwertungen der Langeweile als welt- und existenzerschließender Stimmung, das Problem ihrer angemessenen soziologischen Einordnung. Lädt Langeweile sich als Laster und Krankheit der dafür – wodurch auch immer – Privilegierten nicht jene methodologischen Schwierigkeiten auf, die man mit Fichtes, Hegels u.a. Konzeptionen einer Einheit aus Identität und Differenz, eines sich in sich selbst und sein Gegenteil auseinanderlegenden Subjekts etwa, verbindet? Sprechen die Gelangweilten (und entsprechend Ausgeruhten) fürs blind bewegte *Ganze* des Menschenseins, damit auch des *gesellschaftlichen* Ganzen? Genau das ist der Punkt, an dem sich der nunmehr doppelt ontologische und methodologische Status der Langeweile erweisen wird, wie ihn *Schopenhauer* in

---

3 Vgl. Anthony Kenny, Action, Emotion and Will, London 1963. Den Kontakt zur existentialhermeneutischen Tradition sucht Ernst Tugendhat, Selbstbewußtsein und Selbstbestimmung. Sprachanalytische Interpretationen, Frankfurt/M. 1979, 200ff.

4 Vgl. Alfred Bellebaum. Langeweile, Überdruß und Lebenssinn. Eine geistesgeschichtliche und kultursoziologische Untersuchung, Opladen 1990, 15ff.

mehreren Anläufen bedenkt: Die Langeweile ist der stets vorhandene, aber nicht jeden Augenblick erfahrbare Sinn des menschlichen Daseins; es kann sich dieses Sinns versichern, wenn es die durch Langeweile eröffnete Leerstelle im Fühlen und Wollen dauerhaft freihält, mithin einer vorübergehenden Enttäuschung zur metaphysischen Endgültigkeit verhilft. Diese Lösung Schopenhauers weist aus der philosophischen Ermächtigung des Affektiven hinaus und auf altbekannte Dualismen von Sein und Schauen, Triebhaftigkeit und Theoria zurück; die zugrundeliegende Problemexposition aber führt direkt in die Metaphysiken der Langeweile im 20. Jahrhundert.

2. Frühneuzeitliche Langeweile

‚Langeweile' besitzt eine Zeit- und eine Sinn-Konnotation, die zunächst – das ist auch wortgeschichtlich belegbar – nichts miteinander zu tun haben müssen. Erst wenn aus dem Gegenstück zu ‚Kurzweil' eine Erfahrung *mit* der Zeit geworden ist und *in* ihr Sinn und Unsinn menschlichen Handelns und Daseins selbst in den Blick rücken, kann von einer anthropologischen Problemstellung die Rede sein. Bis das, am Ende des 18. Jahrhunderts, der Fall ist, laufen zwei Traditionen im Nachdenken über ‚Langeweile' nebeneinander her. In der *theologischen*, insbesondere *moraltheologischen Sicht* erscheint die Langeweile als Acedia in der Nähe von Melancholie und Traurigkeit, ihr Charakter als Ursache- oder Folgelaster dieser gottfernen Stimmungen steht zur Diskussion. Metaphysisch relevant kann die Acedia nur als Ursache anderer, ihre Empfindung verdrängender Laster werden. Nicht schon die schlichte Außenperspektive des Seelsorgers, der die Bedingungen für den Gott entfremdenden Müßiggang abstellen will, führt auf die Entdeckung der ‚stillen Verzweiflung' und die mystische Hochschätzung der ‚matten Augenblicke' (vgl. KGW XV, 547, Anm. 220)[5]. Die Acedia muß vielmehr subjektiv zuschreibbar sein als schuldhafte Entfernung von Gott bzw. der Transzendenz, sie muß also moralisiert werden. Das leistet u.a. Thomas von Aquin im Buch über die Liebe seiner „Summa theologiae". Die Nähe zur sündhaften Trauer (tristitia) bleibt dort erhalten. Doch ist die Acedia nun weniger inhaltlich, als Stimmung, interessant, denn als jene Schwäche des Willens bzw. der Gutgesinntheit, die verschiedenen Folgelastern erst Raum bietet (Summa theol. II, II, 35). Die Acedia ist so eine abstraktere Sünde als z.B. der Neid, dessen Mißvergnügen dem Gut des Nächsten gilt: die Acedia ist Mißvergnügen über das Gute der

---

5 Sören Kierkegaard, Gesammelte Werke, hrsg. von Emanuel Hirsch und Hayo Gerdes, 31 Bände, Gütersloh 1985 (zit. als „KGW").

Schöpfung insgesamt (tristitia de bono spiritualis). Thomas' Auffassung ist im weiteren theologischen wie außertheologischen Umgang mit der Langeweile nicht populär geworden.[6] Diese Popularität erreichte erst der strukturanaloge Entwurf Pascals zum *Ennui*. Bekanntlich behauptet der Ennui, als die anthropologisch am tiefsten verankerte Erkrankung der Seele überhaupt, einen ebenfalls privilegierten Status unter den gottabgewandten Tätigkeiten – Zerstreuungen – Lastern. Der Ennui ist zunächst nur individuell zugänglich durch eben sie, die ihn verbergen sollen. Im Ennui schämt sich der Mensch gleichsam seiner von Gott abgetrennten Menschlichkeit. Mit Pascal und den großen Predigern des 17. Jahrhunderts (Massillon) erhält die Langeweile ihren festen Platz in Moralistik und schöngeistiger Literatur zunächst Frankreichs, dann Europas.[7] Aus der religiös-moralisch eingeführten Anthropologie wird in der Folge eine *säkulare*.

Wesentlich für sie ist das *Verschwinden der Mittelstellung des Menschen* (halb Tier, halb Engel) mit der entsprechenden pathologisierenden oder moralisierenden Zuschreibung einzelner Anthropina nach ‚oben' oder ‚unten'. An die Stelle der Entgegensetzung von Wille, Verstand, Sittlichkeit hier, Gefühl, Sinnlichkeit, Trieb dort tritt eine *asymmetrische Plazierung des Menschen* mittels des Begriffspaars ‚Fülle' und ‚Mangel'. In ihr können sich die Leidenschaften als Sphäre, als Thema des Nachdenkens also auch, etablieren: es gibt Menschen, die reich oder die arm an Emotionen sind; ein selbständiges ‚Ich' kann sich gerade aufbauen durch Distanzierung oder Phänomenalisierung der emotionalen Gesamtsphäre. Die europäischen Moralisten nennen dieses gefühlsarm-verstandeskalte ‚Ich' in seiner Welt- und Gottferne ‚eitel' und ebenso seine Beschäftigungen, die ‚divertissements'. Bei „Pascal, Nicole und La Rochefoucauld findet sich in der Tat die erste fundamentale Erkenntnis des innen Nexus zwischen der Ich-Leidenschaft und der Herausbildung einer Sphäre des Scheins".[8] Dieser Problemaufriß, der dem Langeweile-Thema seinen bevorzugten Platz in der neuzeitlichen Anthropologie schaffen wird, hat unübersehbar theologisch-moralisierende Ursprünge. „Wir sind alle hohl und leer. Wir dürfen uns nicht mit Wind und Worten füllen: wir müssen etwas anders haben, um uns zu ergänzen", heißt es in Montaignes Versuch „Von der Ehre" (ME II, 412)[9]. Doch ist diese Leere eben ein anthropologisches Faktum, das die ‚Transzendenz' zu einer außerhalb ihrer liegenden Fülle plausibel macht:

---

6 Vgl. Ludwig Völker, Langeweile. Untersuchungen zur Vorgeschichte eines literarischen Motivs, München 1975, 125.

7 Vgl. Völker, Langeweile, 139–141.

8 Elena Pulcini, Das Individuum ohne Leidenschaften. Moderner Individualismus und Verlust des sozialen Bandes, deutsch von Eva Birkenstock, Berlin 2004, 92.

9 Michel de Montaigne, Essais (Versuche) nebst des Verfassers Leben nach der Ausgabe von Pierre Coste ins Deutsche übersetzt von Johann Daniel Tietz, drei Bände, Zürich 1992 (zit. als „ME").

„Außer dir, o Mensch, sagte dieser Gott, erforscht sich jede Sache zuerst selbst; und hat nach ihrer Bedürfniß Schranken ihrer Bemühungen und Begierden. Keine ist so leer und so dürftig, daß sie die ganze Welt ergreifen sollte, wie du thust." („Von der Eitelkeit", ME III, 212) In dieser asymmetrischen Entgegensetzung von Leere und Fülle wird Pascal das Ennui-Thema plazieren und damit eine Moralisierung höherer Stufe begünstigen – nämlich jene der heroisch-verzweifelten Hoffnungen und Appelle, sich aus der im ‚Ennui' bekundeten Leere autonomen Menschseins in irgendeine Form der emotionalen Involviertheit, des ‚Engagements' hinauszuschleudern. Mit der Romantik wird dies als Wunsch nach ‚Leidenschaften' für immer weitere Kreise zur emotionalen conditio humana.

Den historischen wie topischen Übergang von der theologisch-moralisierenden zur trivialanthropologischen Sicht bildet die aristokratische Weltklugheit des Barock. Der Ennui erscheint als typisches Leiden eines unbelehrbaren, ja unkultivierten Glücksverlangens. Er kann erst auf einer gewissen sozialen Höhe bzw. Machtbasis akut werden. Gegen Langeweile schützen die „geistigen Freuden": Gerade den „großen Herren" rücken „aber die geistigen Freuden in eine solche Ferne, daß sie ihrer gar nicht habhaft werden können. Ihre Größe verurteilt sie dazu, sich zu langweilen." (MG, 277, Nr. 1675)[10] Wie schon der Pascalsche König jenseits aller Machtbefugnis und ein Jahrhundert später der zerstreuungssüchtige Manufakturbürger, sind auch Montesquieus grandseigneurs gehalten, sich die reine Langeweile durch wertlose (nicht-geistige) Willensobjekte zu verbergen. Gewisse Könige und gescheiterte Weltflüchtlinge „fanden bald heraus, daß ihnen die Zurückgezogenheit noch unerträglicher war als ihre innere Unruhe und daß es besser war, die Welt zu regieren, als sich zu langweilen, und daß Erregung der Seele besser bekommt als Zerknirschung." (ebd.) Während aber die spätere, bürgerliche Anthropologie der Langeweile mit der Arbeit ein *dauerhaftes* Gegenmittel zu besitzen glaubt, hält die aristokratische Moralistik Stimmungen für nicht verfügbar. Lediglich die ‚geistige', d.h. eben: nicht-stimmungshafte Distanznahme sei möglich; ein Gedanke, den nach dem Durchbruch der bürgerlichen Arbeitsgesellschaft dann in aggressiver Wendung Schopenhauer formulieren wird. Bei Montesquieu lautet er: „Wenn es unsere Bestimmung ist, uns zu langweilen, sollen wir uns darauf verstehen und zu diesem Zweck die Freuden, die wir verlieren, richtig taxieren, und die, welche wir uns verschaffen können, in ihrem Wert nicht schmälern." (ebd.)[11] Eine Demut wie ein

---

10 Charles-Louis de Secondat de la Brède et de Montesquieu, Meine Gedanken. Mes pensées. Aufzeichnungen, deutsch von Henning Ritter, München 2001 (zit. als „MG").

11 Montesquieu spricht aus der Perspektive des Pensionärs mit Restverpflichtungen in ‚le monde'. Für seinen älteren Zeitgenossen La Bruyère ist niemals der Weltmann, wohl aber der Weise gegen den Ennui der Macht bzw. der Welt

Hochmut, die dem bürgerlichen Arbeitsstolz gleichermaßen fern liegen werden! Die zyklische Aufeinanderfolge guter und schlechter Zeiten ist eine Vorstellung, die dem Erfahrungshorizont eines agrarisch geprägten Lebens (Saat und Ernte, Mühe und Müßiggang) entspricht. Im 17. und 18. Jahrhundert reflektiert die aristokratisch-moralistische Weltklugheit dies zudem als Wechsel städtischen und ländlichen Lebensortes, was einem Wechsel zwischen repräsentativem Müßiggang und der Sorge um seine ökonomische Absicherung gleichkommt.

Die theoretische Aufladung der Langeweile mit Konzeptionen der (bürgerlichen) Zeitökonomie, insbesondere der Vorstellung einer kontinuierlich fortschreitenden (Welt)Zeit als Rahmen aller menschlichen Sinnsetzungen, ist Ergebnis erst der aufklärerischen Menschenkunde des späten 18. Jahrhunderts. Von der vorübergehenden, saisonalen Beschäftigungslosigkeit in den europäischen Agrargesellschaften und ihrem unschuldigen ‚Zeitvertreib' (Kurzweil) bis zur Moralisierung der Langeweile (des Müßiggangs, der Faulheit) als Ausscheren aus einem Zivilisationsprozeß führt ein längerer geistesgeschichtlicher Weg. Eine wesentliche Station bilden die Anthropologien, die oftmals Physiologie und Pädagogik zugleich sein wollen. Sie suchten der Theologie als metaphysica specialis, namentlich aber der ihr entstammenden rationalen Psychologie den ganzen Menschen streitig zu machen, was nichts anderes hieß, als die emotiven und voluntativen Komponenten der ‚Seele' ebenso wie die gesamte Leiblichkeit als gleichermaßen würdige Gegenstände von Erforschung und Ethik zu betrachten. Das Gleichgewicht und Wechselspiel der menschlichen ‚Vermögen' ist das Ideal der anthropologischen Literatur, der vereinseitigte, z.B. übermäßig grüblerische oder gelangweilte Mensch bedeutet den – physisch wie moralisch – kranken, weil ‚künstlich' reduzierten Menschen.

In dieser geistesgeschichtlichen Situation ist es natürlich noch undenkbar, daß ‚Langeweile' als autarke oder gar theoretisch privilegierte Stimmung positiv gesehen wird, etwa als un- oder antibürgerliche Muße, die zu mehr-als-alltäglichen Dingen aufblicken läßt. Solcherlei Gedankengänge darf man eher einer Transformation moraltheologischer Langeweile-Topoi zuschreiben. Dennoch muß auch die neuere, die psychologische, physiologische, kurz: anthropologisch um die Langeweile bemühte Literatur einen Spalt aufweisen, in den metaphysische Transzendenz eindringen kann. Er besteht in ihrer Ansetzung von ‚Streben', ‚Bewegung' und dergleichen als psychologischer oder gar anthropologischer Grundverfaßtheit. Situationen der Langeweile lassen sich dann interpretieren als vorübergehender Mangel von sinngebenden Strebensobjekten, solche Störsituationen werfen

---

geschützt: „Der Weise meidet zuweilen die Menschen, aus Furcht, sich zu langweilen." (ds., Die Charaktere oder Sitten des Jahrhunderts, hrsg. und übertragen von Gerhard Hess, Leipzig 1978, 138).

ihrerseits ein Licht zurück auf einen eventuellen Täuschungscharakter in der menschlichen Strebensnatur selbst. Ist ‚Bewegung' derart fundamental, daß sie dem Intellekt Gegenstände verschafft, damit er sich nicht durch Müßiggang bzw. Langeweile von ihr emanzipiere? Ist die zivilisatorische Bewegung, mehr noch als die seelische ‚Vermögens'entfaltung, bloße Langeweilevereitelung? An diesem Punkt erkennt man – trotz der wortgeschichtlich verschiedenen Herkünfte von ‚Ennui' und ‚Langeweile' – die wachsende Problemnähe zwischen den zwei geistesgeschichtlichen Traditionen. In der einen, die von der Theologie in die Existenzphilosophie führt, muß der Sinn jeder Tätigkeit erst hergeleitet werden, ein – sei's auch hypothetischer – Naturzustand der Ruhe ist vorausgesetzt. Analog zur aristotelischen Physik bedarf jenes Seiende, das Seele heißt, gleichsam der Überredung zum Guten wie zum Angenehmen, die *Trägheit* kann den arbeitsamen Aufstieg zum Wohlstand wie den meditativen Weg zu Gott betreffen. Die neuen Psychologien und Anthropologien der bürgerlichen Klasse des 18. Jahrhunderts, die diese Ursprünglichkeit der Ruhe leugnen, müssen ein Triebüberlistungsschema, eine List der Triebvernunft o.ä. ansetzen, um die Einheit menschlichen Seins in Bewegung und Ruhe abzusichern. In die Vorgeschichte des äußerst vielfältigen und vielstufigen Prozesses, der die moderne metaphysische Synthese ‚Langeweile' zum Ergebnis hat, gehört auch die Kombination von alteuropäisch-aristokratischen und bürgerlich-arbeitsgesellschaftlichen Langeweilebefunden, wie sie dann zuerst die Romantik vollzog, wie sie sich aber auch in der kleinbürgerlich-plebejischen Polemik gegen den ‚Müßiggang' abzeichnete: mit dem adligen Müßiggang in Hof und Salon verbinden die bürgerlichen Ideologen der Arbeit zunehmend die Vorstellung einer schlecht verwendeten, kompensatorisch mit schlechten Empfindungen (Ekel, Überdruß, Unernst) gefüllten Zeit. Der repräsentative Müßiggang wird unverständlich, gilt als ‚leer', ‚hohl' etc., die Langeweile daran ist gleichermaßen moralischer und intellektueller Fingerzeig. Menschliches Sein qua Arbeitsleben scheint ‚künstlich' durch solchen Müßiggang unterbrochen. Es versteht sich, daß der so hergestellte Komplex von Sinn-Empfindung und Zeit-Gefühl nur semantisch umgekehrt werden mußte, um den bewußten Ausstieg aus dem bürgerlichen Carpe diem, durch eine bewußt eingeschaltete, ausgehaltene Langeweile zu ermöglichen: schwarze Romantik, Weltschmerz, Dandytum des 19. Jahrhunderts.

Zurück ins 18. Jahrhundert! Anhand einiger Schlüsselbegriffe und Textproben kann der Aufstieg der Langeweile zur Problemstimmung in den aufklärerischen Anthropologien nachgezeichnet werden.

Der Arzt und Anthropologe J. G. Zimmermann gibt um 1785 folgende Definitionen: „Langeweile ist eine Pest, der man in Gesellschaft zu entgehen sucht, Langeweile ist eine Hauptursache des Triebes zur Geselligkeit."[12] Und weiter: „Sie ist ein Versinken der Seele in Leerheit, eine Vernichtung aller unserer Wirksamkeit und aller unserer Kraft, eine allmächtige Schwerigkeit, Trägheit, Müdigkeit, Schläfrigkeit und Unlust; und, welches das schlimmste von allem ist, eine oft mit der größten Höflichkeit an uns ausgeübte Meuchelmörderey unseres Verstandes und jeder angenehmen Empfindung. Alles Hervorstreben in irgend einem Menschen, das ganze Triebwerk seines Geistes und seines Herzens, wird durch Langeweile, die er hat, oder die man ihm macht, zerdrückt und gehemmt." (ÜE I, 30)[13] Langeweile ist aber nicht nur Zustand und Geschick, sondern conditio humana selbst: „Alles, was wir treiben und thun, unser Sitzen und Laufen, Wirken und Unterhandeln, hat doch oft am Ende keine andere Triebfeder, als die Furcht vor Langerweile." (29) Hier scheint jene Anknüpfung an Pascals Lehre vom ‚divertissement' geleistet, worin sich Langeweile- und Ennui-Begriff treffen können. Tatsächlich setzt sich ‚Langeweile' in Deutschland erst in der zweiten Hälfte des 18. Jahrhunderts als Entsprechung zum französischen ‚Ennui' durch. ‚Ennui' geht ja ursprünglich von einem Affekt aus (in odio esse) und entwickelt erst später die Konnotation zur Länge der Zeit; ‚Langeweile' setzt dagegen beim Zeitverhältnis ein, füllt dies aber allmählich mit affektivem Gehalt.[14]

Die – moraltheologisch induzierte – Verbindung zur *Melancholie* ist in der Aufklärungszeit gelöst, Langeweile bestimmt sich zunehmend aus den Oppositionen *Arbeit/Trägheit, Kurzweil/Unterhaltung,* bis gegen Ende des 18. Jahrhunderts Langeweile gerade als Resultat arbeitsamer Zeitnutzung thematisch wird. Damit kann Langeweile *subjektiviert* und in die individuelle Entscheidungskompetenz gerückt werden; sie hat nichts mehr zu schaffen mit den Müßiggang-Situationen agrarischer Gesellschaften. Ist sie dann auch anders moralisiert, d.h. an eine Ethik der Arbeit (und der dadurch selbst erwirtschafteten Freizeit) gebunden? Eine seltenere Deutung beharrt noch gegen Ende des 18. Jahrhunderts auf dem sozial übergreifenden Charakter der ‚langen Weil' – „vom Fürsten herab bis zum Niedrigsten der gesitteten Stände findet man dieses Übel fast überall verbreitet".[15] Auch Goethe faßt Langeweile soziologisch neutral, in botanisch-gastrologischer Metaphorik: „Langeweile ist ein böses Kraut, / Aber auch eine Würze, die viel verdaut."[16] Andere Autoren entwerfen eine Ethik der Arbeit, deren Langeweile entweder als Schicksal oder als Palliativ zügello-

---

12 Zit. nach: Völker, Langeweile, 107.
13 Johann Georg Zimmermann, Über die Einsamkeit, vier Bände, Frankfurt/M.-Leipzig 1784/85 (zit. als „ÜE").
14 Vgl. Völker, Langeweile, 139f.
15 V. L. E. M. O. N. U. R. V. L., Über die Langeweile, Germanien 1798, 1 – zit. nach: Völker, Langeweile, 159.
16 Zit. nach: Völker, Langeweile, 119.

ser Ennui-Zustände zu *ertragen* sei. Der Abbé Galiani sieht Einübung in
die Wissenschaften als den Weg, „sich an Arbeit, d.h. an Langeweile zu
gewöhnen, seine Gedanken auf einen einzigen Gegenstand zu richten".[17]
Das ist mit Blick auf die Kindererziehung gesagt. Helvétius denkt an alle
Lebensalter und sozialen Schichten, wenn er die prophylaktische Macht
der Handarbeit preist: „Ich nehme einen Hobel in die Hand, – was empfin-
de ich da? Alle Freuden der Erwartung, die an die Bezahlung meiner
Tischlerarbeit geknüpft sind."[18] Mit der christlichen wie der weltlich-
aristokratischen Moralistik teilen sich die Aufklärer hinsichtlich der Arbeitslust in eine pessimistische Anthropologie: der Mensch sei von sich aus
träge, müsse zu seinem Glück gezwungen, d.h. zur Arbeit angehalten werden.[19] Hinsichtlich dieses Generalbefunds markieren Ausnahmen wie
Rousseau – die Arbeit erzeugte ähnlich wie die Zerstreuungssucht Unruhe,
ihre Projekte hinderten am Selbstgenuß[20] – lediglich eine Verkehrung der
Semantik. Erzieher, Moralpädagogen wollen die Aufklärer jedoch aus
psychologisch gesicherter Einsicht sein. „Die Psychologie der Aufklärung
ist Bewegungslehre."[21] Dem Kontinuum seelischer Bewegtheit sind die
arbeitsweltlichen Bewegungsziele anzupassen. Der vielgelesene Populär-
aufklärer J. G. Sulzer bringt die Arbeit auf einen fast symbolischen Nen-
ner, wenn er ihren Vorbeugewert preist. Nicht zu arbeiten geht nach diesem Arrangement bereits auf eine externe Störung zurück, Langeweile
entspringt „aus erzwungener Unthätigkeit der Seele" (SVPS I, 21)[22], Tätigkeit wie Empfindung, Leiden wie Tun bildeten eine „Nahrung der Seele"
(1).

Die übermäßige, einseitige Anspannung der Verstandeskräfte bei der
Arbeit ist den Aufklärern als Langeweilegrund allerdings vertraut. Im Unterschied zur geistlichen und adligen Langeweile aus erzwungenem, gar
ostentativem Nichtstun, aus Leeregefühl durch Überreiztheit der Empfindung stellt sich Langeweile damit neu dar als möglicher Effekt eines über-

---

17 Die Briefe des Abbé Galiani, deutsch von Heinrich Conrad, hrsg. von Wilhelm
    Weigand, zwei Bände, München-Leipzig 1907, I, 139.
18 Claude Adrien Helvétius, Vom Menschen, seinen geistigen Fähigkeiten und
    seiner Erziehung, hrsg. und übersetzt von Günther Mensching, Frankfurt/M.
    1972, 365.
19 Vgl. Gernot Böhme, Anthropologie in pragmatischer Hinsicht, Frankfurt/M.
    1985, 277.
20 Vgl. Jean-Jacques Rousseau, Emil oder über die Erziehung, Paderborn u.a.
    1985, 232.
21 Christopher Schwarz, Langeweile und Identität. Eine Studie zur Entstehung
    und Krise des romantischen Selbstgefühls, Heidelberg 1993, 23.
22 Johann Georg Sulzer, Vermischte Philosophische Schriften, zwei Bände,
    Leipzig 1773/81, ²1782 (zit. als „SVPS").

aktivierten Seelenvermögens.[23] Das Gleichgewicht der Seelenvermögen wiederum bildet von Helvétius bis Kant das Ideal der Humanität, die Unterdrückung von Leidenschaften und Trieben durch arbeitsame Tätigkeit gilt als fragwürdig. Gesucht ist „die harmonische Verbindung von Herz und Kopf".[24] Die meisten Aufklärer unterstellen einen moralisch zunächst neutralen ‚Empfindungsdrang', der sich, einseitig fehlgelenkt, in Langeweile Luft schaffen könne.[25] Nicht nur das Ideal der Ruhe und des Glücks, auch das der ungehemmten Tätigkeit könne langweilig werden. Der in seine Gefühle vertiefte ‚Empfindler', der ‚Hypochonder' wie der weltfremde Gelehrte sind die komischen Figuren der spätaufklärerischen Belletristik und Moralpädagogik. Solche Einseitigen wirken *asozial*, langweilen in ihrer Einseitigkeit. Hierin aber scheinen zwei Tendenzen der aufklärerischen Anthropologie und Psychologie einander zu widersprechen: die Lehre von der kontinuierlichen Bewegtheit und *Bewegungsbedürftigkeit der Seele*; der methodische Individualismus im pädagogischen Ideal der *Selbstbeschäftigung*, vor allem der *geistigen Arbeit*. Letzteres bildete ja den wichtigsten Gegenentwurf sowohl zur Ennui-Verhütung durch Zerstreuungen wie zum Stumpfsinn rein notgeborener Tätigkeit. Strebt der selbstbewußte Bürger nicht statt in den adligen Salon, wo er ohnehin nicht zugelassen ist, direkt in die Studierstube?

Das ‚gesellschaftliche Leben' muß jedenfalls einiges an Verbindlichkeit verloren haben, wo Aussagen wie die Garves möglich geworden sind, daß, „wo man ein Hülfsmittel gegen lange Weile erwartete", man selbst „lange Weile findet".[26] Die anonyme Schrift „Über den Kuß und über die Langeweile" prangert jede Form nicht eigengesteuerter Beschäftigung an, wenn es vom Charakter gelangweilter Personen heißt: „Trägheit und Unwissenheit sind die Hauptzüge desselben. Sie wollen beschäftigt seyn, ohne sich zu beschäftigen."[27] „Wahre Gelehrsamkeit" sei dagegen „das tödtlichste Gift der Langeweile".[28] ‚Nachdenken' und ‚Selbstunterhaltung' gelten neben ‚Erwerbung der Wissenschaften'

---

23 „Demnach genügt Arbeit allein nicht mehr, um Langeweile auszuschließen; das entscheidende Kriterium ist nun die *Beschäftigung des Geistes,* die Frage, ob *Nahrung für Herz, Geist und Einbildungskraft* vorhanden ist und *beschäftigende Vorstellungen* den Geist und das Gemüt ausfüllen." (Völker, Langeweile, 120).

24 Vgl. Martina Kessel, Langeweile. Zum Umgang mit Zeit und Gefühlen in Deutschland vom späten 18. bis zum frühen 20. Jahrhundert, Göttingen 2001, 47.

25 Vgl. a. a. O., 48.

26 Zit. nach: Völker, Langeweile, 107.

27 Über den Kuß und über die Langeweile, Sorau 1777, 40.

28 A. a. O., 45.

überhaupt als Palliative der Langeweile.[29] Damit ist das moralistische Ideal der gesellschaftsfernen Autarkie (Pascal, Joubert, Chamfort) vom Kontemplativen ins Intellektuell-Aktive umgedeutet: „Ein müßiger Kopf hat am meisten Langeweile im Umgang mit sich selbst; einen thätigen Kopf foltert Langeweile in jeder Stunde und in jedem Augenblick, da man ihm seine Thätigkeit hemmt." (ÜE I, 32) Kann man sich aber nicht auch an dieser Tätigkeit selbst langweilen? Sulzer kennt das Problem in Form einer aktiven Hemmung von seiten der intellektuellen Gegenstände selbst: „Die Ideen weigern sich gleichsam, sich der Seele darzustellen: und die Seele, die in ihrer Wirkung diese schreckliche Lücke gewahr wird, ohne sie ausfüllen zu könne, möchte vor Verdruß darüber vergehen." (SVPS I, 21) Gravierender scheint die Langeweile-Gefährdung einer auf ‚geistige Thätigkeit' fixierten Seele selbst. Ihr Sinnbedürfnis gerät zum Erregungsbedarf, den zu decken immer schwieriger wird. Die Überreiztheit und Erschlaffung des bürgerlichen Geistesarbeiters karikiert den Topos der vom Genuß gelangweilten Sultane, der orientalischen Despoten, den die aufklärerische Polemik Mitte des 18. Jahrhunderts so gern verwendete. Der Arzt M. Herz findet 1782, daß die Langeweile besonders den Gebildeten betreffe, der, „je mehr er seine Geisteskräfte geübt hat, desto mehr der Langeweile ausgesetzt ist; denn da vermöge seines durch Übung erweiterten Ausdehnungstriebes gewisse Vorstellungen ihm gewöhnlich und geläufig werden und andere wegen ihrer Unrichtigkeit seine Kraft nicht hinreichend beschäftigen: so muß der Gang der Vorstellungen bey ihm sehr schnell geschehen, und jede Folge von Ideen, die diesem Gang nicht entspricht, Langeweile erregen".[30] Ähnlich der Befund Garves: Der einsame Gelehrte spüre wegen der Einsamkeit seiner Tätigkeit „die Erschlaffung, die Trägheit, und eine gewisse Niedergeschlagenheit", die „in einen Zustand übergehen, welcher der langen Weile" ähnlich sei.[31] Geistige Tätigkeit verlange Einsamkeit, ihrer nicht überdrüssig zu werden, müsse man aber „entweder Philosoph, oder Dichter seyn".[32]

Damit scheint sich die Wirkung des wichtigsten bürgerlichen Langeweile-Palliativs in ihr Gegenteil verkehrt zu haben. Die Arbeit, zumal in ihrer Sublimation zu ‚geistiger Arbeit', reproduziert die Langeweile, vor der sie bewahren sollte! Einsamkeit und Freiheit der geistigen Tätigkeit setzen eine Dynamik in Gang, worin der Sinn der Arbeit aus ständig höher zu schraubenden Autonomieversprechungen erwächst. Diese liegen in der

---

29   Vgl. Über die Langeweile, 111ff.

30   Marcus Herz, Grundriß aller medizinischen Wissenschaften, Berlin 1782, 13.

31   Christian Garve, Versuche über verschiedene Gegenstände aus der Moral, der Litteratur und dem gesellschaftlichen Leben, fünf Bände, Breslau 1819–1821, III, 59f.

32   A. a. O., 89.

Selbstauslieferung des Menschen an eine in ‚geistigen Arbeiten', ‚Projekten', ‚Ideen' materialisierte Prozeßzeit, die in ihrer Immanenz und Kontinuität das Projekt aller Projekte, den Prozeß bürgerlicher Zivilisation, nachahmt. ‚Langeweile' ist möglich als Folge *und* Symptom aus dieser Problemexposition. Sie zu vermeiden, ist eine Selbstmanipulation gefordert – Sinn einer Tätigkeit, die der Mensch ganz aus sich gewinnen soll. Damit ist er bzw. sein selbstberufener Stellvertreter, der aufklärerische Gelehrte, unmittelbar vor die Frage der Anthropologie gestellt: Was soll der Mensch sein, damit er sich nicht langweilt?

3. Kant

Die „Anthropologie in pragmatischer Hinsicht" (1798)[33] ist aus entsprechenden Vorlesungen entstanden, die Kant über 30 Jahre hinweg abwechselnd mit Vorlesungen über „physische Geographie" gehalten hat. Die Anthropologie will nun aber nicht das physiologische Komplement zu letzterer sein, im Sinne der vielen ‚Anthropologien' des 18. Jahrhunderts, die zeigten, „was die Natur aus dem Menschen macht", sondern sie zielt vielmehr auf das, „was *er* als freihandelndes Wesen aus sich selber macht, oder machen kann und soll" (119). ‚Pragmatisch' ist Kants Anthropologie auch im Gegensatz zur ‚Theorie' der rationalistischen Schulphilosophie – diese Unterscheidung entnimmt er ihr selbst; durch die Fixierung auf die menschliche Freiheitsnatur besteht zudem ein deutlicher methodologischer Abstand zur alteuropäischen Moralistik, die Kant auf ihren sozialen Bezugskreis und dessen faktische Verhaltenszwänge hin relativiert (*„große* Welt", „Stand der Vornehmen"). Die ‚Menschenkenntniß', die Kant meint, kann und muß man sich ‚zu Hause' erworben haben (120). Die „Anthropologie" ist unterteilt in „Anthropologische Didaktik" und „Anthropologische Charakteristik", erstere wiederum, entlang der überlieferten Trias der Seelenteile, in die Abschnitte „Vom Erkenntnißvermögen", „Vom Gefühl der Lust und Unlust", „Vom Begehrungsvermögen". Die Dreiteilung hat einen Bezug zu Kants drei Kritiken; im dritten Buch zu „Affekten und Leidenschaften", „höchstem physischen" und „höchstem physisch-moralischen Gut", also zu den Bestimmungsgründen des Willens und dem Feld der praktischen Vernunft, taucht Langeweile nicht auf. Gemäß den Voraussetzungen des Kantischen Kritizismus hätte sie dafür empirischer Affekt oder

---

33 Immanuel Kant, Werke, Akademie-Textausgabe, Berlin 1907–1917 (Reprint Berlin 1968), VII: Der Streit der Fakultäten. Anthropologie in pragmatischer Hinsicht (zit. als „ApH").

intelligibler Bestimmungsgrund des Willens in Form einer moralisch relevant gewordenen Willensstörung werden müssen; zwei systemlogisch
schwer vorstellbare Möglichkeiten.

   Langeweile wird dagegen thematisch in den ersten beiden Büchern der
„Anthropologischen Didaktik". Im § 14 über den „erlaubten moralischen
Schein" meditiert Kant über moralisch hilfreiche Täuschungen (Schein),
die, erzieherisch und auf lange Sicht, zuletzt ein moralisch gebessertes Sein
des Menschen bewirken. Es ist eine Überlegung im Stile von Tugend aus
Not, List der Natur, white lie, worüber im 18. Jahrhundert eine beträchtliche Literatur entstanden war.[34] Offenbar besteht hierbei eine Analogie zur
Langeweileproblematik, wie sie sich aus der aufklärerischen Seelen- qua
Bewegungslehre ergab. Die Bewegung der Seele, von – erkenntnisvermittelter? – Motivarmut bedroht, kann sich selbst fragwürdig werden. Kant
sieht darin, anders als die ältere Moralistik und die theologische Brevierliteratur zur Acedia, keine Erkenntnis durch Enttäuschung, sondern einen
seelischen Selbstbetrug, der seinerseits betrogen werden müsse.

> „So ist die *Anekelung* seiner eigenen Existenz aus der Leerheit des Ge
> müths an Empfindungen, zu denen es unaufhörlich strebt, *der langen
> Weile*, wo bei man doch zugleich ein Gewicht der Trägheit fühlt, d. i.
> des Überdrusses an aller Beschäftigung, die Arbeit heißen und jenen
> Ekel vertreiben könnte, weil sie mit Beschwerden verbunden ist, ein
> höchst widriges Gefühl, dessen Ursache keine andere ist, als die natür
> liche Neigung zur *Gemächlichkeit* (einer Ruhe, vor der keine Ermüdung
> vorhergeht). – Diese Neigung ist aber betrügerisch, selbst in Ansehung
> der Zwecke, welche die Vernunft dem Menschen zum Gesetz macht,
> um mit sich selbst zufrieden zu sein, *wenn er gar nichts thut* (zwecklos
> vegetirt), weil er da doch *nichts Böses thut*. Sie also wieder zu betrügen
> (welches durch das Spiel mit schönen Künsten, am meisten aber durch
> gesellige Unterhaltung geschehen kann), heißt die *Zeit vertreiben* …"
> (151f.)

In der Auswahl des Zeitvertreibs empfahl Kant Großherzigkeit, auch Tabak und Kartenspiel seien statthaft, solange nur die ‚anthropologisch' ermittelte Beweglichkeit der Seele gewahrt bleibe. In Kants Langeweiledeskription scheint der Mensch vor das Faktum seiner Existenz selbst gebracht, fast im Sinne einschlägiger Existentialontologien des 20. Jahrhunderts. Doch bleibt das Faktum ein bloß ontisches, seine ontologische
Durchleuchtung erwiese es als Täuschung: die Leere ist ein – vorübergehender – Anschein des Lebens. Immerhin sucht dieser Schein Kants Gedankengang noch an weiteren Stellen heim. Anläßlich der Erörterung von

---

34 Vgl. zu den wichtigsten Positionen (Du Marsais, Diderot, Helvétius, Friedrich
    II.): Diderot Studies, XIV, Genf 1971 („The useful lie").

materiellen Stimulantien der Einbildungskraft (§ 29) heißt es gar: „Alle diese Mittel aber sollen dazu dienen, den Menschen die Last, die ursprünglich im Leben überhaupt zu liegen scheint, vergessen zu machen." (170)

Die ausführlichere Behandlung erfährt Langeweile im zweiten Buch, zum „Gefühl von Lust und Unlust". Kant führt hier die Zeit- und die Sinn-Problematik der Langeweile auf folgenreiche Weise zusammen, nämlich in einer Pendeltheorie von Leere- und Schmerzempfindung. Die Allbewegtheit der Seele ist darin zu einem ‚Lebenstrieb' verfestigt, der durch die genannten zwei Zustände auf sich aufmerksam werden kann.

„Wen endlich auch kein positiver Schmerz zur Thätigkeit anreizt, den wird allenfalls ein negativer, *die lange Weile*, als *Leere* an Empfindung, die der an Wechsel derselben gewöhnte Mensch in sich wahrnimmt, indem er den Lebenstrieb doch womit auszufüllen bestrebt ist, oft dermaßen afficiren, daß er eher etwas zu seinem Schaden, als gar nichts zu thun sich angetrieben fühlt." (232f.) Den Bedingungen und Wirkungen der Langeweile widmet sich § 61 „Von der langen Weile und dem Kurzweil". Er beginnt: „Sein Leben fühlen, sich vergnügen, ist also nichts anders als: sich continuirlich getrieben fühlen, aus dem gegenwärtigen Zustande herauszugehen (der also ein eben so oft wiederkommender Schmerz sein muß). Hieraus erklärt sich auch die drückende, ja ängstliche Beschwerlichkeit der langen Weile für Alle, welche auf ihr Leben und auf die Zeit aufmerksam sind (cultivierte Menschen)." (233) Die psychosoziale Spezifikation der Langeweile erweitert Kant in einer Fußnote um eine völkerkundliche: „Der Caraibe ist durch seine angeborne Leblosigkeit von dieser Beschwerlichkeit frei. Er kann stundenlang mit seiner Angelruthe sitzen, ohne etwas zu fangen; die Gedankenlosigkeit ist ein Mangel des Stachels der Thätigkeit, der immer einen Schmerz bei sich führt, und dessen jener überhoben ist." (*)[35]

Diese Einschränkungen sind aus der Zuspitzung der Langeweile-qua-Überdruß-Problematik angesichts der gelehrten bzw. ‚geistigen' Existenz Ende des 18. Jahrhunderts vertraut. Von Menschen, die durch geistige Selbstbeschäftigung prinzipiell zum Langeweile-Vertreib befähigt sind, geht auch Kant aus; sein Vertrauen auf die Besiegbarkeit der Langeweile als Ennui/Überdruß ist das Selbstvertrauen des Gelehrten, der sein Selbst an die wissenschaftlichen Projekte ausgeliefert hat.[36] Irritierend wirkt die

---

35 Die Alternative lautet im weiteren auf Tier- oder Gelehrtersein – vgl. Gernot Böhme, Immanuel Kant: Die Bildung des Menschen zum Vernunftwesen, in: Weiland (Hrsg.), Philosophische Anthropologie der Moderne, 30–38, hier: 32.

36 Auf die darin liegende Warnung vor zu intensiver Selbstbeschäftigung macht Böhme, Die Bildung des Menschen, a. a. O., 33 aufmerksam.

Eingangsformulierung zum § 61 trotzdem in mancher Hinsicht. Ist „sich vergnügen" nicht gerade die Unfühlbarkeit des Lebens als solchen, während doch erst Schmerz und Langeweile das Faktum des Lebens selbst zum Thema erheben, bis zur – von Kant eingeräumten – Motivation der Selbsttötung? Heißt „auf sein Leben und auf die Zeit aufmerksam" sein, mit beiden als bemessenen Quanta sorgsam umzugehen, oder ist die in einer Empfindungsleere spürbare Faktizität des Lebens selbst gemeint? Besteht hier ein Zusammenhang? Ist es vielleicht die Doppeldeutigkeit von ‚Gegenwart' als Transitivum und als Zeitdimension verfügbaren Sinns, als Mittel zum nächsten Augenblick um einer höheren, abschließenden Gegenwart willen, deren Gefüge in die Zeit-und-Sinn-Kalamität der Langeweile führen kann? Kant fährt ja fort: „Dieser Druck oder Antrieb, jeden Zeitpunkt, darin wir sind, zu verlassen und in den folgenden überzugehen, ist accelerirend und kann bis zur Entschließung wachsen, seinem Leben ein Ende zu machen, weil der üppige Mensch den Genuß aller Art versucht hat, und keiner für ihn mehr neu ist" (ebd.). Offenbar werden nur Konsumenten, niemals Produzenten von Langeweile befallen! Das Problem ist auf die verwöhnte, die gleich eingangs der „Anthropologie" distanzierte große Welt abgeschoben. Der Befund ähnelt gleichwohl dem Pascalschen: „Die in sich wahrgenommene Leere an Empfindungen erregt ein Grauen (horror vacui) und gleichsam das Vorgefühl eines langsamen Todes, der für peinlicher gehalten wird, als wenn das Schicksal den Lebensfaden schnell abreißt." (ebd.) Die kontinuierliche, aus aufeinander verweisenden, transitiven Augenblicken zusammengesetzte Zeit ist die Bedingung erfahrbaren Sinns. Das ist die Zeit der Arbeit, ein sinnvolles Leben ist ein arbeitserfülltes, ein Ausfüllen der Zeit durch planmäßig fortschreitende Tätigkeit (234). Die Abwehr der Alternative eines aus lauter Sinn-Präsenzen zusammengesetzten Lebenssinns, z.B. aus lauter Gegenwarten der Lust, der Selbst- und Zukunftsvergessenheit, leistet Kants Anthropologie auf verschiedenen Ebenen. Zunächst argumentiert Kant ganz unkritisch mit ‚der Natur', die dabei Wesen und Norm in einem ist: Die Zufriedenheit (acquiescentia), also das Ideal des glücklichen Ruhiggestelltseins, sei dem Menschen während des Lebens unerreichbar, sie ist gleichermaßen moralisch und pragmatisch unstatthaft (234f.).

> „Die Natur hat den Schmerz zum Stachel der Thätigkeit in ihn gelegt, dem er nicht entgehen kann, um immer zum Bessern fortzuschreiten, und auch im letzten Augenblicke des Lebens ist die Zufriedenheit mit dem letzten Abschnitte desselben nur comparativ (theils indem wir uns mit dem Loose Anderer, theils auch mit uns selbst vergleichen) so zu nennen; nie aber ist sie rein und vollständig." (235) Dahinter steht freilich die Verpflichtung aufs *Gelehrtenideal* des geistig-tätigen Lebens: „Im Leben (absolut) zufrieden zu sein, wäre thatlose *Ruhe* und Stillstand der Triebfedern, oder Abstumpfung der Empfindungen und der

damit verknüpften Thätigkeit. Eine solche aber kann eben so wenig mit dem intellectuellen Leben des Menschen zusammen bestehen, als der Stillstand des Herzens in einem thierischen Körper, auf den, wenn nicht (durch den Schmerz) ein neuer Anreiz ergeht, unvermeidlich der Tod folgt." (ebd.) Vom Aktentisch ins Grab taumeln, hat später W. v. Humboldt das in einen Seufzer gefaßt.

Dazu kommen die Lebenstechniken namentlich der stoizistischen Tradition. Schmerz und Vergnügen hängen von den menschlichen Meinungen darüber ab (236). Im beginnenden Arbeitszeitalter nimmt das die Form einer ökonomischen Erwägung an, worin reale in symbolische Lust getauscht wird: „Die Reife des Alters, welche die Entbehrung eines jeden physischen Genusses nie bedauern läßt, wird selbst in dieser Aufopferung dir ein Capital von Zufriedenheit zusichern, welches vom Zufall oder dem Naturgesetz unabhängig ist." (237) Langeweile ist das reale Oppositum und die enthüllte Idealbedingung eines lustfixierten Umgangs mit der Lebenszeit: Das Leben gewinnt durch lauter Augenblicke aus ‚Zerstreuungen' keine Kohärenz, zeigt sich, induziert durch Unlust/Schmerz, sodurch in seiner Leere an Sinn. Darin steht dann allerdings sein Wert auf dem Spiel. Kant erinnert an einen der Ennui-Topoi des Jahrhunderts, den spleenigen Engländer, der sich aus Langeweile ‚erhenkt' (233). Somit weist Kant die Frage nach dem Wert des Lebens als solchen nicht als sinnlos ab. Vielmehr ist ihre theoretische und praktische Möglichkeit der Angelpunkt seiner Argumentation gegen einen Überdruß an allem, einen Fortschrittsüberdruß: „Das gründlichste und leichteste Besänftigungsmittel aller Schmerzen ist der Gedanke, den man einem vernünftigen Menschen wohl anmuthen kann: daß das Leben überhaupt, was den Genuß desselben betrifft, der von Glücksumständen abhängt, gar keinen eigenen Werth und nur, was den Gebrauch desselben anlangt, zu welchen Zwecken es gerichtet ist, einen Werth habe, den nicht das Glück, sondern allein die *Weisheit* dem Menschen verschaffen kann; der also in seiner Gewalt ist. Wer ängstlich wegen des Verlustes desselben bekümmert ist, wird des Lebens nie froh werden." (239)

Den vorsichtigen Optimismus, einer langeweileverursachten Bedrohung der psychologischen und moralischen Integrität Herr zu werden, teilt Kant mit manchen anderen Autoren aufklärerischer Anthropologie. Die Befunde und Palliative seiner „Anthropologie in pragmatischer Hinsicht" ähneln denen jener anonymen Schrift „Über die Langeweile" (s. II.2), die im gleichen Jahr 1798 erschien: Die Langeweile „entsteht a) aus Mangel an Beschäftigung überhaupt b) aus Trägheit c) aus Weichlichkeit d) aus Sättigung von sinnlichem Zeitvertreib e) aus Mangel oder Entbehrung der Veränderung in sinnlichen Vergnügen f) aus Mangel an Geschmack zu edleren

Vergnügen".[37] Allerdings beweist Kant höhere Toleranz (und vielleicht einige Frivolität) gegenüber den – sofern ihres adligen Ursprungskontextes entfremdeten – *Zerstreuungen.*

Sie gewinnen ihren festen Platz in einem durch Arbeitsamkeit hergestellten moralischen Lebenszusammenhang. „Die *Arbeit* bekommt immer mehr alles gute Gewissen auf ihre Seite: der Hang zur Freude nennt sich bereits ‚Bedürfnis der Erholung' und fängt an sich vor sich selber zu schämen. ‚Man ist es seiner Gesundheit schuldig' – so redet man, wenn man auf einer Landpartie ertappt wird",[38] kann Nietzsche das ein Jahrhundert später resümieren. Leichte Narkotika und Lustbarkeiten halten nämlich den geschäftigen, aber mitunter abgespannten Menschen bei Laune; unbarmherzig urteilt Kant dagegen über jenen Müßiggang, der die schlechte Kopie der Arbeit darstelle: „Unsere Lesewelt von verfeinertem Geschmack wird durch ephemerische Schriften immer im Appetit, selbst im Heißhunger zur Leserei (eine Art von Nichtsthun) erhalten, nicht um sich zu cultiviren, sondern zu *genießen*; so daß die Köpfe dabei immer leer bleiben und keine Übersättigung zu besorgen ist; indem sie ihrem geschäftigen Müßiggange den Anstrich einer Arbeit geben und sich in demselben einen würdigen Zeitaufwand vorspiegeln, der doch um nichts besser ist als jener, welchen das *Journal des Luxus und der Moden* dem Publicum anbietet." (ApH, 233*)

Kant systematisiert und kategorisiert viele Aspekte der neuzeitlichen Langeweiletheorie bis zur Aufklärung. Mit Pascal teilt er sich in die Einschätzung der Langeweile als eines Phänomens, das Sinnbedingungen erschließt, allerdings mit entgegengesetzter Intention: die Erfahrung der Langeweile – für Pascal unter Umständen läuternde Erfahrung innerweltlichen Sinn-Mangels – soll gerade vermieden werden. Die Gefährdungen aus der bürgerlichen Ökonomisierung von Zeit bzw. Gegenwart zum Transitivum, die arbeitstherapeutische Rechtfertigung noch des Gesamtlebens sind überall spürbar in Kants Deskriptionen. Man kann sie auch als *Anklage* der Mediatisierung des lebenszeitlichen Augenblicks lesen. „Der größte Sinnengenuß, der gar keine Beimischung von Ekel bei sich führt, ist im gesunden Zustande *Ruhe nach der Arbeit.*" (276) Um ein Mittel der Seelengesundheit abgeben zu können, muß die Arbeit als existentieller Selbstzweck angesetzt werden. Das darin liegende Angebot des Fiktionalismus, des ‚Als Ob', entgeht der zynischen Pointe nur in solchen Fortbildungen des Kantianismus wie etwa der Spieltheorie eines Friedrich Schiller. Die zweckhafte Zwecklosigkeit des Spiels, der spielende Ernst stellt den gan-

---

37 Zit. nach: Völker, Langeweile, 159.
38 Friedrich Nietzsche, Werke, hrsg. von Karl Schlechta, drei Bände, München 1960, II, 191.

zen Menschen nach und dar, zu dessen Ganzheit nun aber deren Bewußt-
sein gehören soll.[39] Doch wäre eine durchweg *bewußte* Lebenserfahrung
durch einen Ekel an allen lebensimmanenten Sinnsetzungen, als bloßen
Gaukelspielen des ‚Lebenstriebes', ‚Empfindungstriebes', bedroht. Dieser
Ekel an den immer nur aushilfsweisen, partialen Vergewisserungsmöglich-
keiten der Daseins-, Gefühls-, Seelen-, Lebensganzheit ist ein romantisches
Thema. Es hat sich aus der Erfahrung ergeben, daß der Griff nach dem
Ganzen von diesem gerade eximieren kann, in eine spielerische Scheinexi-
stenz hinein.

4. Romantisches Intermezzo

Kant hatte es in der entsprechenden Passage seiner „Anthropologie" ver-
mieden, die Langeweile anders denn als ‚Affekt' zu behandeln, zuzuord-
nen also den „Gefühlen der Lust und Unlust, die die Schranken der inneren
Freiheit im Menschen überschreiten"; als ‚Leidenschaft' wäre sie eine
Sache des Begehrungsvermögens geworden (vgl. ApH, 235). Von der
Leidenschaft der Langeweile sprechen dagegen L. Tieck und F. Schlegel;
Novalis gar von der ‚Begeisterung der Langeweile'. Das alles ist sicherlich
mit viel Freude an der Provokation gesagt. Dennoch läßt sich nach *objekti-*
ver Veranlassung wie *heuristischer Tauglichkeit* einer derart aufgewerteten
Langeweile fragen.

Ersteres betrifft das im 18. Jahrhundert etablierte Autonomie-Ideal aus
Arbeit, Einsamkeit, Leistungswillen, dessen Musterfall der ununterbrochen
mit kulturverbessernden Projekten beschäftigte Gelehrte ist. Dessen seelischer Zustand erscheint den Romantikern so erbarmungswürdig wie der
Wert einer auf Verstandesarbeit gegründeten Zivilisation fragwürdig. Beides versagt offenkundig gegenüber dem aufklärerischen Postulat des
Gleichgewichts aller Seelenvermögen selbst. Indem die Romantiker, vorbereitet durch die Kritik der Empfindsamen und die Rebellion des Sturm
und Drang, dieses Versagen als objektiven Befund nehmen, treiben sie
Kultur-, Gegenwarts-, Fortschrittskritik.

Letzteres betrifft auch den Umgang mit humaner Zeit selbst, wie er sich
in der überall wuchernden Langeweile manifestiere. Die Romantiker suchen dem Überdruß an der bürgerlichen Arbeits- und Leistungsethik die
Aura des Pathologischen zu nehmen oder – Vorgriff auf Weltschmerz und

---

39 Vgl. Rolf Strube, Friedrich Schiller: Vollzug der doppelten Natur des Menschen im Spiel, in: Weiland (Hrsg.), Philosophische Anthropologie der Moderne, 39–47, hier: 42f.

Dandytum – werten die durch Langeweile indizierte ‚krankhafte' Abwei-
chung zum sittlich-intellektuellen Elite-Ausweis um. Während Langeweile
und Müßiggang von Autoren des 18. Jahrhunderts wie J. Locke noch pathologisiert und kasernierte Zwangsarbeit als Kur empfohlen wurden,[40] gilt
um 1800 vielen Autoren der Ennui oder seine Drohung als allgemeines
Kulturphänomen. Selbst im Umkreis von Wielands Anakreontik sieht man
in ihr den „gewaltigen Plagegeist", der „das *halbe* Menschengeschlecht ...
unter seinem Drucke" hält – „wenigstens in den cultivirten Ländern".[41]
Eine metaphysisch aufgeladene Gestimmtheit entspricht dem. Die Langeweile ist aus ihrer vormals engen Verbindung mit Melancholie und Hypo-
chondrie gelöst, sie gerät zur Indikator- und Schlüsselstimmung, ob nun
„für die Bürde des Lebens" (K. P. Moritz)[42] oder für „das gegenwärtige
Zeitalter" (J. G. Fichte). Mit Fichtes einschlägigen Vorlesungen ist die
Langeweile in eine Geschichtsphilosophie großen Stils eingearbeitet. Das
Zeitalter der einseitigen Verstandeskultur habe mit seinem entsprechenden
Autonomieideal die – dem seligen Leben notwendige – Verbindung des
Menschen zur Transzendenz, zum Unendlichen gekappt. Die ‚Leere', die
ihren Platz einnahm, sei positiv fühlbar. „Die Idee und allein die Idee füllt
aus, befriedigt, und beseligt das Gemüt; ein Zeitalter, das der Idee entbehrt,
muß daher notwendig eine große Leere empfinden, die sich als unendliche,
nie gründlich zu hebende, und immer wiederkehrende Langeweile offenbart; es muß Langeweile so haben, wie machen. In diesem unangenehmen
Gefühl greift es nun nach dem Witze; entweder, um ihn selber zu genießen,
oder um die Langeweile anderer, welche es durch seine Darstellungen zu
erregen sich wohl bewußt ist, dadurch von Zeit zu Zeit zu unterbrechen,
und in die langen Sandwüsten seines Ernstes hier und da ein Körnchen
Scherz zu säen."[43] Als allgemeines Zivilisationsphänomen beschäftigt
Langeweile die Geister weit über die literarische Romantik hinaus. Auch
deren Gegner übernehmen ethisch-intellektuelle Wertungskriterien, die
sich nur als Kompensationsformen der fehlenden Sinntranszendenz in allen
Lebensgebieten begreifen lassen. Zuerst ist das der Maßstab des ‚Interessanten'. Sogar der Verfasser der „Phänomenologie des Geistes" ver-

---

40 Vgl. John Locke, Gedanken über Erziehung, Langensalza 1910, 300f.
41 Vgl. Heinrich Ernst Weber, Das Cultur-Leben, insbesondere das unsers ge-
    genwärtigen Zeitalters, betrachtet als ein vorzügliches Erregungs- und Beför-
    derungsmittel der Langeweile, in: Der Neue Teutsche Merkur, hrsg. von Chri-
    stoph Martin Wieland, Weimar 1808, II/8, 300–323, hier: 300.
42 Karl Philipp Moritz, Gnothi sauton oder Magazin von Erfahrungsseelenkunde
    als ein Lehrbuch für Gelehrte und Ungelehrte, zwei Bände, Berlin 1783–1793
    (Reprint Lindau/Br. 1978), IX, 1, 16f.
43 Johann Gottlieb Fichte, Die Grundzüge des gegenwärtigen Zeitalters. Neu-
    druck aufgrund der 2., von Fritz Medicus hrsg. Ausgabe 1922, Hamburg 1956,
    78.

schmäht ihn nicht als Argument gegen den Stoizismus der Selbsterman-
nung, der Selbstfixierung in abstrakter Moralität, der Treue zu einem formalisierten Ich-Bewußtsein – all dieser Garanten des bürgerlichen Ernstes:
„die allgemeinen Worte von dem Wahren und Guten, der Weisheit und der
Tugend, bei welchen er stehen bleiben muß, sind daher wohl im allgemeinen erhebend, aber weil sie in der Tat zu keiner Ausbreitung des Inhalts
kommen können, fangen sie bald an, Langeweile zu machen."[44]

Die jungen Intellektuellen in den Romanen der Frühromantik, sozial
qualifiziert allein durch ihre Fähigkeit zu geistiger Arbeit, kurz: durch
ihre Allverwendbarkeit, artikulieren vielfach das Unbehagen am Umgang mit Zeit im Sinne der Verwertungsrationalität. Die Apologien von
deren Menschenbild erwecken selbst Langeweile, das Feindbild ist ein-
deutig. F. Schlegel: „Ich saß eines Tages bei dem göttlichen Nicolai, als
mich eine heftige *Langeweile* überfiel. Ekel an der Aufklärung."[45] Den
Novalis, Schlegel, Tieck erscheint gerade die Resignation in die gelehrte Selbstbeschäftigung als Langeweile-Palliativ zweifelhaft; der Gelehrte wirkt auf sie vielmehr als Prototyp aller bürgerlichen Berufe aus ver-
äußerlichtem, an die objektive Meßzeit realisationsbedürftiger Vorhaben ausgeliefertem Sinn. Die romantische Alternative im ästhetisch re-
flektierten Genußmenschentum, im Versuch, Herr der eigenen Lebenszeit zu werden durch „rasenden Zeitkonsum" (Tiecks „William
Lovell"), erweist sich als ihrerseits einseitig und überdies als eitle Hoffnung, die in Verzweiflung endet. Jedoch ist dem romantischen Denken
angesichts der Ennui-Drohung die „synthetisch-harmonische Denkfi-
gur", die „bürgerliche Synthese" (P. Kondylis), derart zweifelhaft geworden, daß Einseitigkeit nicht mehr schreckt. Nicht zufällig blüht die
literarisch-philosophische Romantik gleichzeitig mit der Gefühlsphilosophie eines F. H. Jacobi. Emotionalität ist nicht mehr bloß Bestandteil
der Seelenvermögen-Trias, sondern Ermöglichungsgrund alles volunta-
tiv und kognitiv realisierten bzw. konstruierten Sinns; des letzteren Ver-
selbständigung verfällt dem Langeweile-Verdikt: ‚äußerlich', fremdar-
tig, nicht-interiorisierbar. Diese Problemexposition bezeichnet einen
Wendepunkt in der philosophischen Geschichte der Gefühle. Sie ist vor
allem, wenngleich nicht ausschließlich, eine ‚romantische' Leistung.
Von den frühen Romantikern geschätzte Autoren wie J. Paul oder ein
ihnen nahestehender Außenseiter wie H. v. Kleist hielten im fraglichen
Zeitraum immerhin noch unbeirrt an einem gelehrten Autarkie-Ideal
fest: „Langeweile ist nichts als die Abwesenheit aller Gedanken, oder
vielmehr das Bewußtsein ohne beschäftigende Vorstellungen zu sein.

---

44 Georg Wilhelm Friedrich Hegel, Phänomenologie des Geistes, hrsg. von
   Hans-Friedrich Wessels und Heinrich Clairmont, Hamburg 1988, 139f.
45 Zit. nach: Karl Konrad Polheim, Die Arabeske. Ansichten und Ideen aus
   Friedrich Schlegels Poetik, München-Paderborn-Wien 1966, 316.

Das kann aber einem denkenden Menschen nie begegnen, so lange es noch Dinge überhaupt für ihn auf der Welt gibt; denn an jeden Gegenstand, sei er auch noch so scheinbar geringfügig, lassen sich interessante Gedanken anknüpfen."[46] So v. Kleist 1800. Jean Paul fünf Jahre zuvor: „Ein Gelehrter hat keine lange Weile; nur ein Thron-Insaß lässet sich gegen diese Nervenschwindsucht hundert Hof-Feste verschreiben, Gesellschaftskavaliere, ganze Länder und Menschenblut."[47] Umgekehrt war die ästhetische Variante des bürgerlichen Immanenz-Ideals des Sinns, nämlich Stetigkeit, Erhabenheit, Monotonie, ein Topos der Langeweilediagnostik, deren Vorbereitung bis weit zurück ins 18. Jahrhundert (Empfindsamkeit, Ästhetik vs. Logik der Verstandesbegriffe, Rousseau-Rezeption) reicht, ehe sie in Novalis' Frage zur Langeweile der Klassik offenkundig wird: „wie man bey Darstellung des Vollkommenen" die Langeweile vermeide.[48]

Kann diese reichhaltige Langeweilediagnostik *heuristisch* wirksam werden? Taugt den Romantikern der Ennui zur philosophischen Schlüsselstimmung? In einem seiner Fragmente hat F. Schlegel die Langeweile immerhin „die erste Regung ... der Philosophie" genannt (FSKA XVIII, 87)[49]. Die Hastigkeit und Häufigkeit von philosophischen Versprechungen bei romantischen Autoren legt freilich Vorsicht nahe. Zwar ist namentlich die frühromantische Literatur voll von Beispielen mehr oder weniger gelungener Langeweiledeskription. Doch der Fundamentalismus der Langeweile erklärt sich eher indirekt, aus dem – normalbürgerlich verhüllten – Widerspruch zwischen weltimmanentem Glücksverlangen und Aufschub aktueller Glückserfüllungen zugunsten haltbarerer Eudämonien. Dann scheint allerdings die tradierte Metaphysik der Ewigkeit seltsam vom Kopf auf die Füße gestellt – nämlich als philiströs erhoffte endlose Dauer von innerweltlich-kontingenten Wunscherfüllungen. Diese macht dem feineren Geschmack Langeweile. Was die frühe Romantik hier an Einsichten gewinnt, ist *zeittheoretisch* von Belang. Im Gefolge Kants entscheidet man sich für eine Absage an die dogmatisch-ontologisch aufgefaßte Aeternitas – oder für ihre Reformulierung als bloßes Regulativ, das die menschlich-endliche Zeit durch transzendente Sinn*versprechen* zu dynamisieren vermöge. Der Philister freilich nehme das Versprechen für die Erfüllung. Er

---

46 Sämtliche Werke und Briefe, hrsg. von Helmut Sembdner, zwei Bände, München 1961, II, 572.

47 Hesperus, in: Jean Pauls Sämtliche Werke. Historisch-kritische Ausgabe, hrsg. von der Preußischen Akademie der Wissenschaften, Weimar 1927ff., III, 112.

48 Novalis, Schriften, hrsg. von Richard Samuel, fünf Bände, Stuttgart 1960–1988, IV, 435.

49 Friedrich Schlegel, Kritische Ausgabe, hrsg. von Ernst Behler unter Mitwirkung von Jean-Jacques Anstett und Hans Eichner, 35 Bände, 1958ff. (zit. als „FSKA").

glaubt zu fühlen, wo nichts zu fühlen ist. Denn, so F. Schlegel, eine All-Gegenwart ist für uns „insensibel" (VIII, 60). Das Ich, Selbst, Bewußtsein ist seiner im Modus der arbeitsförmigen Sinnstiftungen, der Projekte gerade *nicht* Herr. Die *Dauer* ist lediglich die – langweilende – Karikatur der Zeit. Die literarische Bebilderung dieses Sachverhalts leistet umfänglich L. Tieck, dessen Philistern Gott, Liebe, Glück und andere Ewigkeitsversprechen oftmals in die Greifnähe eines Bierseidels gerückt sind.[50] Die weltschmerzlichen Helden Tiecks und anderer Frühromantiker agieren die Einsichten dieser Zeitontologie am eigenen Leibe aus. Ein Kenner dieser Gemüts- und Problemkonstellation beschreibt das so: „Die Langeweile ist das Ergebnis einer totalen Antizipation, die die ganze noch kommende Zeit ausschöpft und der die Zeit als lähmend erscheinen muß …"[51] Im Modus des Leidens *an* ihr (und nicht bloß *in* ihr) ist Zeit auf den Begriff zu bringen. Untrennbar vom fühlbar gewordenen An-sich der Zeit ist dann jedoch die Depravierung aller ihrer Inhalte: „Vielleicht gibt es Menschen, die von der Geburt an bis zum Greisenalter nicht zur Zeit erwachen, und erst jenseit die erste Stunde müssen kennen lernen. In der Gleichgültigkeit ist kein Strom; weder Vergangenheit, noch Zukunft, auch keine Gegenwart. Freude, Jubel und Glück sind rasende Kinder, die tobend umherspringen und das zarte Stundenglas zerbrechen; hinter ihnen steht der Tod und Nichtsein – der Himmel gab uns dafür keine Sinne."[52] Empfindung, Gefühl ist in der romantischen Langeweiletheorie zur ontologisch-noologischen Fundamentalsphäre geworden. Nicht mehr bloß inhaltliche Sinn-Vorspiegelungen, etwa durch harmlose Laster oder Zerstreuungen wie noch bei Kant, sind jetzt verlangt, sondern Gefühle überhaupt, Gefühle als solche, um die Leere der selbstreflexiv gewordenen menschlichen Intelligibilität zu füllen. Gewiß sind das zunächst sogenannte negative Stimmungen. Entscheidend für ihre nachmalige Operationalisierbarkeit ist aber etwas anderes. In der traditionellen Anthropologie einer Geist-Natur des Menschen, in der Ansetzung dieses Geist-Zentrums dann wiederum in einer ‚intelligiblen' Sphäre, war noch nicht die Zugänglichkeit (und damit Methodenfähigkeit) dieser anthropologischen Schicht selbst beschlossen. Vielmehr bildete ja der Status der Erkenntnis, der sich auf sie richten könne, einen gewichtigen Anlaß der Diskussion um Kants Kritizismus (Reinhold, Fichte). Die Ro-

---

50 „Sie, / Nur sie steht ewig mir vor Augen! / Kaum heb' ich nur ein Gläschen Bier zum Munde, / So schwimmt ihr Bildniß drin! Von jedem Butterbrot / Schneid' ich mit Künstlersinn mir ihre Silhouette!" (Ludwig Tieck's nachgelassene Schriften. Auswahl und Nachlese, hrsg. von Rudolf Köpke, zwei Bände, Leipzig 1855, I, 88).

51 Manfred Frank, Das Problem „Zeit" in der deutschen Romantik. Zeitbewußtsein und Bewußtsein von Zeitlichkeit in der frühromantischen Philosophie und in Tiecks Dichtung, Paderborn u.a. 1990, 283.

52 Ludwig Tieck, Die Reisenden – zit. nach: Frank, Das Problem „Zeit", 285.

mantiker betrachten die spekulativen Möglichkeiten, die Fichte und der frühe Schelling eröffnet hatten – das Hin- und Herwechseln zwischen empirischem und intelligiblem Ich, Realem und Idealem –, als zunehmend verwirklicht in ihrer eigenen poetisch-philosophischen Produktion. So ist ihnen z.B. die sinnentleerte reine Geist- oder Verstandesexistenz des Menschen eine reale, eben existentielle Möglichkeit. In Langeweile, Gleichgültigkeit, Leere u.ä. ist das Nichts an Sein und Sinn positiv fühlbar geworden. Langeweile als Stimmung hat erkenntniserschließende Kraft: sie offenbart die ontologische Grundlosigkeit des menschlichen Daseins, und sie kann das, weil sie nicht bloß – wie bei Kant – Affekt und gegenstandsverwiesen ist. Bei den Romantikern erhalten vielmehr etliche der stärksten Affekte selbst ihre ungegenständlich-transzendentalen Doppelgänger: die Angst, die Liebe.

„Eine Liebe ohne Gegenstand brannte in ihm und zerrüttete sein Innres" (FSKA V, 35), heißt es in Schlegels „Lucinde". Das bleibt nicht nur Literatur und kostet zuweilen das Leben. Die Briefe der Karoline von Günderrode zeigen, wie mangels politisch-sozialer oder auch nur philosophischer Chancen der ‚Involviertheit' (A. Heller)[53] die Passion der Passionen das ersehnte Langeweile-Substitut wird:[54] „Es gehört zu dem Leben meiner Seele, daß mich irgend eine Idee begeistre; es ist auch oft der Fall; doch muß es immer etwas neues sein, denn ich trinke so unmäßig an dem Nektarbecher bis ich ihn in mich geschlürft haben, und wenn er denn leer ist, das ist unerträglich." (an Gunda Brentano, 19. August 1801) „Mein Leben ist so leer, ich habe so viel langweilige und unausgefüllte Stunden. Gunda, ist es nur die Liebe die in diese dumpfe

---

53 Agnes Heller behandelt die romantische Sehnsucht innerhalb ihrer „Beiträge zur Soziologie der Gefühle": Wir seien hier „Zeugen der Entstehung eines ganz neuen Phänomens: das Erlebnis *des Mangels* an der dem Gefühl (dessen Natur und Anforderungen) *angemessenen Aufgabe. Zwischen der sozialen Möglichkeit* und der durch die gewählten Objektivationen ausgestalteten *Gefühlswelt* können zuweilen außergewöhnliche Spannungen zustande kommen. Das ‚große Herz' fühlt sich zu großen Taten fähig" – und findet sie nicht (ds., Theorie der Gefühle, Hamburg 1980, 254).

54 Die romantische Idee von der Liebe als Langeweile-Substitut wird zum Jahrhundertende einen verbreiteten Topos der Trivialliteratur bilden. In der entwickelten Industriegesellschaft kann nur ‚Liebe als Passion' ein emotionales Gegengewicht zur Langeweile des Utilitären abgeben, wovon zahlreiche Romantitel künden (als Beispiele genannt seien vielgelesene Groschenhefte wie: Ada von Gersdorff, Aus Langeweile, Berlin 1899; Hanns von Zobeltitz, Gräfin Langeweile, Stuttgart 1903. Dort das happy end: „Die Gräfin Langeweile ist tot – aber die Liebe ist erstanden." (86) Zur philosophischen Aktualität dieser literarischen Vorgaben vgl. Jürgen Große, Eros und Ennui, in: Weimarer Beiträge 53 (2007), 283–288.

Leerheit Leben und Empfindung giest? oder giebt es noch andere Empfindungen die dies thun? Es ist hier eine Lükke in meiner Seele; umsonst suche ich sie zu erfüllen, umsonst sie weg zu raisonniren ..." (an
Gunda Brentano, 24. November 1801) „C[reuzer] hat mir oft heilig ver-
sichert, dass schon lange ehe er mich gekannt habe, eine öde Leere, ein
Sehnen nach einer Liebe, wie sie ihm gezieme, ihm bewusst gewesen
sei ..." (an Karl Daub, 1805)[55]

Die gegenstandslosen, mitunter aber auch gegenstandssüchtigen Passionen
zeigen eine geistesgeschichtliche Linie, die über Kierkegaard zu Heidegger
führt. Selbstquäler wie Müßiggänger – beides Versager des bürgerlich-
leistungsbezogenen Umgangs mit der Zeit – behaupten jene Souveränität
der Nichtigkeit, die man der Langeweile, Leere u.ä. sonst eher abfällig
zugeordnet hatte. Die romantischen Zerrissenen sind, wie traditioneller-
weise die Denker und Dichter, die Platzhalter eines naiv-unmittelbaren
Realitätsbezugs. Sie wetteifern „im Lobe der Einsamkeit, der Muße, und
einer liberalen Sorglosigkeit und Untätigkeit!" (FSKA V, 26)

Die Einsamkeit dieser selbstzerstörerischen, aber die conditio humana
erleuchtenden Tätigkeiten parodiert die arbeitsgesellschaftliche Einsamkeit und Freiheit, aber auch die zugehörige, bloß regenerative Geselligkeit. Schlegel spricht von der „Stickluft", „wo eine Menge Menschen im eingeschloßnen Raum beisammen ist" (II, 162). Achim von
Arnim mahnt Bettina: „Vergreife Dich nicht am guten Rufe der Leute
aus gesellschaftlicher Langeweile ..."[56] Zum Ende der romantischen
Kunstperiode wie seines Lebens stellt L. Tieck die Frage nach der Langeweile gleichermaßen epistemisch-kognitiv wie empirisch-existentiell:
„Hast Du in Deinem Leben einmal recht tüchtige Langeweile empfunden? Aber jene meine ich, die zentnerschwer, die sich bis auf den tiefsten Grund unseres Wesens einsenkt und dort fest sitzen bleibt: nicht
jene, die sich mit einem kurzen Seufzer oder einem willkürlichen Auf-
lachen abschütteln läßt, oder verfliegt, indem man nach einem heitern
Buche greift: jene felseneingerammte trübe Lebens-Saumseligkeit, die
nicht einmal ein Gähnen zuläßt, sondern nur über sich selber brütet, ohne etwas auszubrüten, jene Leutseligkeit, so still und öde, wie die mei-
lenweite Leere der Lüneburger Heide, jener Stillstand des Seelen-
Perpendikels, gegen den Verdruß, Unruhe, Ungeduld und Widerwärtig-
keit noch paradiesische Fühlungen zu nennen sind." (1838)[57]

55 Karoline von Günderrode, Der Schatten eines Traumes. Gedichte, Prosa, Briefe, Zeugnisse von Zeitgenossen, hrsg. von Christa Wolf, Darmstadt-Neuwied
   1979, 139, 143, 249.
56 Achim und Bettina in ihren Briefen, hrsg. von Werner Vordtriede, zwei Bände, Frankfurt/M. 1961, 188.
57 Ludwig Tieck, Schriften, 28 Bände, Berlin 1828–1854, XXV, 180.

Kants Anthropologie hatte vor zu intensiver Selbstbeschäftigung gewarnt. Die (frühen) Romantiker sehen dagegen gerade in der „unendlichen Reflexion" – d.h. der von banalen Außenanlässen endgültig emanzipierten Reflexion – ein Transzendenzversprechen, das aus der schlechten Immanenz bürgerlichen Seins herausreißen kann. Das Selbst stößt auf ein Bewußtseinsjenseitiges, vielleicht nur die ihm fremde Außenseite seines faktischen Daseins; die bejahte Langeweile bzw. Gleichgültigkeit vernichtet alles Endliche zugunsten eines Unendlichen. Die Romantiker befreien die Langeweile aus dem moralphilosophischen Kontext – ein wichtiger Schritt auf dem Wege ihrer ontologischen Aufwertung zur menschlichen Grund-Stimmung. Nicht mehr wird im Gelehrtenkämmerlein einsam gegen die Langeweile gearbeitet, sondern die Einsamkeit ist demonstrativ ausgestellt. Darin liegt die Tendenz zu erkenntnistheoretischem Elitarismus und existentiellem Dandytum.

Mit der nunmehr *eingestandenen* Langeweile des Subjekts korreliert – auf der mundanen Seite – die objektive Langeweile des Zivilisationsprozesses. Romantische Selbst- und Weltdeutung im Zeichen des Ennui entsprechen einander in einer ironischen Sozialanthropologie von Langweilern und Gelangweilten. Die spätere Romantik bzw. deren postromantische Kritiker gefallen sich in der Konstruktion von Geschichtsphilosophien der Langeweile.

> Bei Leopardi erscheint die Langeweile als Ziel, bei Kierkegaard als Ursprung zivilisations- bzw. menschheitsgeschichtlicher Bewegung. Leopardi im „Dialog zwischen Plotin und Porphyrios" (1827): „Nichts aber ist vernünftiger als die Langeweile. Alle Freuden sind nichtig. Selbst der Schmerz, ich rede von dem der Seele, ist meistens nichtig: denn wenn du seine Ursache und seinen Gegenstand betrachtest und wohl erwägst, hat er nur wenig oder gar keine Realität. Das gleiche gilt von der Furcht, das gleiche von der Hoffnung. Nur die Langeweile, die immer aus der Nichtigkeit der Dinge entsteht, ist nie nichtig, täuscht nie und beruht nie auf etwas Falschem. Und da alles andere nichtig ist, kann man sagen, daß alles, was das Leben der Menschen an Wesentlichem und Wirklichem besitzt, sich auf die Langeweile beschränkt und in ihr besteht."[58] Kierkegaard in „Die Wechselwirtschaft. Versuch einer sozialen Klugheitslehre", einem Abschnitt von „Entweder – Oder" (1843): „Es ist recht sonderbar, daß Langeweile, die ihrerseits ein so ruhiges und stetiges Wesen ist, eine solche Kraft hat, einen in Bewegung zu bringen." (304) Es folgt die bekannte Geschichte von der Langeweile der Götter vor der Schöpfung, über die Erschaffung der Men-

---

58 Giacomo Leopardi, Ich bin ein Seher. Gedichte italienisch – deutsch, Kleine moralische Werke, Zibaldone: Gedanken zur Literatur, aus dem Italienischen hrsg. von Sigrid Siemund, Leipzig 1991, 316.

schen, babylonischen Turmbau, Roms Untergang bis zur aktuellen dänischen Haushaltspolitik – dem langweilenden Ernst, mit dem die versammelten Stände über Schulden und Einsparungen sprechen (305f.). Die Soziologie der Langeweile weist allerdings ein charakteristisches Ungleichgewicht auf: „Alle Menschen sind also langweilig. Das Wort selber weist die Möglichkeit zu einer Einteilung auf. Das Wort langweilig (kjedsommelig) kann ebenso gut einen bezeichnen, der andere langweilt wie einen, der sich selbst langweilt. Die, welche andre langweilen, sind Plebs, der Haufe, der unendliche Menschenschwarm im Allgemeinen; die, welche sich selbst langweilen, sind die Auserlesenen, der Adel; und es ist recht sonderbar: die, welche sich selbst nicht langweilen, langweilen gewöhnlich andre, die hingegen, welche sich selbst langweilen, unterhalten andre. Die, welche sich nicht langweilen, sind im Allgemeinen die, welche in dem einen oder andern Sinne viel zu tun haben in der Welt, eben deshalb sind diese aber die Allerlangweiligsten, die Unerträglichsten." (307f.)

Leopardi und Kierkegaard bieten Persiflagen christlich-humanistischer Geschichtsteleologie nach dem Durchgang durch die romantische Weltschmerzerfahrung. Sie nehmen den schon vollkommen säkularen Zugriff auf die Langeweile bei den französischen Moralisten wieder auf. Mächtige und Ohnmächtige, Hoch- und Niedriggestellte, Geistlose und Geistvolle sind einander verbunden wie Langweiler und Gelangweilte; die Macher und Mächtigen langweilen sich nie, wie Kierkegaard sarkastisch bemerkt und wie La Rochefoucauld es als Grunderfahrung höfischen Verhaltens beschrieben hatte: „Fast immer langweilt man sich bei Leuten, bei denen man sich nicht langweilen darf." (Reflexionen oder Sentenzen und moralische Maximen, Nr. 352)

5. Schopenhauer

In seinem frühen Hauptwerk „Die Welt als Wille und Vorstellung" (1819) hatte Schopenhauer ausgiebig über die Langeweile nachgedacht, ehe er das Thema noch einmal in den „Parerga und Paralipomena" aufnimmt. Dazwischen liegt ein Menschenalter (die „Parerga und Paralipomena" erscheinen 1851); dennoch sind Schopenhauers Überlegungen werkbiographisch von hoher Kohärenz. Schopenhauer schreibt als Zeitgenosse des romantischen Weltschmerzes, der in den 1830er Jahren die gebildete Jugend Europas weithin erfaßt hat; er erlebt aber auch den Aufstieg der Naturwissenschaften und den Reputationsgewinn des Gelehrten sowie einer sich historischgelehrt gerierenden Philosophie. Damit werden Motive aus älteren Schich-

ten des Nachdenkens über Langeweile wieder aktiviert: der spätaufklärerische Topos vom nützlichen, aber langweiligen Gelehrten, der aggressiv-
einseitige Widerstand gegen die Nützlichkeit seit dem Geniekult des Sturm
und Drang, damit in eins die Umdeutung der Langeweile zur Stimmung
privilegierten Leidens. Schopenhauer vereint und vereinfacht verschiedene
Stränge der Diskussion, das Grundmuster seiner Langeweiletheorie aber
übernimmt er von Kant. Das Pendeln zwischen Langeweile und Schmerz
als elementare Struktur der Affektivität ist – wie bei Kant und in Abset-
zung von der frühen Romantik – abermals und stärker als *anthropologischer* Sachverhalt thematisch.[59]

In „Die Welt als Wille und Vorstellung" akzentuiert Schopenhauer das
Pendel-Theorem auf zweierlei Weise bzw. in zweierlei Zusammenhang.
Das 2. Buch des Werkes endet mit einer eindringlichen Beschreibung der
höchsten Not einer „Welt als Wille". Der blinde, grundlose Wille, der das
Wesen von Welt und Mensch ist, erzeugt auf der Ebene des Bewußtseins
die Phänomene von Erwartung und Enttäuschung. ‚Glück' und ‚Leiden'
sind nur formal durch den Wechsel jener bestimmbar. Langeweile wäre in
dieser Konstellation die endgültige Enttäuschung an Willensmotiven.

> Daher „glücklich genug, wenn noch etwas zu wünschen und zu streben
> übrigblieb, damit das Spiel des steten Überganges vom Wunsch zur Be-
> friedigung und von dieser zum neuen Wunsch, dessen rascher Gang
> Glück, der langsame Leiden heißt, unterhalten werde und nicht in jenes
> Stocken gerate, das sich als furchtbare, lebenserstarrende Langeweile,
> mattes Sehnen ohne bestimmtes Objekt, ertötender languor zeigt."
> (WWV I, 241)[60] Denn nur „jeder einzelne Akt hat einen Zweck; das ge-
> samte Wollen keinen" (ebd.).

Wie alle metaphysisch interessierten Langeweiletheoretiker bietet Schopenhauer eine *indirekte* Definition von Glück, mit ungewöhnlich starker
Zeit-Konnotation: Glück ist nicht bloß Absenz von Leiden (oder Fühlen),
sondern schneller Wechsel von Bewußtseinszuständen. Verschiedene Aus-
blicke eröffnen sich: Glückstechniken etwa durch methodisches Wunsch-
Aufschieben; auch eine Soziologie, wonach Entbehrung die Langeweile

---

59 Schopenhauer ist nicht durchweg in anthropologischen Übersichtsdarstellun-
    gen vertreten. Als eine der Ausnahmen vgl. Friedhelm Decher, Arthur Scho-
    penhauer. Die Welt als „Makranthropos", in: ds./Jochen Hennigfeld, Philoso-
    phische Anthropologie im 19. Jahrhundert, Würzburg 1991, 95–108.
60 Arthur Schopenhauer, Sämtliche Werke, hrsg. von Wolfgang Frhr. von Löhn-
    eysen, fünf Bände, Leipzig 1979 (Bd. I und II: „Die Welt als Wille und Vor-
    stellung" – zit. als „WWV I" und „WWV II", Bd. IV und V: „Parerga und Par-
    alipomena" – zit. als „PP I" und „PP II").

des armen Mannes ist, der gerade nicht die Bedingungen raschen Wechsels zwischen Wunsch und Wunscherfüllung in der Hand hält.

Im 4. Buch seines Hauptwerkes, das die Willensthematik des 2. wieder aufnimmt unter dem Titel „Bejahung und Verneinung des Willens", läßt sich Schopenhauer ungleich ausführlicher zur Langeweile vernehmen. Sie ist jetzt explizit als *anthropologischer* Sachverhalt benannt. Kants Pendeltheorie der conditio humana und den romantischen Ennui an arbeitsweltlich garantierter Gegenwart des Zufriedenstellenden führt Schopenhauer in einer Theorie des menschlichen Wollens wie folgt zusammen:

> „Die Basis alles Wollens aber ist Bedürftigkeit, Mangel, also Schmerz, dem [der Mensch] folglich schon ursprünglich und durch sein Wesen anheimfällt. Fehlt es ihm hingegen an Objekten des Wollens, indem die zu leichte Befriedigung sie ihm sogleich wieder wegnimmt; so befällt ihn furchtbare Leere und Langeweile." (427f.) Die Not der Langeweile und damit die metaphysische Leere des Daseins als solchen empfinden die zu dauerhafter Wunschbefriedigung Privilegierten: „Was alle Lebenden beschäftigt und in Bewegung erhält, ist das Streben nach Dasein. Mit dem Dasein aber, wenn es ihnen gesichert ist, wissen sie nichts anzufangen." (429)

Das immanente Telos des Daseins ist das Wohlsein bzw. das Wohlleben. Hier trennt sich Schopenhauer von Kant, hier beginnt die metaphysische Dramatisierung seiner Langeweiledeskription. Schopenhauer setzt ganz realistisch bei der populären Glücksdefinition einer Selbstbestätigung und Steigerung des individuellen Daseins an, die darum aber – durch Langeweile enthüllt – zur sozusagen existentiellen Enttäuschung wird. Das kantische „sein Leben fühlen" ist in Schopenhauers Anthropologie der Langeweile gerade die Charakteristik des Unglücks. Schopenhauer teilt die Mehrheitsmeinung der anthropologischen Tradition, daß der Wunsch Mangel sei, Wunscherfüllung also nur eine Art Nullzustand von unendlich kleiner Fühlbarkeitsdauer bedeute. Damit wird die Struktur von Wunsch und Wunscherfüllung jener von Not und Langeweile analogisierbar. Die Langeweile ist die explizite (bewußtgewordene) Form des Glücks. Not und Langeweile bilden einen lebenszeitlichen Zyklus, der unabhängig ist von der Kontinuität aller weltgeschichtlichen (z.B. zivilisatorischen) Projekte. Daher der vielbemerkte ,Ahistorismus', ja ,Antihistorismus' Schopenhauers als Konsequenz einer asozialen Sicht aufs Soziale: „Die Langeweile aber ist nichts weniger als ein gering zu achtendes Übel: sie malt zuletzt wahre Verzweiflung auf das Gesicht. Sie macht, daß Wesen, welche einander so wenig lieben wie die Menschen, doch so sehr einander suchen, und wird dadurch die Quelle der Geselligkeit." (430) Im Zusatzband von 1844 heißt es dazu bitter, Not und Langeweile seien „die Peitschen, welche die Bewegung der Kreisel unterhalten" (II, 465). Schopenhauers Entfernt-

heit von kulturkritischen Geschichtsphilosophien der Langeweile wie derjenigen Fichtes oder mancher Romantiker verhindert eine Auffassung der
Langeweile als Movens – Langeweile als Erzeugerin weltgeschichtlicher
Projekte. Das unterscheidet ihn von seinen geistesgeschichtlichen Nachfah-
ren wie N. G. Dávila und E. M. Cioran oder von älteren konservativen
Zeitgenossen wie Gentz und Burke. Aktiv ist vornehmlich der Schmerz
bzw. die Not, nur sie bringen es fertig, „den Tanz von vorn zu beginnen;
denn zwischen Schmerz und Langeweile wird jedes Menschenleben hin
und her geworfen": Kann der Mangel (die Not) „endlich in keiner andern
Gestalt Eingang finden, so kommt er im traurigen, grauen Gewand des
Überdrusses und der Langenweile, gegen welche dann mancherlei versucht
wird." (I, 432)

Wenn Schopenhauer von *dem* Menschen redet und nicht von *den* Menschen bzw. *der Menschheit*, dann drückt sich darin auch eine methodisch
und metaphysisch relevante Entscheidung seiner Langeweiletheorie aus.
Der Wille drängt im Menschen auf die Sorge ums individuelle Dasein, das
ist ein ebenso ahistorisches wie asoziales Faktum. Gesellschaft ist nur über
Geselligkeit, diese wiederum über die Not der Langeweile vermittelt. Obwohl Schopenhauer auch eine Langeweile der unteren sozialen Schichten
kennt, ist seine Problemexposition doch an der traditionellen Erfahrungs-
welt der Oberschicht-Langeweile (Salon, Soupers etc.) orientiert. Methodischer wie metaphysischer Individualismus lauten in den „Parerga" so:

> „Bekanntlich werden Übel dadurch erleichtert, daß man sie gemein-
> schaftlich erträgt: zu diesen scheinen die Leute die Langeweile zu zäh-
> len; daher sie sich zusammensetzen, um sich gemeinschaftlich zu lang-
> weilen. Wie die Liebe zum Leben im Grunde nur Furcht vor dem Tode
> ist, so ist auch der *Geselligkeitstrieb* der Menschen im Grunde kein di-
> rekter, beruht nämlich nicht auf Liebe zur Gesellschaft, sondern auf
> Furcht vor der *Einsamkeit* …" (PP I, 504 F.) „Sonach hat, wer sich zei-
> tig mit der Einsamkeit befreundet, ja sie lieb gewinnt, eine Goldmine
> erworben." (507) Die Existenzsicherung ist ein zutiefst individuelles
> Geschäft: „Also ist die erste Aufgabe, etwas zu gewinnen, und die
> zweite, dasselbe, nachdem es gewonnen ist, unfühlbar zu machen, in-
> dem es sonst eine Last ist. … so findet man einige Zwischenräume
> schmerzloser Existenz, auf welche sogleich die Langeweile Angriff
> macht und welche neue Not schnell beendigt." (II, 338)

Die zuletzt angeführte Überlegung aus den „Paralipomena" („Zur Lehre
von der Nichtigkeit des Daseins") verweist aber auch auf die metaphysische Chance in der Langeweile-Situation eines einsamen, materiell abgesicherten Daseins. Sie besteht in einer möglichen Selbsterkenntnis des Willens, der sich von seinen Objekten trennt. Diese Konzeption ist mit einigen
Schwierigkeiten verbunden, die über jene aus der Erblast religiöser Selbst-

und Weltüberwindungsproblematik hinausgehen. Zunächst einmal scheidet
für Schopenhauer die im Idealismus à la Hegel sowie bei manchen Romantikern gängige Konzeption einer Erlösung via Durchbruch in neue Zeitlo-
sigkeit, ewige Gegenwart ohne schmerzende Wunsch-Erfüllung-Spannung
durch Subjekt-Objekt-Identität, aus. Die Beschränkung auf unzerspaltene
Gegenwart und ihr Glück bleibt den Tieren, überhaupt den niederen Stufen
des Vitalen vorbehalten (vgl. PP II, 349). Es gibt keine innerzeitlichen und
-geschichtlichen Erlösungen, der Wille selbst spannt im Menschen die
Idealität der Zeit als Leidens- und Langeweilebedingung auf. Die Zeit-
überwindung muß tiefer ansetzen. Hierfür hat allerdings die Langeweile
heuristischen Wert. Mitten aus dem Leben heraus offenbart sie seinen Unwert, seine Nichtigkeit. Mit der Übertragung der Wertfrage von einzelnen
Erfahrungen im Leben auf dessen Gesamtheit verläßt Schopenhauer, der
„Thronerbe Kants", freilich das transzendentalphilosophisch Zulässige.
Seine Überlegung ist: „Wenn nämlich das Leben, in dem Verlangen nach
welchem unser Wesen und Dasein besteht, einen positiven Wert und realen
Gehalt in sich selbst hätte; so könnte es gar keine Langeweile geben: sondern das bloße Dasein an sich selbst müßte uns erfüllen und befriedigen."
Reine Willenshaftigkeit wie reine Kontemplativität entheben der Konfron-
tation mit dem nackten Dasein. Doch wofern „wir nun nicht in einem jener
beiden Fälle begriffen, sondern auf das Dasein selbst zurückgewiesen sind,
werden wir von der Gehaltlosigkeit und Nichtigkeit desselben überführt –
und das ist die Langeweile." (339) Bereits 1819 gibt sich diese Hoffnung
faktisch als Rückgriff auf Selbstbeherrschung à la Spinoza oder Seneca:
„eine solche Reflexion, wenn sie zur lebendigen Überzeugung würde",
könnte „einen bedeutenden Grad stoischen Gleichmuts herbeiführen und
die ängstliche Besorgnis um das eigene Wohl sehr vermindern" (WWV I,
433). So fällt die Langeweile in den Kompetenzbereich einer allgemeinen
Schmerzminimierungstechnik, die – zeitgemäß naturalistisch – mit definierten Quanta argumentiert: die „paradoxe, aber nicht ungereimte Hypo-
these" könnte lauten, „daß in jedem Individuum das Maß des ihm wesentlichen Schmerzes durch seine Natur ein für allemal bestimmt wäre, welches Maß weder leer bleiben noch überfüllt werden könnte, wie sehr auch
die Form des Leidens wechseln mag" (ebd.). In dieser Perspektive bilden
Freude und Schmerz eine konträre Beziehung, die man durch Einschränkung ihrer zeitlichen Dimension tendenziell verschwinden lassen kann.
„Nur dadurch, daß Schmerz oder Freude von der Zukunft borgten, konnten
sie so abnorm erhöht werden, folglich nicht auf die Dauer." (434) Spinoza
wußte allerdings, daß ein Affekt nur durch einen anderen zu besiegen ist
und daß der Sieg der affektverhindernden Vernunft selbst der affektiven
Grundlage bedürfe (vgl. Ethica, IV, 7). Die Abschwächung der Affektivität
von Freude und Schmerz ist offensichtlich nicht ohne weiteres auf jene von
Not und Langeweile zu übertragen. Beide bilden bereits auf der psycho-

phänomenalen Ebene einen asymmetrischen Gegensatz. Zudem soll ja die metaphysische Nutzung der Langeweile als Ausstiegschance gerade die Nichtigkeit ('Leere') der Willenswelt als solcher und überhaupt offenbaren. Angesichts dessen liegt die Rückkehr zu einem Dualismus von tätigem und kontemplativem Leben nahe. Schopenhauer wählt diesen Weg, wenn er den Prospekt auf ein willensbefreites, reines Erkennen eröffnet: „Denn das, was man sonst den schönsten Teil, die reinsten Freuden des Lebens nennen möchte, eben auch nur, weil es uns aus dem realen Dasein heraushebt und uns in anteilslose Zuschauer desselben verwandelt, also das reine Erkennen, dem alles Wollen fremd bleibt, der Genuß des Schönen, die echte Freude an der Kunst: dies ist, weil es schon seltene Anlagen erfordert, nur höchst wenigen und auch diesen nur als ein vorübergehender Traum vergönnt ..." (WWV I, 430f.) Daher auch die Binarismen im Aufbau seines Werkes (im Gegensatz zu den auf 'Vermittlung' zielenden Triaden der idealistischen Spekulation!). Mit dem materiell in der Willenswelt abgesicherten, ansonsten aber interesselos sich gebenden Erkennen ist die Nähe zu jenem Philisterium erreicht, von dem die frühen Romantiker fortstrebten.

> Der späte Schopenhauer reflektiert diese Situation der Willenlosigkeit selbst als eine Seltenheit: „Treffen nun aber beide Unnatürlichkeiten, die äußere und die innere, zusammen, so ist es ein großer Glücksfall: denn jetzt wird der so Begünstigte ein Leben höherer Art führen, nämlich das eines Eximierten von den beiden entgegengesetzten Quellen des menschlichen Leidens, der Not und der Langenweile oder dem sorglichen Treiben für die Existenz und der Unfähigkeit, die Muße (d. i. die freie Existenz selbst) zu ertragen, welchen beiden Übeln der Mensch sonst nur dadurch entgeht, daß sie selbst sich wechselseitig neutralisieren und aufheben." (PP I, 409)

Die Schopenhauersche Grundunterscheidung eines notleidenden und eines langeweilegeplagten Daseins bringt das in folgenden Befund: „Dem bei weitem größten Teile der Menschheit ... sind die rein intellektuellen Genüsse nicht zugänglich; der Freude, die im reinen Erkennen liegt, sind sie fast ganz unfähig: sie sind gänzlich auf das Wollen verwiesen." (WWV I, 431) Galt die – romantische – Sehnsucht der Langeweileautoren des 18. Jahrhunderts wie Galiani, Rousseau, Chamfort noch dem arbeitenden Volk, so nimmt dieses nun den systematischen Platz des zur metaphysischen Langeweile unfähigen Banausentums ein. Dieses Arrangement zeigt Langeweile als gleichermaßen epistemisch elitäres wie sozial mehrheitsfähiges Phänomen, nämlich im Dandytum der zweiten Jahrhunderthälfte. Das wird der Topos einer ausgreifenden Kulturkritik, die stets von der

Langweiligkeit derer ausgeht, die sie nicht empfinden.[61] So kann sich selbst Schopenhauers Antihistorismus noch mit einer zivilisationsgeschichtlichen Perspektive verbinden, und dies nicht nur in den Werken seiner Jünger J. Bahnsen und E. v. Hartmann, sondern auch etwa in dem prominenten Aufsatz von K. Rosenkranz „Der Fortschritt in der Einförmigkeit der Civilisation" (1872).[62]

Agenten dieses Fortschritts sind die Kopfarbeiter, die materiell-technisch wie auch ideologisch Nützliches produzieren. Hiergegen hat Schopenhauer auf vorbildliche Weise aufklärerische und romantische Philisterkritik zusammengeführt. Dem Theoria-Ideal einer Erlösung vom Griff des Willens und seiner Not entspricht ein perzeptiver Erkenntnisbegriff. Willensbefreite Erkenntnis ist Schauen, nicht Schaffen. Die Schau muß jederzeit möglich sein, im Idealfall ohne Zeitindex, so wie die künstlerische und philosophische ‚Idee'. Diese gibt sich ganz als das, was sie ist, macht Welt und Dasein zudem im Ganzen durchsichtig und befreit sodurch davon. Ganz anders die fachwissenschaftlichen Projekte, die Sinn nur durch Zusammenhang ergeben, darin das Zwangskontinuum der Ursachen und Wirkungen abbilden („Unterworfen dem Satz vom Grunde"). Hier wirkt ein Wille, der über sich selbst nie zur Aufklärung kommt und der außenstehenden Betrachtern Langeweile macht. Geistige und körperliche Arbeit sind strukturell nicht mehr verschieden, wo Geistesschaffen Konstruktion (Arbeit) statt Rezeption (Genuß) bedeutet: „Überhaupt ist so ein exklusiver Fachgelehrter dem Fabrikarbeiter analog, der sein Leben lang nichts anderes macht als eine bestimmte Schraube oder Haken oder Handhabe zu einem bestimmten Werkzeuge oder [einer] Maschine, worin er dann freilich eine unglaubliche Virtuosität erlangt." (PP II, 571) Das unaufhörliche Fortgleiten von einem Gegenstand zum nächsten bietet ein Bild des Stumpfsinns: „Diese Praxis ist der Grund, warum die Gelehrsamkeit die meisten Menschen noch geistloser und einfältiger macht, als sie schon von Natur sind ..." (578) ‚Weltfremd' im Sinne des aufklärerischen Topos vom weltuntüchtigen Gelehrten ist dieser gerade durch seine Tüchtigkeit in der Welt, die von deren Wesen, ‚Wille' zu sein, nichts ahnt. Derlei Erkenntnis ist eben sukzessive – ‚fortschreitend' – überhaupt nicht zu erwerben, „auch nicht, wenn man auf sechs Universitäten studiert. Es ist nun aber doch nicht anders: aristokratisch ist die Natur, aristokratischer als irgendein Feudal-und-Kasten-Wesen" (PP I, 242). Damit ist das demokratische Konzept der einsamen Selbstbeschäftigung geradezu auf den Kopf gestellt. Die Geistesarbeiter sind nunmehr Prototypen der Philister, deren „transzendentale Definition"

---

61   Vgl. Kessel, Langeweile, 273f.
62   Karl Rosenkranz, Der Fortschritt in der Einförmigkeit unsrer Civilisation, in: Die Gegenwart 2 (1872), 180–182.

lautete, „daß sie Leute wären, die immerfort auf das ernstlichste beschäftigt sind mit einer Realität, die keine ist" (410).

Langeweile bietet für Schopenhauer ein Eingangstor zum bíos theoretikos
unter arbeitsweltlichen Bedingungen. Deren mentalitätsgeschichtliche
Wirkungen sind in Schopenhauers Schriften, so elitär sie die Erkenntnis-
chancen in einer willensdurchherrschten Welt beurteilen, durchaus aufgenommen. Damit sind aber auch die Anforderungen stark gesteigert, unter
denen Langeweile überhaupt ihre metaphysische Entschlüsselungskraft
bewähren kann. Schopenhauer spricht von „zwei Unnatürlichkeiten", die
zusammentreffen müßten, einer inneren und einer äußeren: daß der materiell abgesicherte Mensch seine Muße ertragen könne, daß aber auch sein
Intellekt übers gewöhnliche Maß hinaus entwickelt sei, mithin nicht mehr
bloß im Dienst des Willens stehe (408f.).

6. Rückblick

Im Resümee läßt sich die Sonder- *und* Vorbildstellung der Schopenhauerschen Langeweiletheorie vor allem als eine Leistung von Simplifikation
und Synthese verstehen. Mit der Rückbindung von Langeweile und Not an
die (vorbewußte) Willensnatur des Menschen kann ein großer Reichtum an
Deskriptionen auch anderen philosophischen Interessen nutzbar werden. In
vielerlei Hinsicht hat Schopenhauer mit seiner atheistischen, transzendenzlosen Anthropologie der Langeweile deren gültige Formulierung für nachfolgende Zugriffe (Lebens- und Existenzphilosophie, Nihilismusdiskussion) gegeben. Die eingetretene Wendung zeigt sich zunächst gegenüber der
Romantik. Deren Blick auf Ennui, Langeweile, Verzweiflung war enger
psychologisch bestimmt, daher aber auch mehr dem Empirisch-
Kontingenten verpflichtet. Die meisten Beispiele finden sich hier in Briefen und fiktionalen Texten. Diese zieht Schopenhauer zumeist als Belege
für ein nunmehr anthropologisch bestimmbares Strukturphänomen heran.
Die (frühen) Romantiker beschreiben Sinnschwundeffekte wie Gleichgültigkeit, Langeweile u.ä. oft polemisch, in paradoxer Überhöhung zum
Ausweis des eigenen emotionalen Elitestatus. Man sehnt sich nach Affektivität, selbst Schmerz; verzweifelter Humor verherrlicht die Wonnen des
Gewöhnlichen, die man der eigenen Sensibilität verwehrt glaubt. Schopenhauer dagegen umreißt die Langeweile im Hinblick auf ein reformuliertes
Theoria-Ideal, sie erscheint so selbst als affektive Beunruhigung. Die
Windstille des Gemüts ist wünschbar, eine seelische Zerrissenheit gewährt
nicht notwendig die höhere Einsicht in Mensch und Welt. Gemeinsame

Voraussetzung bzw. wichtige Vorleistung der Romantik für Schopenhauer ist die Entmoralisierung der Langeweile, mitunter fast wieder im Modus der Umwertung, der Übersteigerung einer maliziösen Freude am eigenen Ausnahmestatus. Dadurch erhält Langeweile die Aura eines nicht weiter beherrschbaren Faktums. Als dessen Ursprung erwägen manche romantischen Autoren auch universalhistorische Sinn- bzw. Transzendenzverlustprozesse, bis hin zu den ironischen Geschichtserzählungen Kierkegaards und Leopardis. Dieser Aspekt fehlt bei Schopenhauer, dafür verstärkt und konkretisiert er den Elitarismus der Langeweileempfindung durch Angabe sozial förderlicher Bedingungen. Mit den mancherlei Regeln einer Lebensklugheit nähert sich Schopenhauer wieder *Kant* und der *Aufklärung* an. Deren Arbeitstherapien lehnt er selbstverständlich ab. Aber in der Moralisierung der Langeweile im 18. Jahrhundert war bereits jene Tendenz zur Anthropologisierung beschlossen, die bei Schopenhauer endgültig durchbricht. Die Beherrschung des Phänomens ,Langeweile' ist von göttlichen in menschliche Hände bzw. vom Seelsorger dem Einzelnen, oft Einsamen übertragen. Eine metaphysische Ermächtigung liegt der aufklärerischen Lebenskunst bzw. Diätetik der Seele freilich fern. Nur in Außenseitertexten (Galiani) bzw. außenseiterischen Texten prominenter Autoren (Goethe, Herder) klingt etwas von der möglicherweise welterzeugenden Macht der Langeweile an.[63] Die Betonung der individuellen Verantwortlichkeit für die Langeweile war eine zweischneidige Errungenschaft. Einerseits war damit der Schritt in eine theologiebefreite Lebenskunst und Morallehre getan. Andererseits konnte die mangelnde Beherrschung entsprechender Stimmungen etwas Pathologisches bedeuten. In Kants „Anthropologie" heißen die Leidenschaften generell „Krebsschäden für die reine praktische Vernunft", meist „unheilbar" (§ 81); diese Pathologisierung kehren die Romantiker und ,Zerrissenen' selbstbewußt um. Die metaphysische Emanzipation der Langeweile geht aber mit ihrer Anerkennung als Stimmung (im Unterschied zu ,Affekt' und ,Leidenschaft') einher. Die entsprechenden Definitionen finden sich ähnlich bei Kant und erben sich zu Schopenhauer fort („mattes Sehnen ohne bestimmtes Objekt" u.ä.). Auch hierin kann man, ähnlich wie angesichts der Moralisierung, eine Inversion ursprünglicher Pointen erblicken. Der affektive, unbeherrschbare Charakter der ,langen Weil' galt als – u.a. moralisch – anstößig wegen seiner Entgegengesetztheit zum rationalen Seelenteil. Indem nun immer mehr Langeweile-Indizien dessen *Arbeit* zugeordnet wurden, stieg Affektivität ihrerseits zur Erkenntnispotenz auf. Im passiven, rezeptiven Verhalten lag – gegenüber der bürgerlichen Emsigkeit des Wollens und Handelns – eine

---

63 Vgl. Johann Gottfried Herder über „die liebe Göttin Langeweile, die Mutter so vieler Menschen und menschlicher Werke" (Sämtliche Werke, hrsg. von Bernhard Suphan, 33 Bände, Berlin 1877–1913, I, 139).

Gewähr objektiver Welt-Reflexion. Als gegenstandsloser Affekt, eben als Stimmung, konnte die Langeweile letztlich zur Königin der Affekte aufsteigen, die – da allesamt objektabhängig – in ihr Platz fänden. Als Bedürfniswesen fehlt ‚dem Menschen' von Grund auf das Objekt, daher sein ontologisches *Leiden*. Die *Langeweile* macht das manifest.

III. Transformation in Geschichtsmetaphysik

1. Vorschau: Langeweile, Pessimismus, Nihilismus

‚Langeweile' ist eine Standardformel in der Geschichte des europäischen Pessimismus und Nihilismus.[1] Wo letzterer als „activer Nihilismus",[2] als Verbindung von Welt- und Selbstverneinung,[3] kurz: als Terrorismus konzipiert und praktiziert wird, kommt der Rede von Langeweile, Hohlheit, Fehlen des Sinns eine systematisch hinführende Funktion zu, die sich vor allem an ihrem Einbau in Geschichtsmetaphysiken, in nihilistische Prozeßerzählungen[4] zeigt. Die historische Dimension ist die einzige, die noch offensteht, wenn Theorie und Praxis des terroristisch gewordenen Nihilismus begreiflich werden sollen – angesichts seiner Verneinung von Vernunft und Zukunft als Weg und Ziel des Daseins bleibt nur der Rückblick auf die Ausgangspunkte und Wegmarken dorthin.

Die liberalistische Leitkultur der Gegenwart ist vom Terrorismus, als jüngster Blüte am Stamm des Nihilismus, in eine endgeschichtlich anmutende Verzweiflung getrieben. Können die liberalen Kultur*ziele* noch Wert und Geltung haben, wo alle ihre Kulturmittel sich dagegen wenden lassen? Der aktive Nihilismus ist technisch und ökonomisch auf der Höhe der Zeit,

---

1 „Der moderne Pessimismus ist ein Ausdruck von der Nutzlosigkeit der *modernen* Welt – nicht der Welt und des Daseins", wendet Friedrich Nietzsche gegen die Pessimisten seiner Zeit ein. (Kritische Studienausgabe, hrsg. von Giorgio Colli und Mazzino Montinari, 15 Bände, Berlin-New York, [2]1988 (zit. als „KSA"), XII, 54) *Nihilismus* ist dann offenbar gewordener, auf den Begriff gebrachter Pessimismus. Gemeinsame (historische) Bedingung beider, der sich auch Nietzsches Denken unterstellt, ist aber die *Anwendbarkeit* der Wertfrage auf das Ganze des Lebens, der Welt etc.
2 Vgl. KSA XII, 350f. über „Nihilism" als *„normalen* Zustand": „Sein Maximum von relativer Kraft erreicht er als gewaltthätige Kraft der Zerstörung: als aktiver Nihilism", auch: „Nihilism der That" (XIII, 221). Dieser sei „nicht nur eine Betrachtsamkeit über das ‚Umsonst'", sondern „man legt Hand an, man *richtet zu Grunde*" (59).
3 Dieser aktive Nihilismus sei ein „Zustand starker Geister und Willen" – „das *Nein der That* kommt aus ihrer Natur. Der Ver-Nichtsung durch das Urtheil sekundirt die Ver-Nichtung durch die Hand." (KSA XIII, 60).
4 Vgl. Jürgen Große, Nihilismusdiagnosen. Ihr theoretischer und ethischer Status, in: Dialektik. Zeitschrift für Kulturphilosophie 2005/I, 97–122.

er bedient sich zerstörerisch jener Mittel, deren unaufhörliche Vervoll-
kommnung der liberalistischen Weltgeschichtsutopie (wie bereits, wenn
auch verschämter, der sozialistischen) als Endzweck und einzig denkbare
Form von Geschichtlichkeit gilt. Im nihilistischen Terror triumphiert auf
grausam-ironische Weise das Effizienzprinzip – ein Leben vernichtet sich
mit vielen. Der ideologisch noch ambitionierte Liberalismus reagiert auf
die Herausforderung mit macht- wie geistesstrategischen Dualismen: Der
Terrorismus sei ein Angriff auf ‚die' Demokratie, Kultur, Fortschrittsgeschichte, Zivilisation etc., denen eine auf Zukunft ausgerichtete Prozessua-
lität immanent ist. Als Zukunftsverweigerung (Verzweiflungstat) sei der
Terror etwas der wissenschaftlich-technischen Zivilisation Wesensfremdes.

Ein derartiger Umgang mit dem nihilistischen Phänomen ist durchweg
enthistorisierenden, verräumlichenden Denkmodellen verpflichtet. Einem
zivilisatorischen Innen steht ein barbarisches Außen gegenüber, ‚der Kultur' stößt von dort die terroristische Verneinung als ‚ihr Anderes' zu. Soweit die theoretische Vermessung der Lage.[5] Praktische Aufgabe ist dann,
jenes über Selbstdefinitionen ermittelte Außen auf der Landkarte dingfest
zu machen. Alsdann kann der „Krieg gegen den Terror" beginnen, der sich
seinerseits in punktgenauem Bombardement zu begrenzen verspricht. Der
kulturtragende Weltinnenraum propagiert „Wüstensturm" und „chirurgi-
sche Eingriffe" als – „sensibel geführten" (J. Habermas) – Krieg der Zivilisation gegen ihre Vorstufen, der moralisch-materiell Fortgeschrittensten
gegen die Schlechtweggekommen-Zurückgebliebenen und ihre „Ressenti-
mentpolitik" (N. Bolz).[6] Geopolitik, die von nurmehr einem Zentrum ausgeht, sucht ihre Eingriffe durch räumliche und historische Entferntheit
ihrer Objekte, durch quantitative Abstufungen gegenüber dem kulturellen
Weltmittelpunkt plausibel zu machen: die Peripherie der Welt sei nicht auf
der Höhe des Zentrums. Das ideologische Kämpfertum gegen den ‚activen
Nihilismus' unserer Tage unterscheidet sich darin von den Propaganda-
schlachten zu Beginn des Ersten Weltkriegs. In diesem ersten planetarischen Verteilungskampf um die Rohstoffe menschen- und kulturwürdigen
Daseins fand gleichsam eine Selbstenthüllung des zivilisatorischen Nihilismus statt, dessen Zerstörungskraft überall auf *seinesgleichen* traf: Die
Kriegs- und Vorkriegspropaganda der zwei Blöcke Mittelmächte und En-

---

5 Proben dieser Denkschematik gaben seit dem Herbst 2001 zahlreiche westliche
   Politintellektuelle – von „Kursbuch" bis „Merkur". Zugrunde liegt stets dasselbe manichäistische Konzept eines ‚rein' bzw. ‚autonom' zu erhaltenden westlichen Weltinnenraums, umgeben von einem Außenring kultureller und historischer Heteronomie.

6 Als ein Beispiel für Versuche, Nietzsche zum Hausphilosophen der wachstums-
   ökonomischen Weltverwertung und einer industriegesellschaftlichen Daseins-
   norm zu ernennen, vgl. das Kollektiv-Interview „Was bleibt von Nietzsche?",
   in: Information Philosophie 2005/I, 16–22.

tente mutete distanzicrtere Zeitgenossen nicht zuletzt deswegen grotesk an, weil man bei vergleichbarem Daseinstyp, vergleichbarer technologischer Höhe u.ä. einander wechselseitig als dekadent-faulende oder technokratisch hochgezüchtete Nihilität und Barbarei denunzierte.[7] Der Rückblick aufs Fin de siècle könnte somit manche Simplizismen der gegenwärtigen Terrorismusdeutung vermeiden helfen. Doch muß man so weit zurück gar nicht gehen. Die spatialen Ausgrenzungsmodelle scheitern vielfach schon in Anbetracht der Täterbiographen, wie sie nach den 2001 folgenden Attentaten in weiteren westlichen Metropolen bekannt wurden. So kommt doch noch die historische Dimension ins Spiel: Die Lebensgeschichten der zeitgenössischen ‚activen Nihilisten' sind nämlich gerade *nicht* Biographien von Unterdrückten und Ausgestoßenen, die sich erst Eingang ins Zentrum wünschenswerten Daseins verschaffen müßten. Terror, der von Erniedrigten und Beleidigten ausgeht, richtet sich auf politisch, sozial, kulturell scharfumgrenzte Objekte, aus den konkret angebbaren Anlässen einer Demütigung. Diese sollen, wo nicht vernichtet, so doch versehrt werden. Der nihilistische Terror dagegen, mit seinen symbolischen Zielen und dem unterschiedslosen Töten der zufällig dort Anwesenden, kann nicht mehr bloß Antwort auf eine erlittene Demütigung sein. Seine *Abstraktheit* und *Totalität* repliziert die Selbstdemütigung, die ein Dasein inmitten der nun abstrakt-total angegriffenen Umwelt bezeugt. Nicht mehr einer Minderheit soll ‚Gehör verschafft' werden. Es sind gerade die erfolgreich ‚Integrierten' und in den Lebensstil der okzidentalen Massen Nivellierten, die Nutznießer aller ideellen Möglichkeiten und materiellen Mittel der westlichen ‚Weltzivilisation', die – aufgrund regionalkultureller Erinnerung – den Wert dieses globalzivilisatorischen Daseins *schmecken* konnten, vom Eliteschulbesuch für Diplomaten- und Königssöhne bis hin zum Nachtleben der Metropolen.[8] Den spektakulären Umkehrerlebnissen und Initiationen in eine – wenngleich nur fingierte – vormodernistische, vorindustrielle Welt leibhaftig erfahrbarer Transzendenz geht das lebhafte Gefühl der *Selbst*erniedrigung voraus, die im Auslöschen inkompatibler Herkünfte und in der bedenkenlosen Bejahung hightech-zivilisatorischen Daseinssinns lag. Die Sinnimmanenz der industriellen Welt lähmt, wenn sie ein Gegenstand bewußter Wahl war. Der Terror ist pervertierende Zurückweisung jener nihilistischen Perversion, auf die das Dasein der wissenschaftlich-technischen Wachstumszivilisation irgendwann stoßen muß: In den

---

7 Vgl. zu „Krieg und Kriegspropaganda": Ernst Nolte, Geschichtsdenken im 20. Jahrhundert. Von Max Weber bis Hans Jonas, Frankfurt/M. 1991, 123–141.

8 Vgl. die biographischen Schlaglichter auf die September-Attentäter bei Navid Kermani, Dynamit des Geistes. Martyrium, Islam und Nihilismus, Göttingen 2002, 26–31; zu den Nachfolgern in Europa Sabine Rennefanz, Die Front in der neuen Heimat und Marin Majica, In höherem Auftrag, beides in: Berliner Zeitung Nr. 184 vom 9. August 2005, 2.

westlichen Zivilisationen dient das Dasein nichts anderem als sich selbst, ‚das Leben' ist zugleich Rest- und Höchstwert aus erklärter Transzendenzbefreitheit. Das gilt in der ganzen Ambivalenz dieser Minder- und Hochwertung: alle einstigen Sinn-Transzendenzen müssen ‚dem Leben' dienen, doch kann es nun auch, als Höchst*wert*, selbst gewogen werden. Leben als deklarierter Sinn von Sein ist *erfahrbar* nurmehr als Mehr-Leben, Besser-Leben; Steigerungen, die eine fixierte Qualität als werthaft ausweisen müssen. Diesen Ausweis muß jeder, der ein ‚westliches Leben' führt, gegenüber sich selbst vollziehen, wodurch eine etwaige Sinnleere-Erfahrung schnell das eigene Dasein disponibel werden läßt. Dem Attentäter ist es ein *Mittel* geworden, das seinen Wert hat – im Schlag gegen eine wegen ihrer Entwertungseffekte verhaßte Daseinsform. In der selbstmörderischen Lebensverwertung besteht die Alternative zu einer Daseinsbejahung, die nur quantitative Steigerung ‚des Lebens' auf seinem Erfüllungsniveau, zu seinen Erfüllungsbedingungen bedeutet – Konservierung des Fortschritts,[9] der aber unmöglich eine Totalität *erfahrbaren* Sinns umfassen kann.

Der Fremdling, der erfolgreich ‚Integrierte', ist durch diesen Gefühls- und Gedankenkomplex eher gefährdet als der Ein- und Erstgeborene der neokonservativ oder neoliberal entworfenen Wachstumsparadiese; ihn gefährdet die Idee, daß in der Selbstbejahung des nackten Lebens, in der Selbstbehauptung durch Selbstüberbietung, in der Selbsttranszendierung zugunsten bloß quantitativer Steigerungen eines zivilisatorisch vorgegebenen Seins, eine Selbst*erniedrigung* liegen könne. In der individuellen Verzweiflung darüber schlägt zugleich eine Geschichtsmetaphysik durch, die ‚der Moderne' nämlich, die ihr eigenes Bewußtsein immer nur durch fortwährenden Ausschluß ihres Gegenteils, eines *Nicht-mehr*-Modernen, gewinnt, für die Selbstbewußtsein zu gewinnen aber auch das eigentümliche Seinsgesetz überhaupt bedeutet.[10] Selbstreproduktion über Ausschluß des Gegenteils, Selbstaffirmation des Lebens*faktums* gegen alle Verderblichkeit historisch-konkreter, lokal limitierter Lebens*weisen* – derlei markiert *eine binäre Struktur mit prozessual eindeutiger Ausrichtung:* aus dem Sein ins So-Sein, aus der Not in die Notlosigkeit, aus dem Schmerz des Konkreten in die Langeweile des Abstrakten, aus der Erfahrung in die Reflexion. Schwarze Romantik, Weltschmerz, Nihilismus und Pessimismus des 19. Jahrhunderts haben diese zivilisationsimplizite Geschichtsmetaphysik stets drohenden Überdrusses an der bejahten Faktizität des eigenen Seins, das

---

9   Nicht umsonst finden sich die wachstumsweltlichen Progressisten unserer Zeit zum politischen Konservatismus gedrängt, der sich seinerseits in bloßer Bewahrung der ökonomisch-technischen Wachstumspotenz erschöpft – die Konservativen marschieren heute an der Spitze des Fortschritts, wie F. J. Strauß bereits 1986 feststellte.

10 Vgl. Jürgen Große, Negative Ontologie der Geschichte, in: Zeitschrift für philosophische Forschung 54 (2000), 238–255.

sich nur im Verschleiß dazu heteronomen Seins und Sinns erfährt, mannigfach vorweggenommen. In der Langeweilediskussion von der frühen Romantik bis zur systematischen Explikation des Themas bei Schopenhauer fand das einen ersten Höhepunkt. Um so bemerkenswerter ist die Ratlosigkeit der zeitgenössischen Leitkultur-Leitartikler vor dieser mehrhundertjährigen Überdrußerfahrung und Aggressionspraxis. Der extreme, tatbereite Nihilismus sprießt aus der geistig-materiellen Mitte der industriellen Wachstumstechnologien und -ideologien! Seinen abstrakten Terror haben zuerst Ex-Angestellte des Fortschritts wie T. McVeigh oder der ‚Unabomber' praktiziert. Der in der westlichen Geschichte – nach dem Urteil ihrer Apologeten wie Verächter – kulminierende Weltprozeß (heute schlicht und erhaben betitelt als ‚Evolution') treibt auf die Langeweile einer eingestandenen, bejahten oder ertragenen, immer aber temporalisierten Erfahrung von Sinn-Absenz. Sinn als transzendentes (unverfügbares) Sein ist erfahrbar nur in seinem Schwund. Ein Sinnpositivismus führte zum Nihilismus: Wenn das Leben selbst sinnhaft, Wert, Gut sein soll, *wozu* ist es dann gut?

Die Formel von der Sinn-Leere, Hohlheit, Langeweile wie von der Autodestruktivität der industriellen Zivilisationen ist den aufmerksamen Zeitgenossen so geläufig,[11] daß eher eine Nachzeichnung der Topos-Entstehung als eine Analyse ihrer populären Varianten lohnt: Wie konnte sich die *anthropologisch* festgestellte Langeweile-Teleologie im menschlichen Dasein (s. Kapitel II) mit einer *historischen* Rahmenerzählung vom Zivilisationsschicksal ‚Ennui und Gewalt' verbinden? Im Verfolg dieser Frage gerät man auf eine geistesgeschichtliche Situation, die eher auf ‚Pessimismus' denn auf ‚Nihilismus' lautet und die seit über einem Jahrhundert das durchschnittliche und alltägliche Bewußtsein stärker bestimmt als seine krisenhaft-katastrophischen Verdichtungen in Terrorakten: In der pessimistischen Frage nach dem ‚Werth des Lebens' (früh gestellt bei Schopenhauer und Dühring, dann alternativ beantwortet durch v. Hartmann und Nietzsche) ist die Langeweile des bloßen Lebens und Besser-Lebens im-

---

11 Und nicht etwa bloß als Topos konservativer Kulturkritik – vgl. als einschlägige Gegenevidenz Jan Patočka, Ist die technische Zivilisation zum Verfall bestimmt? in: Ketzerische Essais zur Philosophie der Geschichte und ergänzende Schriften, hrsg. von Klaus Nellen, Stuttgart 1988, 121ff. „Langeweile ist … keine private Erfindung, sondern der ontologische Status einer Menschheit, die ihr Leben ganz der Alltäglichkeit und deren Unpersönlichem untergeordnet hat." (138) Die Langeweile werde „durch totale Mobilmachung nicht geringer, im Gegenteil": Sie dränge sich in den Vordergrund der Szene durch Ästhetizismus und romantischen Protest, auch in greller Gestalt des Konsumangebots als einer durch „positive" Mittel realisierten Utopie, in Gestalt der Vergnügungspflicht als „kollektiver metaphysischer Erfahrung" (140). Politikphilosophisch entspricht ihr das „Konzept der allbeherrschenden Kraft, die sich in Konflikten planetarischen Charakters realisiert" (144).

pliziert, ohne daß hiermit schon über den möglichen – substantiellen oder instrumentellen – Wert dieser Langeweile ihrerseits entschieden wäre.

2. Anthropologische Grundlagen der Historisierung

Als geistesgeschichtliches Phänomen wäre ‚Pessimismus' bis zu Hesiod, Heraklit, den griechischen Tragikern zurückzuverfolgen, noch früher zu verorten in den außereuropäischen Religionen. Als philosophische *Selbstbezeichnung* – allerdings mit Reflexion seiner jahrhundertealten Vorgeschichte – ist er eine verbreitete Erscheinung in der zweiten Hälfte des 19. Jahrhunderts.[12] Seine metaphysische Bedeutung gewinnt er hier aus der Anwendung der Wertfrage auf ein naturalistisch gedeutetes Daseinsganzes. Die ‚wissenschaftlichen Weltanschauungen' ermöglichen und erfordern diese bürgerliche Metaphysik des Wertdenkens als ihren höchsten Einsatz. Was ist der Wert des Daseins? Der Pessimismus stellt diese Frage, die dann der Nihilismus radikal – auch praktisch – beantworten wird. Die pessimistische Lebensbilanz entspricht dagegen noch einer tradiert theoretischen Einstellung zur Welt. Deren emotionale Distanzierung stößt nun aber auf den naturwissenschaftlich induzierten Anspruch immanenter Wirklichkeitsauffassung. Für einen kontemplativen Dualismus ist keine Welt die Mühe des Lebens wert, doch kann das Selbst in einer Verarmung des Weltbezugs, sprich: im kontemplativen Leben, immer noch einen Sinn finden (Schopenhauer). Der naturwissenschaftliche Monismus will solche Exile der Subjektivität freilich nicht dulden. Jenseits emotionaler Involviertheit in der Welt soll es ihr trotzdem – im wissenschaftlichen Vorstellen nämlich – zugehören können. Vermag aber das Selbst sich im gleichen Modus zu betrachten wie seine Welt? Der metaphysische Pessimismus korreliert mit einem Bild von der Welt, worin das Selbst zwar integriert, aber nicht emotional involviert ist; die Gesamtansicht solches rein wissenschaftlich erfaßten Daseins ist die Langeweile: Die Abschätzung des Daseins, die Frage nach seinem ‚Wert', erfolgt aus einem emotionalen Nirgendwo heraus. Die Leere an emotionalen Bezügen entspricht dabei direkt der Potenz zur wissenschaftlichen (und technischen sowie ökonomischen) Weltbeherrschung. Der geistesgeschichtlich primäre Ausdruck dieser Asymmetrie ist der Pessimismus des – durch die neuzeitliche Naturwissenschaft allmächtig gewordenen – theoretischen Menschen, für den das ge-

---

12 Vgl. Michael Pauen, Pessimismus. Geschichtsphilosophie, Metaphysik und Moderne von Nietzsche bis Spengler, Berlin 1997.

samte emotional-sinnlich qualifizierte Dasein zu einer kaum tragbaren Last geworden ist.

Schopenhauers Anthropologie bot den direkten oder wenigsten indirekten Anknüpfungspunkt für all jene Autoren, die in Selbst- und Weltbezug ein fundamentales Ungleichgewicht zwischen Lust und Unlust, Glück und Unglück, aber auch Sinn und Unsinn, Sein und Nichts erblickten. Die hierfür tragenden Begriffspolarisierungen ergeben sich aus semantischer Überlagerung – etwa einer ontologischen und einer noologischen, einer substanz- und einer bewußtseinsphilosophischen, einer transzendentalen und einer empirischen Sprechweise. Sie versetzen jeweils den Philosophierenden, den Wertenden, Reflektierenden, Räsonierenden, in die von ihm bedachte Struktur selbst. Das Denken des Nihil ist seinerseits ontisch bestimmt: Aus einem Nichtsein von Gefühlen sucht man z. B. die Gesamtheit von Gefühlsbedingungen durchsichtig machen, aus eigener Willen- und Antriebslosigkeit eine Langeweile ins metaphysisch zu Relevante wenden. Oder der metaphysische Pessimist führt seine eigene psychische, kulturelle, philosophische Sensibilität gegenüber stumpfsinnigen Faktizitäten ins Feld, gerade weil und wofern er sie theoretisiert. Die Pessimismusliteratur belegt das in der Breite, von sehr simplen Modellen (dumm = glücklich) bis zu komplexen Deduktionen der Gründe zivilisatorischer Gereiztheit und Unzufriedenheit. Der *Langeweile* war in all diesen Überlegungen schon deshalb ein Platz sicher, weil ‚Pessimismus' per se asymmetrische Strukturen, ontologische und noologische Ungleichgewichte impliziert, der Unlust also z. B. nicht eine Lust, sondern ein Nichts, eine Leere, als Gefühlsrealität mithin eine Langeweile gegenüberstellen mußte. Die geschichtsphilosophische Wendung der Langeweile-Problematik war naheliegend, wo die asymmetrische Struktur als solche und als ganze in den Blick kommen sollte. Damit änderte sich freilich auch der supponierte Standort des Betrachters: seine Befunde mußte er nun gleichsam objektsprachlich formulieren, als empirisch Beobachtender von Leiden *und* Langeweile des Daseins, was eine Ent-Metaphysizierung des Langeweilephänomens verhieß und sich nicht zuletzt in dem verbreiteten Anspruch widerspiegelte, ‚Resultate nach induktiver Methode' zu geben. Schopenhauer hatte die Langeweileproblematik als eine *anthropologische* festgestellt, das blieb sie auch bis zu Heideggers massiven Einwänden gegen die Anthropologie als Anwärterin auf den systematischen Platz einer prima philosophia.[13] Schopenhauer interpretierte Erfahrungen des Ennui ahistorisch, als einer überzeitlichen Struktur geschuldet. Einer historischen Applikation stand aber nichts im Wege, sofern diese sich als exemplarische Bebilderung philosophischen Wissens verstand. Die Pendel-Struktur von Not und

---

13 Vgl. Martin Heidegger, Was ist Metaphysik? Frankfurt/M. 1992, 46f.; Was heißt Denken? Frankfurt/M. 2002, 87ff.

Langeweile mußte hierzu nur auf eine überindividuelle Diachronie abgebildet werden – auf Weltgeschichte, -geschehen, -prozeß. Mochte sie unter dieser auch verdeckt sein, so blieb doch eine statische Anthropologie stets der Rahmen eines solcherart historischen Deutungsversuchs. Schopenhauer hatte die Abfolge von Daseinssicherung und -gestaltung, von Seinserhaltung und Sinngebung als ‚Tanz' und ‚Kreislauf' beschreiben, dessen Anfang und Ende je durch Mangel und Sättigung, Schmerz und Langeweile markiert würden und worin eine eindeutige Teleologie waltete: „Was alle Lebenden beschäftigt und in Bewegung erhält, ist das Streben nach Dasein. Mit dem Dasein aber, wenn es ihnen gesichert ist, wissen sie nichts anzufangen: daher ist das zweite, was sie in Bewegung setzt, das Streben, die Last des Daseins loszuwerden, es unfühlbar zu machen, ‚die Zeit zu töten', d.h. der Langenweile zu entgehen." (WWV I, 429)[14] Die Kernstruktur dieser – laut Schopenhauer (und Kant) – unaufhörlichen Kreisbewegung ließ sich leicht ins Weltgeschichtlich-Prozeßhafte, in Kulturdiagnostik und Zivilisationskritik überführen. Die überindividuell-prozeßhafte Auslegung bedeutete freilich auch eine Ablösung aus dem von Kant ererbten zyklischen Modell: Befriedigung/Langeweile – neuer Mangel bzw. Schmerz – Anreiz zur Schmerzbeseitigung – Arbeit daran – Befriedigung – Langeweiledrohung etc. Die Ausweitung der Langeweile-Anthropologie in geschichtsmetaphysischer Absicht mußte auf Finalisierung und ontologische Kontinuität des ennuigenerierenden Geschehens drängen, die strikte Teleologie des Prozesses seine Einmaligkeit verbürgen. Genau diese Applikation leisteten Schopenhauer-Schüler wie P. Mainländer und E. v. Hartmann, die heute zumeist nur noch als obskure Protagonisten der Pessimismus-Diskussionen im 19. Jahrhundert erwähnt werden. Ihren Ausgangspunkt bilden – wie beim verehrten Meister selbst – eudämonologische Überlegungen und ein methodischer Individualismus; der erste Teil einer berühmten Pessimismusdefinition trifft sicherlich auf diese beiden Autoren zu: „Im Pessimisten vereinigen sich eine unwirksame Güte und eine unbefriedigte Bosheit." (E. M. Cioran) Immerhin haben sich v. Hartmann und Mainländer intensiv mit gesellschaftlichen Problemen, mit den sozialistischen und kommunistischen Emanzipationsbestrebungen ihrer Zeit auseinandergesetzt und Schopenhauers Ahistorismus als moral- und sozialphilosophisch unzulänglich gerügt. Zudem bot Schopenhauers Willensmetaphysik dem Ehrgeiz mancher ihrer Adepten, die liberal-kapitalistischen Glücksversprechungen zu Ende zu denken und zu überschreiten, kaum einen ‚induktiven' Anhaltspunkt – wie unterm Erfolgsdruck der ‚naturwis-

---

14 Arthur Schopenhauer, Sämtliche Werke, hrsg. von Wolfgang Frhr. von Löhneysen, fünf Bände, Leipzig 1979 (Bd. I und II: „Die Welt als Wille und Vorstellung" – zit. als „WWV I" und „WWV II", Bd. IV und V: „Parerga und Paralipomena" – zit. als „PP I" und „PP II").

senschaftlichen Methode' im 19. Jahrhundert gefordert. Der philosophische Pessimismus besonders seit den Gründerjahren war *eine* der Antworten auf Langeweileerfahrungen wie auch -prospekte der sich formierenden Wohlstands- und Wachstumsgesellschaften. Allen Antwortversuchen gemeinsam ist die geschichtliche Perspektive.

3. Vor- und nachgeschichtliche Langeweile

Um den z.T. bizarr anmutenden Umgang Mainländers und v. Hartmanns mit dem Langeweilephänomen einordnen zu können, ist ein Rückblick auf Reflexionen seitens ihrer philosophischen bzw. gesellschaftstheoretischen Konkurrenz notwendig. Dabei wird ein ideologisches Konfliktmuster sichtbar, worin ‚Geschichte' als Ursache oder als Palliativ von Langeweile erscheint – jedesmal gehalten gegen einen Kontrastgrund hypothetischer Vor- und Nachgeschichten.

Im *Vormärz* bildet zivilisationstypische Langeweile einen Gegenstand intensiven Nachdenkens in Romantik, Weltschmerz, Frühsozialismus und systemidealistischer Spekulation. Romantiker (Novalis, F. Schlegel, Eichendorff) und vergleichbar sensibilisierte Einzelgänger (J. Paul) sehen einen Zusammenhang zwischen den innerweltlichen Ewigkeiten zivilisationsimmanenter Wertschöpfung und einem Sinnmangel bzw. -verlust.[15] Langeweile erscheint als direkte Folge progressistisch-linearer Zeitvorstellung und Sozialplanung. Das Gegenbild gibt die bunte Anarchie früh- und vorgeschichtlicher Zustände bzw. zivilisatorischer Frühzeiten ab. Die Problematik einer säkularisierten Unsterblichkeit, die von religiösen auf soziale Institutionen und ihre Sinnversprechen übergeht, scheint auch J. G. Fichte nicht völlig fremd gewesen zu sein.[16] Dennoch sind es dann im frühen Vormärz gerade die absoluten Idealismen, in denen am massivsten Kritik gegen den romantischen Zyklen-Sinn geäußert wird: Sinnvoll zeige sich Geschichte nur in zielgerichteter Bewegung, vorgeschichtliche bzw. frühzeitliche Zustände seien in ihrem ewigen Kreislauf sinnleer, daher langwei-

---

15 Vgl. die Seitenblicke auf die romantische Gesamtbewegung bei Günter Strenzke, Die Problematik der Langeweile bei Joseph von Eichendorff, Hamburg 1973, 133ff., 212ff.

16 Vgl. zu der einschlägigen Vorstellung eines „ewigen Concerts, wo nur Halleluja gesungen wird, – wobei ich wenigstens die unausstehlichste Langeweile mir denke": Johann Gottlieb Fichte, Gesamtausgabe der Bayerischen Akademie der Wissenschaften, Stuttgart-Bad Cannstatt 1962ff., IV/1, Nachlaß: Band 4, 344.

lig zu schauen und zu sein: Das „goldene Zeitalter" ist jener „idyllische Zustand", wo der „Mensch sich unmittelbar mit dem begnügt, was ihm die Natur liefert, wodurch alle Leidenschaften des Ehrgeizes, der Habsucht schweigen – Neigungen, die dem höheren Adel der menschlichen Natur zuwider erscheinen. Dies scheint leicht ein idealischer Zustand, und ein gewisser Kreis kann sich auf einen solchen Zustand beschränken. Aber solches Leben wird uns bald langweilig."[17] G. W. F. Hegel kennt freilich auch – wie Fichte – die Langeweile der spätzeitlichen Abstraktion, der inhaltsleeren, formalisierten Ethik etwa (Stoizismus), der mechanisch verfahrenden *Verständigkeit* im Unterschied zur lebendigen *Vernunft* bzw. Wirklichkeit der *Idee*; Fichte schon sah in der Ideen-Leere des „gegenwärtigen Zeitalters" die Hauptursache ihrer „großen Leere" und „immer wiederkehrenden Langeweile".[18] Sozial sensible Weltschmerzler wie G. Büchner und H. Heine schreiben diese Langeweile der Gegenwart einer rigiden Sozial- und Staatsordnung im postnapoleonischen Mitteleuropa zu, erblicken überhaupt die moderne Langeweileerfahrung in temporalen und zuständlichen Ordnungsstrukturen (Bürokratie, Einförmigkeit des Lebens unter den restaurierten Feudalregimes) begründet. Ihre dramatischen und lyrischen Werke zum Ennui berühren sich mit den theoretischen Überlegungen eines Frühsozialisten wie C. Fourier: Dichter wie auch Theoretiker entdecken in der transzendenzlosen bürgerweltlichen Polarität von Selbst- und Gattungserhalt, von Beruf und Familie das Doppelgleis, das direkt in die Langeweile der modernen Welt führen werde. Zivilehe wie bürgerliche Berufsfreiheit bewirkten eine emotionale und intellektuelle Verengung (Spezialistentum), was nur durch gesteigerten utopischen Planungsaufwand für die nachbürgerliche Zukunft der Gesellschaft abzustellen sei.[19]

Die beiden Begründer des historischen Materialismus stimmen den Bestandsaufnahmen Fouriers im wesentlichen zu – der Franzose habe den

---

17   Georg Wilhelm Friedrich Hegel, Vorlesungen über die Philosophie der Kunst, Berlin 1823, herausgegeben von Annemarie Gethmann-Siefert, Hamburg 1998, 109f.

18   Vgl. Johann Gottlieb Fichte, Die Grundzüge des gegenwärtigen Zeitalters. Neudruck aufgrund der 2., von Fritz Medicus hrsg. Ausgabe 1922, Hamburg 1956, 78.

19   Vgl. Charles Fourier, Theorie der vier Bewegungen und der allgemeinen Bestimmungen, hrsg. von Theodor W. Adorno, Frankfurt/M. 1966, 165–167. Entgegen solchen Befunden interpretiert Thomas Nipperdey die Langeweile der Restaurationsperiode nicht aus der Aufspaltung, sondern aus der wechselseitigen Isolation bereits autarker Lebensaspekte: Ein für moderne Gesellschaften typischer Hiatus von privater und öffentlicher Sphäre sei entstanden, dem die Abtrennung subjektiven Sinns vom objektiven historischen Prozeß entspreche – vgl. ds., Deutsche Geschichte 1800–1866, München 1983, 26ff.

Beweis geliefert, „wie man allein durch die Kritik der Bourgeoisie, und zwar der Bourgeoisie in ihren inneren Beziehungen, abgesehen von ihrer Stellung zum Proletariat, zur Notwendigkeit einer sozialen Reorganisation kommen kann. Für diese Seite der Kritik ist Fourier bis jetzt einzig. Fourier deckt die Heuchelei der respektablen Gesellschaft, den Widerspruch zwischen ihrer Theorie und Praxis, die Langeweile ihrer ganzen Existenzweise unerbittlich auf; er verspottet ihre Philosophie, ihr Streben nach der perfection de la perfectibilité perfectibilisante und der auguste vérité, ihre ‚reine Moral', ihre einförmigen sozialen Institutionen, und hält dagegen ihre Praxis, den doux commerce, den er meisterhaft kritisiert, ihre liederlichen Genüsse, die keine Genüsse sind, ihre Organisation der Hahnreischaft in der Ehe, ihre allgemeine Konfusion." (MEW II, 608f.)[20] Die Langeweile der bürgerlichen Welt entspricht ihrer Leidenschaftslosigkeit bzw. einer emotionalen Primitivierung: „Alle Leidenschaften und alle Tätigkeit muß also untergehen in der Habsucht." (MEW, 1. Ergänzungsband, 550)

Den Sachgehalt dieses Befundes könnte man auch bei Spätromantikern und Weltschmerzdichtern dieser Zeit nachweisen. Für Marx und insbesondere Engels, der sich den individuell-erlebnishaften Aspekten der Langeweile qua Ohnmachtserfahrung eingesperrter Subjekte gewidmet hat (Ehe, Familie; Geschäft), bildet Langeweile nun aber nicht die künftige Konsequenz noch ungefestigter sozialer Zustände, sondern ist Ausweis ihrer Veränderungsbedürftigkeit.

„Der Status quo in Deutschland" (1847) besteht in einem „durch die Bürokratie vertretenen Regime" als „politische Zusammenfassung der allgemeinen Ohnmacht und Verächtlichkeit, der dumpfen Langeweile und des Schmutzes der deutschen Gesellschaft. ... Der Grund dieser allgemeinen Misere liegt in dem allgemeinen Mangel an Kapitalien. Jede einzelne Klasse hat in dem pauvren Deutschland von Anfang an den Stempel der bürgerlichen Mittelmäßigkeit getragen. ... Wie ist aus dieser Misere herauszukommen? Es ist nur *ein* Weg möglich. *Eine* Klasse muß stark genug werden, um von *ihrem* Emporkommen das der ganzen Nation, von dem Fortschritt und der Entwicklung ihrer Interessen den Fortschritt der Interessen aller andern Klassen abhängig zu machen." (MEW IV, 50f.)

Die Langeweile des Ancien régime besteht in seiner Geschichtslosigkeit, ihre Überwindung bedarf der Ermutigung der Bourgeoisie als des aktuell geforderten geschichtlichen Agens. Politökonomischer Bürokratismus ist nicht endgeschichtliches Schicksal aus der Kapitalkonzentration, sondern

---

20 Karl Marx/Friedrich Engels, Werke, 43 Bände, Berlin 1956ff. (zit. als „MEW").

deren feudalgesellschaftliches Hindernis. Bei Engels und Marx hat das
Kapital den Weltgeist als geschichteschaffendes Subjekt ersetzt.[21] Solange
es diese Rolle wahrnimmt, sind Gesellschaft und Geschichte von Leidenschaften erfüllt. Mit dieser Prognose setzen sich die Begründer des historischen Materialismus nicht nur in Gegensatz zu ihrem älteren Zeitgenossen
Fourier, sondern auch zu Tocqueville, der bereits nach dem Wiener Kon-
greß einen neuen Typus des leidenschaftslosen – gelangweilten und sich
langweilenden – Menschen aufkommen sah: Die Erwerbsleidenschaft als
einzig verbliebene starke Emotion befördere einen posthistorischen Zustand, worin die menschlichen Beziehungen auf ein Minimum reduziert
seien zugunsten demokratisch-sozialstaatlicher Lenkung.[22]

Im Gefolge der 1848er Revolutionen konstituiert sich mit National-
staatsbildungen und Industrialisierung eine kapitaldynamisierte Geschichte, die sich – in historisch-materialistischer Sicht – immer mehr aus der
Langeweile des historisch Zuständlichen, Erstarrten, Verknöcherten etc.
entfernt. Zwar konstatiert Engels nach wie vor die Langeweile des bürgerlichen (Familien)Lebens, namentlich der Monogamie,[23] doch erscheint dies
als Relikt, als wegzuräumender Stein auf dem Wege des Fortschritts in die
eigentliche Geschichte bzw. die Nachgeschichte der Klassengesellschaft.
Darüber hinaus beschreiben Marx und Engels Langeweilephänomene als
dem Luxus und Parasitismus jeweils saturierter Klassen geschuldet, im
Kontrast zur Not der Bedürftigen. Schopenhauers Pendelmodell Not–
Langeweile–Not–… ist teleologisch-emanzipatorisch prozessualisiert. Jetzt
ist es die Arbeiterklasse, die sowohl sich selbst von der Not als auch die
Bourgeoisie von der Langeweile erlösen soll. Die soziale Revolution hat
den Platz der Kontemplation eingenommen, worin laut Schopenhauer in
seltenen Augenblicken die Gesamtheit der Daseinsverhältnisse (Bedürftigkeit) sich selbst durchsichtig werde. Hierfür hatte Schopenhauer gut aristo-
telisch eine materielle Absicherung vorausgesetzt.[24] Ungeübter Umgang

---

21 Vgl. Heinz Dieter Kittsteiner, Mit Marx für Heidegger. Mit Heidegger für
    Marx, München 2004, § 10: „Das sich selbst bewegende Substanz-Subjekt",
    113ff.
22 Alexis de Tocqueville ist demgemäß der Hauptgewährsmann für Albert O.
    Hirschmans klassisch gewordene Studie zur (spät)bürgerlichen Apathie, abge-
    leitet aus der Differenz von „Leidenschaften und Interessen" (The Passions
    and the Interests, Princeton 1977; dtsch. 1987).
23 „… so bringt es diese protestantische Monogamie im Durchschnitt der besten
    Fälle nur zur ehelichen Gemeinschaft einer bleiernen Langeweile, die man mit
    dem Namen Familienglück bezeichnet" (MEW XXI, 73).
24 „Was hindert also, jenen glückselig zu nennen, der gemäß der vollkommenen
    Tugend fähig und mit äußeren Gütern hinlänglich versehen ist, nicht eine be-
    liebige Zeit hindurch, sondern ein ganzes Leben" (Nikomachische Ethik, hrsg.
    von Olof Gigon, I, 11). „Der Glückselige wird als Mensch auch in äußeren

mit deren Freiheitsgewähr kann freilich auch die Langeweile bis zur Selbstmordneigung steigern. Diese Möglichkeit haben Marx und Engels in der kollektivistischen Ausweitung des Bedürfnis-Befriedigung-Modells nicht erwogen: Langeweile bzw. Lebensekel als Folge von Saturiertheit darf der historische Materialismus nicht kennen, da er sonst politisch-programmatisch eine nihilistische Post-Geschichte festgeschrieben hätte.[25]

Genau diese Möglichkeit bestimmt jedoch die Gedanken- und Gefühls-welt zahlreicher Zeitdiagnostiker um die *Gründerjahre*. Eine Absättigung materieller und bald auch geistig-kultureller Bedürfnisse scheint in greifba-re Nähe gerückt, damit aber auch eine Art stillgestellter Geschichte, die Langeweile eines Wollens ohne plausible Bedarfsobjekte. Schopenhauers Willensmetaphysik ist unterm Blickwinkel des liberalen Fortschrittsopti-mismus und Evolutionismus zur Doktrin von den menschlichen Bedürftig-keiten geworden, aus deren nur quantitativer Variabilität ein pessimisti-sches Weltbild sich zwanglos zu ergeben scheint. Schon glaubt man sich im welthistorischen Mittelpunkt des Ennui, hält das 19. für „das langweili-ge Jahrhundert" (Emil Stoetzel). Solche Befunde sind nicht etwa eine Sa-che nur dandyhafter Außenseiter und spleeniger Snobs. Staatsrechtler, Moralphilosophen, Kathedersozialisten diskutieren die Folgen hochspezia-lisierter Industriearbeit, aber auch Geistestätigkeit für die Arbeitenden selbst wie für die Konsumenten dieser Produkte. Nach der Reichseinigung schießen Ängste ins Kraut, ein – auf hohem Niveau – stillgestelltes Be-dürfnisleben der unteren und aufstrebenden Schichten könnte zu sozialen Explosionen führen.

Der Staatsrechtler C. Hilty hält Langeweile für eine Generalursache mannigfacher Unzufriedenheitsäußerungen bei Arbeitern und Ange-stellten,[26] der Philosophieprofessor und Kathedersozialist J. Huber wen-det sich entschieden gegen die Doktrin, nur die höheren Stände könnten Langeweile empfinden: auch Arbeiter würden daran leiden.[27] Zwischen den unteren und oberen Klassen sieht man einen evolutionären Zusam-

---

Verhältnissen leben müssen. Denn die Natur genügt sich selbst zum Betrach-ten nicht …" (X, 9).

25   In diese Lücke stößt, mit fast triumphierender Lust an Spätzeit-Physiognomik, der Weltgeschichtsmorphologe Oswald Spengler: Nicht nur im „Untergang des Abendlandes" (1918/23), auch in späteren Werken finden sich immer wie-der Bilder des posthistorischen Wohlfahrtsstaates, „des panem et circensis der späten Weltstädte, in der Langeweile, im massenhaften Selbstmord" (Der Mensch und die Technik. Beiträge zu einer Philosophie des Lebens, München 1931, 4f.).

26   Vgl. Carl Hilty, Über die Langeweile, in: Politisches Jahrbuch der Schweizer Eidgenossenschaft 22 (1908), 239–254.

27   Vgl. Johannes Huber, Der Pessimismus, München 1876, 99.

menhang wie zwischen materiellen und geistigen Bedürfnissen. Bei
letzteren anzulangen bis hin zu der höchsten Frage, nämlich nach Sinn
und Wert des Lebens, ist das *historische* Telos der Schopenhauerschen
Not-und-Langeweile-Metaphysik. Es konnte erst sichtbar werden mit
dem Zerfall der alteuropäischen Geistes- und Sozialordnung, deren
Hierarchien und Immobilitäten noch für den Verfasser der „Welt als
Wille und Vorstellung" verbindlich waren. Prominent belegt die eingetretene Sozialisierung der Langeweile ein Aufsatz von K. Rosenkranz.
Die evolutionäre Schau der Geschichte hat bereits den Ennui als deren
Vollendung im Blick: Die „immer wachsende Einförmigkeit der Cultur,
welche an die Stelle der Romantik der Naturwüchsigkeit tritt, gähnt uns
zunächst als eine Oede an, die uns oft schon langweilt."[28]

Von der so antizipierten Nachgeschichte her gesehen, ist eine revolutionäre
oder kriegerische Erschütterung rein um der Bewegung selbst willen plausibel; die europäischen Märzrevolutionen können damit gar als exemplarische Folgen historischer Beschäftigungslosigkeit gelten.[29] Wenige Jahre
nach der Reichsgründung treten zwei Schopenhauer-Schüler auf den Plan,
deren Werke jeweils eine Systematisierung der vorangegangenen Geistes-
und Realgeschichtserfahrungen unternehmen.

4. Die eskamotierte Langeweile: Eduard von Hartmann

Der Vitalist E. v. Hartmann (1842–1906) galt über Jahrzehnte als eine Art
Starphilosoph des zweiten deutschen Kaiserreiches, mit dessen Untergang
freilich auch sein Ruhm schlagartig endete. Der Lebensweg v. Hartmanns
weist einige Merkwürdigkeiten auf, die im Zusammenhang der Langeweileproblematik eine Erwähnung verdienen. In einer kurzen Selbstbiographie
und -charakteristik, die der kaum 33jährige, aber schon zu publizistischem
Ruhm gekommene Philosoph Ende 1874 abfaßte, ist von vielfältigen Erfahrungen mit der Langeweile die Rede. Sie begegnete einem Denker, den
man nicht sogleich zu seinem Eigentlichen kommen ließ: Zunächst lang-

---

28   Karl Rosenkranz, Der Fortschritt in der Einförmigkeit unsrer Civilisation, in:
      Die Gegenwart II (1872), 180–182, hier: 180.
29   Vgl. Johannes Erdmann, Ueber die Langeweile. Vortrag gehalten im wissen-
      schaftlichen Verein Berlin, Berlin 1863, 21. Der Autor rechnet hier die Revo-
      lution zum Genre der „schlechten Streiche", in denen die Langeweile sich von
      sich selbst zu erlösen trachte.

weilt das mechanische Auswendiglernen in der Schule (GSA, 18)[30], dann die Verlängerung des Weges zu den philosophischen Quellen durch die „Wasserleitungen der Zunftphilosophie" (34), schließlich die intellektuelle Marktwirtschaft, die soviel Aufmerksamkeit abzieht und abnützt (37). Höhere geistige Tätigkeit wie das Philosophieren fordert zu ihrer Unabhängigkeit stabile Außenbedingungen: „Ich sehnte mich nach einer bestimmten und zwingenden Berufsthätigkeit, welche hinlänglich Musse frei lassen sollte, um die Künste und Wissenschaften dilettantisch mit Erfolg zu betreiben" (23). Mögen diese Sicherheiten manchem auch als langweilig, der auf sie Bauende gar als „philiströser Dienststreber in Verruf" geraten (25) – v. Hartmann entscheidet sich, wie schon sein Vater, für den Militärdienst mit seiner vorab garantierten, darin aber *berechenbaren* Langeweile. Der angehende Gardeartillerie-Offizier fand viel Zeit zur Lektüre philosophischer, kunsttheoretischer und naturwissenschaftlicher Werke; „besonders die epidemische Langeweile Spandaus bot zur geistigen Concentration" gute Bedingungen (24). Ein Knieleiden erzwingt den vorzeitigen Abschied vom Militär und die Suche nach beruflichen Sinn-Stabilitäten vergleichbarer Art, die aber scheitert: Je ein Jahr versucht v. Hartmann sich als Maler und als Musiker, bis ihm schließlich, als die sozusagen abstrakteste Kunst, die Philosophie wiederbegegnet. Er habe sich „bankerott an Allem, nur an einem nicht: dem *Gedanken*" gefunden (30); „das aber wusste ich, dass meine philosophische Denkweise es gewesen war, welche mir bis dahin in allen Lebenslagen den philosophischen *aequus animus* unerschütterlich bewahrt hatte, welche mich gelehrt hatte, die Dinge objectiv und gelassen *sub specie aeternitatis* zu betrachten, und welche sich nun auch in der härtesten Probe, dem Verlust des Glaubens an meinen Beruf als Maler oder Musiker, bewährt hatte". Es ist die Geschichte einer „Rückkehr" zum „wahren Beruf" (ebd.). Der Erfahrungserwerb ist abgeschlossen, das Denkerdasein kann beginnen. In v. Hartmanns Lebensgeschichtsmodell spiegelt sich seine Weltgeschichtskonzeption einer zunehmenden Vergeistigung der Instinktsphäre des Unbewußten: Von Hartmann hat die Schopenhauersche Dualität von Geist und Instinkt in einem Hegel entlehnten Prozeßgeschichtsmodell aufgelöst. Der Rest seines Lebens wird Reflexion sein und Publikation. Über 60 Bücher erscheinen, verfaßt von einem zumeist bettlägerigen Autor. Die Monotonie und äußere Ungestörtheit in v. Hartmanns Leben hat Schüler und Rezipienten früh beeindruckt. Obwohl in seinen Arbeiten eklektisch und oft polemisch, fehlt v. Hartmann das Bittere, Gereizte eines Intellektuellen im Lichte der Öffentlichkeit, auch

---

30 Eduard von Hartmann, Gesammelte Studien und Aufsätze gemeinverständlichen Inhalts, Leipzig o. J. (zit. als „GSA"). Hier 11–41: „Mein Entwickelungsgang".

die Monomanie des unverstandenen Außenseiters.[31] Das alles ist werkge-
netisch und -strukturell nicht uninteressant, weil v. Hartmann einen Ar-
beitsstil pflegt, den viele Zeitgenossen bereits als quälend monoton, öde,
sinnentleert empfinden. Nicht so v. Hartmann selbst, der eine Existenz als
paper man – Kostproben gibt sein Briefwechsel mit A. Drews um Buch-
vorhaben, Zeitungsausschnitte, Verlegerhonorare[32] – gleichwohl von jedem
Schatten eines Langeweileverdachtes freizuhalten vermochte.

  Welchen Platz hat die Langeweile im *philosophischen Werk* v. Hartmanns? Um die Antwort vorwegzunehmen: Ihre Phänomenbestände sind
allgegenwärtig. Dennoch kann sie sich nicht als eine metaphysisch pro-
blematische *Stimmung* entfalten, weil im ‚metaphysischen Pessimismus'[33]
v. Hartmanns aus einem kontinuierlich verstärkten Desillusionierungserle-
ben eine geschichtsphilosophische Gewißheit ohne Emotionsbezug wird:
Die ‚Lustbilance' der Welt insgesamt ist negativ, die Unlust bildet die
Erfahrungswirklichkeit des zunächst blinden ‚Weltprocesses' als auch den
Gegenstand der in seinem Verlauf wachsenden Erkenntnis (vgl. Ubw, Kapitel XII).[34] In den zentralen Stellungnahmen des v. Hartmannschen Werkes zu Schopenhauers Pessimismus ist die Langeweile als Pendant der Not
bzw. des Schmerzes oder der Unlust gar nicht mehr als solche thematisch.
Unter dem Eindruck des zeitgenössischen Positivismus wie in selbstge-
wählter Verpflichtung auf das Erbe der deutsch-idealistischen Spekulation
dynamisiert v. Hartmann die Kant-Schopenhauersche Lehre von der Zirku-
larität in der menschlichen Antriebs- und Bedürfnisnatur nämlich ins Kontinuum eines Weltprozesses vom Unbewußten zum Bewußten, vom Unlo-
gischen zum Logischen. Schopenhauer hatte Langeweile als eine Art
Selbsterkenntnis des auf sich zurückgeworfenen Willens interpretiert, dem
bei Mangel plausibler Strebensobjekte die Nichtigkeit bzw. Sinnleere des

---

31 Leopold Ziegler bietet unter den jüngeren Zeitgenossen v. Hartmanns wohl
    eine der kundigsten und gerechtesten Würdigungen – vgl. ds., Das Weltbild
    Hartmanns. Eine Beurteilung, Leipzig 1910: „Sein Mut zur Paradoxie, eines
    der entscheidenden Merkmale für das Größenmaß eines Denkers, war außer-
    ordentlich. … Was andere sich kaum zuflüstern, wird von Hartmann niederge-
    schrieben, gedruckt und der Gesamtheit mitgeteilt." (20) Bemerkenswert blei-
    be „die herzhafte Natürlichkeit, mit der Hartmann abstrakteste Probleme be-
    handelt" (184).
32 Arthur Drews/Eduard von Hartmann, Philosophischer Briefwechsel 1888–
    1906, hrsg. von Rudolf Mutter und Eckart Pilick, Rohrbach 1995 (zit. als
    „DH").
33 Auf dem Unterschied seines ‚metaphysischen Pessimismus' zu bloßem (zeit-
    genössischen) Stimmungspessimismus besteht der Philosoph energisch – vgl.
    Eduard von Hartmann, Zur Geschichte und Begründung des Pessimismus,
    Berlin 1880 (zit. als „Pess"), 86f.
34 Eduard von Hartmann, Philosophie des Unbewussten, 4. unveränderte Aufla-
    ge, Berlin 1872 (zit. als „Ubw")

Daseinsfaktums aufgehe (vgl. WWV I, 428). Für v. Hartmann ist und bleibt der Wille blind, wenn auch weltschöpferisch. Die begrifflichen Polaritäten von *Schellings Spätphilosophie* (Was und Daß, logisch und nichtlogisch, positive und negative Philosophie) sind auf ein monistisch entworfenes Weltgeschehen abgebildet, zu dem der Philosoph sich idealenfalls als unbeweglicher Beobachter verhält. Er kann das, weil das wissenschaftlichdistanzierte Weltverhältnis innerhalb des spekulativen Ansatzes bewahrt bleibt – und somit auch der szientistische Fortschrittsglaube. Der metaphysische Pessimismus ergibt sich als induktiver Befund:

> „Das Wollen, welches das ‚Dass' der Welt setzt, verdammt also die Welt, gleichviel *wie* sie beschaffen sein möge, zur Qual. Zur Erlösung von dieser Unseligkeit des Wollens, welche die Allweisheit oder das Logische der unbewussten Vorstellung direct nicht herbeiführen kann, weil es selbst unfrei gegen den Willen ist, schafft es die Emancipation der Vorstellung durch das Bewusstsein, indem es in der Individuation den Willen so zersplittert, dass seine gesonderten Richtungen sich gegen einander wenden. Das Logische leitet den Weltprocess auf das Weiseste zu dem Ziele der möglichsten Bewusstseinsentwickelung, wo anlangend das Bewusstsein genügt, um das gesammte actuelle Wollen in das Nichts zurückzuschleudern, womit der *Process* und die *Welt aufhört*, und zwar ohne irgend welchen Rest aufhört, an welchem sich ein Process weiterspinnen könnte. Das Logische macht also, dass die Welt die bestmöglichste wird, nämlich eine solche, die zur Erlösung kommt, nicht eine solche, deren Qual in unendlicher Dauer perpetuirt wird." (Ubw, 756f.)

Als erklärtermaßen ‚inductiver Metaphysiker' wendet v. Hartmann sich gegen die „Schopenhauersche Theorie von der Negativität der Lust" (vgl. Ubw, 638ff.). Diese Negativität war, wie in Schopenhauers Lehre „Von der Nichtigkeit und dem Leiden des Lebens" und an zahlreichen anderen Stellen ausgeführt, ja gerade in Augenblicken gähnender Langeweile, aus befriedigter Bedürftigkeit nämlich, evident zu machen (vgl. PP II, 338). In seiner ausführlichen Diskussion möglicher Lust-Erlebnisse will v. Hartmann diesen keinesfalls die phänomenale Realität bestreiten. Philosophisches Nachrechnen[35] ergibt aber, daß die ‚Weltlustbilance' allemal negativ ausfalle. Die egoistische Bedürftigkeit des weltschaffenden Willens ist dafür der metaphysisch ermittelbare gleichwie empirisch exemplifizierbare

---

35 Dessen Akribie sogar die Lustbilanz von Träumen nicht verschmäht – vgl. Ubw, 688ff. („Schlaf und Traum"), hier 689: „Was den Traum betrifft, so treten mit ihm alle Plackereien des wahren Lebens auch in den Schlafzustand hinüber, nur das Einzige nicht, was den Gebildeten einigermaassen mit dem Leben aussöhnen kann: wissenschaftlicher und Kunstgenuss."

Grund. Für die individuelle Existenz wirft sie die Frage nach dem „absoluthen Werth des Lebens" auf, mit der naheliegenden Konsequenz des Selbstmords (vgl. Ubw, 732, 744f.), im kosmischen Maßstab leitet sie auf das Ziel der Erlösung des Willens durch vollkommene Bewußtwerdung seiner Vergeblichkeit (Grundlosigkeit). Bei v. Hartmann sind ‚Psychisches', ‚Geistiges', ‚Bewußtsein' und ‚Bewußtheit' nicht scharf geschieden.[36] Dies ist v. Hartmanns evolutionärem Monismus geschuldet, von ihm selbst auch „konkreter Monismus" genannt: Die Herausbildung der höchsten Bewußtseinsformen steht in einem ontologischen Kontinuum zum unbewußten Sein, im Sein des Seelischen gibt es keine Qualitätssprünge (Panpsychismus). Dieser Monismus ist ein Versuch, dem naturwissenschaftlichen Materialismus des Jahrhunderts (E. Haeckel) die Stirn zu bieten. Er bedingt eine Neuordnung aller, vom deutschen Idealismus wie von Schopenhauers Willensphilosophie übernommenen, begrifflichen Differenzen, meist durch Analog- bzw. Äquivalentsetzung. Wille und Vorstellung, Unbewußtes und Bewußtes, Unlogisches und Logisches rücken damit je in – untereinander strukturanaloge – Prozeßbeziehungen. Die Natur-Geist-Dichotomie, bei Schopenhauer in Form der Natur-Geschichte-Polarität weiterbestehend, ist dadurch überformt. Im monistischen Weltbild darf es keine ontologischen Asyle des Sinns geben.[37] Scharf wendet v. Hartmann sich daher gegen Schopenhauers Lehre vom „Quietiv des Willens" durch Heiligkeit oder privilegierte Augenblicke der (künstlerischen, theoretischen) Kontemplation (vgl. Ubw, 719). Der ‚Weltprocess' selbst muß es richten. Vielfach belächelt, ja verhöhnt dafür, fordert v. Hartmann ‚active Mitarbeit' in ihm: dem Unbewußten müsse im Ganzen zur Bewußtheit, d.h. zur Selbstertötung durch Selbsterhellung, verholfen werden. Das innerweltliche Sein und Wollen ist hierdurch ungeheuer aufgewertet. Keineswegs sei die menschliche Geschichte vergeblicher Willensregungen nach der Lust ein kosmischer Irrweg! Der menschliche Erlösungsprozeß in

---

36 Vgl. die Kritik schon seines Schülers Leopold Ziegler: „Noch anfechtbarer wie Hartmanns psychologisierende Deutung des Bewußtseins ist aber seine phänomenologische Auslegung. Sie wird vom Denker vertreten, wenn er die Bewußtheit als Erscheinung dem Unbewußten … als dem Wesen gegenüberstellt." (Das Weltbild Hartmanns, 118) Jedoch: „Das Bewußtsein ist weder seelisch, noch geistig, noch idealisch, daher unnötig, ihm als ergänzenden Begriff das Unbewußte beizugeben, damit ihm zuteil werde, was man dem Bewußtsein aberkannt hat – ohne triftige Gründe." Die Ableitung des Psychischen aus dem Unbewußten im allgemeinen sei ebenso mißlungen wie die Ableitung der psychischen Qualität im einzelnen (120).

37 Zur ausführlichen Diskussion der dabei entstehenden Probleme vgl. Jürgen Große, Lebenswert, Lustbilanz, Weltprozeß. Notizen zu Eduard von Hartmann (1842–1906), in: Perspektiven der Philosophie. Neues Jahrbuch 33 (2007), 141–175.

der Welt ist „mikrokosmische Abspiegelung des absoluten Erlösungspro-
zesses; letzterer ist aber ein Erlösungsprozess von der inner- und außer-
weltlichen Unseligkeit nur tatsächlich für das Absolute und ideell und
gefühlsmäßig für unser Bewußtsein" (DH, 320). Demgemäß läßt sich die
menschliche Weltgeschichte als durch wachsende pessimistische Selbsterkenntnis privilegierter Abschnitt des Weltprozesses beschreiben, als Desil-
lusionierungsgeschehen.

Von Hartmann unterscheidet darin drei Stadien, die sich sowohl auf der
Ebene weltgeschichtlicher Epochenbildung wie individueller Lebensgeschichten nachweisen ließen. Im „ersten Stadium der Illusion" wird das
Glück als innerweltlich verortetes und dem Individuum zugängliches
gedacht (Kindheit; jüdische sowie griechisch-römische Welt), im zweiten soll das Glück in einem transzendenten Leben nach dem Tode liegen (Jugend; christliche Religion des Mittelalters), im letzten ist das
Glück als „in der Zukunft des Weltprocesses liegend gedacht" (Man-
nesalter; seit der entfalteten Neuzeit). Die Desillusionierungserlebnisse
lauten demgemäß auf „Verzweiflung am gegenwärtigen Diesseits",
„Verzweiflung auch am Jenseits", „absolute Resignation auf das positive Glück" (vgl. Ubw, Kapitel XII, 295ff.). Da der Zusammenhang von
Glücksfähigkeit und Stumpfheit bzw. Roheit (Unbewußtheit) für *alle
drei* Stadien unzweifelhaft ist, mußte sich das Interesse der v. Hart-
mann-Leser schon unter den Zeitgenossen auf die Glücksversprechungen des dritten – ‚gegenwärtigen' – Stadiums der Illusion konzentrie-
ren.

Hier nun macht der Philosoph ein äußerst zwielichtiges Angebot von Teil-
habe am ‚Culturcomfort' bei gleichzeitigem Bewußtsein des ‚Unwerths der
Welt als ganzer'. Es hat v. Hartmann abwechselnd einen Ruf als „unbewußter Parodist", „unverstandener Unbewußter", „verzopfter Kleinbür-
ger", „trostloser Geselle", „Flachkopf" eingetragen. Die v. Hartmannschen
Gedankengänge umschreiben nämlich eine Situation, die man damals wie
heute als ‚nihilistisch' bezeichnen würde; man vermißte seinerzeit jedoch
die aktive Konsequenz aus der Diagnose (Nietzsche, Mainländer) oder
tadelte die Gemütlichkeit der Einrichtung darin (F. Mehring: „Juchhe-
Pessimismus"). Für v. Hartmann ist die philosophisch-radikale Gebärde
der Nihilismusdiagnostik und -überwindung in neuen Werttafeln oder Göt-
tern umgekehrt der Ausweis einer unreflektierten Gegenwartsbefangenheit.
Nach Fortfall aller transzendenten Wert- und Moralillusionen bleibe nämlich – ob im materialistischen Eudämonismus oder im Anarchismus Stir-
ners – nur noch der egoistische Einzelwille, der die Essenz des weltillusi-
onsschaffenden Weltwillens bildet, jenes „universellen Instincts", „der sich
zu den speciellen Instincten gleichsam wie ein *passe-partout*-Billet zu
Tagesbilleten verhält, von dem viele Specialinstincte nur Ausflüsse in

besonderen Fällen sind, und mit dem man daher auch ganz allein ziemlich gut auskommt" (717). Der ‚Individual-Eudämonismus' führe zur Verzweiflung am Glück und zum Lebensüberdruß, die Konsequenz des ‚Nichts' liege nahe. Der Einzelmensch könne dieses Resultat aber nicht vorwegnehmen. Die Selbstaufklärung des individuellen Glücksverlangens als Illusion kann nur im kollektiven Rahmen der Kulturarbeit erfolgen. Diese stellt einerseits die materiellen Bedingungen für die freie pessimistische Reflexion über den Lebenswert zur Verfügung, erbringe andererseits mit dem Gefühl einer Anstrengung für letztlich illusionäre Daseinsziele faktisch die pessimistische Einsicht selbst. Die zeitkritischen Betrachtungen v. Hartmanns dienen dem peniblen Nachweis, daß im gegenwärtigen, „dritten Stadium der Illusion" alle materiell-kulturellen Fortschritte ihr Telos nur in der Verneinung des Wollens haben können. Diese Fortschritte sind nämlich sämtlich mittelhaft, tragen nicht die versprochene – und von naiven Selbstsüchtlern vermeinte – eudämonologische Substanz in sich. Was leisten die wissenschaftlich-technischen Fortschritte „für das menschliche Glück? Offenbar nichts, als dass sie die Möglichkeit zu socialen und politischen Fortschritten gewähren, und die Bequemlichkeit und allenfalls auch den überflüssigen Luxus erhöhen!" Handels- und Verkehrsverbindungen wurden geschaffen (729). Doch wozu dienen sie? Im ausgebeuteten Teil der Erde zu wachsendem materiellen Elend, im nutznießenden zu gesteigerten Ansprüchen. „Der einzige *positive* Nutzen des Wachsthumes der Wohlhabenheit ist der, dass er Kräfte, die vorher im Kampfe mit der Noth gebunden waren, *frei macht für die Geistesarbeit,* und dass er dadurch den *Weltprocess beschleunigt. Dieser* Erfolg kommt aber nur dem Process als solchem, keineswegs den im Process befindlichen Individuen oder Nationen zu gute, welche doch bei Vermehrung ihres Nationalreichthums *für sich* zu arbeiten wähnen." (730)

Zweifellos klingen in diesen Beschreibungen typische Motive der Nihilismusdiagnostik und der Langeweileanthropologie an: Mittel verkehren sich zu Zwecken, in der eudämonistischen Rechenhaftigkeit kommt die Frage nach dem ‚Werth des Dasein' selbst auf, um in die bekannte Paradoxie seines wünschenswerten Nicht-Seins zu führen; die Sinnfrage kann erst auf einem gewissen materiell-kulturellen Niveau gestellt und beantwortet werden. Da v. Hartmann keinen – innergeschichtlichen – nihilismusüberwindenden Umschlag in ‚neue Werte', ‚eigentliche Geschichte' und dergleichen vorsieht, würden diese Problemexpositionen bestens zu einer resignativen Kulturkritik passen, die sich auf diese Weise für ein politisches Ohnmachtsbewußtsein entschädigt. Doch v. Hartmann ist ebensowenig Kulturpessimist wie ökologischer Fortschrittskritiker.[38] Er fordert ja gerade ‚Mitarbeit' in jener Bewegung, die aus dem Lebensort Erde ein Kampffeld für den sich selbst verneinenden Weltwillen machen soll. Woher gewinnt v. Hartmann also den fortschrittsfrommen Optimismus innerhalb einer pessimistischen ‚Gesamtbilance des Lebens', die ja genaugenommen vom Nicht-Sein des Lebens, der Nullsumme von Aufwand und Effekt her errechnet ist? Warum findet v. Hartmann im zivilisatorischen Fortschrittsideal und -bestreben nicht den *Ennui* als Vorschein und Preis jener Abschätzung des Daseins, die es nur als etwas Verdientes, Gerechtfertigtes, eben Erarbeitetes zulassen will? Warum lassen ihn die Ennui-Diagnosen zahlreicher Zeitgenossen (s. III.3) unberührt, obwohl er doch ganz ähnliche Phänomene kennt und beschreibt?[39]

Die neuzeitliche Langeweiletheorie seit Pascal unterstellt eine permanente Willenshaftigkeit, die im Moment des Objektmangels selbstreflexiv, sogar philosophisch werden kann. Wollen ist mit Leben, Sein, ja Wirklichkeit gleichgesetzt. Langeweile als *fühlbarer* Stillstand des Willens wäre ein anthropologisches Paradox. Dadurch bestehen systematisch die Notwendigkeit als auch die Möglichkeit, das Langeweilephänomen jenseits des Affektiven und innerzeitlich Erfahrbaren zu verorten – in privilegierter, bspw. eben philosophischer Erkenntniseinstellung. Diese nimmt v. Hartmann für sich in Anspruch. Der metaphysische Pessimismus, der das Ziel des Weltprozesses in etwas Weltjenseitigem – dem Nichts des Willens nämlich – erkennt, vermag so gerade den Prozeß in seiner Immanenz zu deuten. Dieser Weltprozeß, dessen So-Sein nach v. Hartmann logisch transparent ist und der ontologisch gesehen Selbstbejahung und -steigerung bedeutet, läßt sich unschwer als das Weltkontinuum des modernen Evolutionismus und Positivismus erkennen. Um diese – bis heute kulturwirksame – Evolutionserzählung *metaphysisch* akzeptieren zu können, mußte v. Hartmann sie lediglich mit einer gegenläufigen Semantik, eben der pessimistischen, versehen. Davon bleibt aber die narrative Grundstruktur der Fortschrittsgeschichte unberührt, die aus durchgehend prozessual vermittelten Binaritäten besteht. Die wichtigste, von Schopenhauer übernommene, ist diejenige von Wille und Vorstellung bzw. ‚Unlogischem' und ‚Logischem', ‚Instinct' und ‚Geist'. In solchen großräumigen Begriffen ist sowohl die Trieb-, Sinnen-, Affektsphäre als auch die Sphäre von Bewußtsein, Seelischem, subjektivem wie objektivem Geist umgriffen und nivelliert; im Panpsychismus v. Hartmanns verschwinden die traditionell meta-

---

38　Ein Gespür für die ökologischen Kosten der Zivilisationsarbeit hat v. Hartmann freilich besessen – vgl. Ubw, 750ff. über die Verdrängung alles nichtmenschlichen Lebens durch den industriegesellschaftlich lebenden Menschen.

39　Bereits ein metaphysisches Grundlagenwerk wie v. Hartmanns „Philosophie des Unbewussten" versammelt zahlreiche Sottisen über die Leere und Eitelkeit des großstädtischen Kulturlebens (vgl. Ubw, 672ff., 687).

physischen Differenzen, die noch die Nihilismusdiagnosen Nietzsches grundieren. Dort wie in der gesamten nicht-evolutionären Langeweiletheorie war ja das Phänomen vorgesehen, daß Wille, Sinnlichkeit, Affektivität von der emanzipierten ratio her frei beurteilt oder gar – in romantischer Rückwendung – gewünscht werden konnten. In Schopenhauers Langeweiletheorie entsprach dies dem fatiguierten Willen, der sich angesichts objektiv bereitstehender, aber wertlos erscheinender Objekte einen affektiven Schwung *wünschen mußte*. Leerlaufender oder angewiderter Wille – beides führt auf eine Selbsterfahrung, die sich im Ennui ausdrückt. Gegen diese Erfahrung gab es keinen prinzipiellen bzw. dauerhaften Schutz. Die Zyklik, die *aus* der Langeweile führte, d.h. den Willen sich selbst vergessen und an neue illusionäre Ziele verfallen ließ, war auch die Zyklik, die wieder *in* die Langeweile führte; Mangel- *und* Überdrußerleben waren in der unvermeidlich affektgeregelten Leibesnatur verankert, die sich in ihrem Rhythmus über – zeitweilige – Aufklärungen bzw. Suspensionen hinwegsetzt. Im evolutionistischen Aufriß v. Hartmanns dagegen kann keine Aufklärung verlorengehen, sukzessive wandelt sich Emotionalität zu Rationalität, Wille zu Vorstellung bzw. Verstand. Die „Philosophie des Unbewussten" drückt damit recht genau das durchschnittliche Selbstverständnis des Menschen der Industriezivilisationen aus: man werde immer verständiger, existiere instinktärmer und leibesferner, bis zur romantischen Komplementärforderung, das Gefühl wieder zu entdecken. Bereits im zweiten deutschen Kaiserreich wurde v. Hartmanns evolutionäre Metaphysik – durchaus zu Recht – als Popularphilosophie des politisch, ökonomisch, kulturell aktiven businessman verstanden. Dieser glaubt sich gegen allen Ennui geschützt, weil er mit dem unendlichen Fortschritt einem uneinholbaren und doch weltimmanenten Daseinsziel verpflichtet ist. Schopenhauers Willensmetaphysik hatte mit der leibhaftig verankerten Dualität von Wille und Vorstellung innerweltliche Bruchstellen konserviert, die im Monismus der v. Hartmannschen Fortschrittserzählung nicht mehr vorgesehen sind. Daher kann ‚Langeweile' auch kein innerweltliches bzw. innerzeitliches Begegnis mehr sein. Die geschichtsphilosophische Ausweitung der Polarität von Leib- und Geistsphäre ist typisch für *alle* Modernisierungsgeschichten. In ihren romantischen und rationalitätstheoretischen Varianten, wie sie etwa je von Nietzsche/Freud und M. Weber ausgearbeitet wurden, wird das Affektive von der ratio verdrängt oder vertilgt. Diese Geschichten tendieren auf eine nihilistische Pointe, die zumindest strukturell Schopenhauers Langeweiletheorie wiederaufnimmt: Der emanzipierte Verstand zwingt das Wollen in seinen Dienst, eine existentielle Rechenkunst bestimmt Lebensbedürfnisse, Kritik wird schöpferisch. Eine frivole Freiheit lügt sich bewußt Wunschobjekte herbei, um nicht an ihrer Bodenlosigkeit zu verzweifeln oder Langeweile zu leiden – so etwa Nietzsche über die bei Sokrates beginnende ‚Perversität' des Instinkts, der nicht mehr schöpferisch, sondern kritisch gegenüber einem seinerseits produktiv gewordenen Verstand sei (vgl. KSA XIII, 289). Das ist dann jeweils psychologisch und soziologisch ausgearbeitet in den abendländischen Trieb- und Rationalitätsgeschichten Freuds und Webers. Die Langeweile der Verstandeskultur, die nach ‚Erlebnissen' dürstet, ist darin der Preis für die Überlistung des Willens. Will man sich ihr nicht, wie von Freud oder Weber empfohlen, heroisch aussetzen, so bricht eine gestörte, u.U. zu terroristischer Verzweiflung gelangende Affektivität durch: der ‚active Nihilism' des ‚Nein-Thuns' (Nietzsche). Ein strikter Monismus wie der v. Hartmanns kennt keinen solchen qualitativen Umschlag innerhalb der Affektsphäre. Sie selbst schwindet ja sukzessive. Mit der Vergeistigung als Weltschicksal wird der Wille nicht einfach von Zielen abgezogen, sondern in sich geschwächt. Was dem Willen an Stärke entzogen ist, findet sich betragsgleich im Verstand (‚Geist', ‚Logisches'; ‚Vernunft') wieder.

> Offensichtlich steht v. Hartmann hier unter dem Eindruck populär ge
> wordener thermodynamischer Theoreme. Die geistgewordene Energie
> bringt voller Umsicht die finale Vernichtung des Willens auf den Weg.
> Ihre drei Bedingungen sind: erstens, „dass der bei weitem *grösste Theil*
> des in der bestehenden Welt sich manifestirenden Geistes in der
> Menschheit befindlich sei; denn nur dann kann die menschheitliche
> Willensverneinung den *gesammten actuellen Weltwillen ohne Rest* ver
> nichten"; zweitens, „dass das Bewusstsein der Menschheit von der
> Thorheit des Wollens und dem Elend alles Daseins *durchdrungen* sei,
> dass dieselbe eine so tiefe Sehnsucht nach dem Frieden und der
> Schmerzlosigkeit des Nichtseins erfasst habe", daß es zum praktischen
> Motiv werde – hier haben „die nivellirenden und abschwächenden Ein
> flüsse des modernen Lebens" vorgearbeitet; drittens „eine genügende
> Communication unter der Erdbevölkerung, um einen gleichzeitigen
> gemeinsamen Entschluß derselben zu gestatten" – daß dafür die materi
> ell-technischen Bedingungen bestehen, sieht v. Hartmann als selbstver
> ständlich an (Ubw, 750ff.).

Die Verunsicherung, die v. Hartmanns Denken bei den philosophischen Zeitgenossen hervorrief, wurzelt in der Dramatik seiner metaphysischen Diagnose bei scheinbarer Harmlosigkeit des Therapievorschlags: ‚Mitarbeit im Weltprocess', d.h. Weitermachen wie bisher im besseren philosophischen Bewußtsein. Damit hat sich v. Hartmann weit von der Langeweiletheorie seines Inspirators Schopenhauer entfernt, die allein in einer welt- und gesellschaftsfernen Kunst und Philosophie die Palliative gegen den ‚languor' erblickte. Schopenhauer hatte sich dabei zu einem sowohl ontologischen als auch axiologischen Dualismus bekannt, von dem v. Hartmann nichts mehr wissen will. *Eine* Bruchstelle muß der v. Hartmannsche ‚konkrete Monismus' dennoch zulassen, nämlich in der Frage, woher die vitalen Energien zur Bereitstellung der materiellen Bedingungen u.a. für philosophisch-pessimistische Reflexionsexistenzen kommen sollten. Immerhin bleibt ja alles menschliche Dasein gedoppelt in Wille und Verstand, Leib und Seele.

> „Die todesmüde Menschheit schleppt ihren gebrechlichen irdischen Leib mühsam von Tage zu Tage weiter. Das *höchste* Erreichbare wäre doch die *Schmerzlosigkeit*, denn wo sollte das positive Glück noch gesucht werden? Etwa in der eitlen Selbstgenügsamkeit des Wissens, dass Alles eitel ist, oder dass im Kampfe mit jenen eitlen Trieben die Vernunft nunmehr gewöhnlich Sieger bleibt! O nein, solche eitelste von allen Eitelkeiten, solcher *Verstandeshochmuth* ist dann längst überwunden! Aber auch die Schmerzlosigkeit erreicht die greise Menschheit nicht, denn sie ist ja kein reiner Geist, sie ist schwächlich und gebrechlich, und muss trotzdem arbeiten, um zu leben, und weiss doch nicht, *wozu* sie lebt; denn sie hat ja die Täuschungen des Lebens hinter sich, und hofft und erwartet *nichts* mehr vom Leben." (735)

Ähnliche Fragen stellte bereits der historische Materialismus, um sie in der Folge je in einer revolutionären oder evolutionären Einebnung der sozialen Differenzen von Not und Langeweile, Unter- und Oberschichtleiden zu beantworten.[40] Die evolutionäre Lösung bildete ebenso v. Hartmanns Antwort: sowohl innerhalb der westlichen Zivilisation (‚Culturmenschheit') als auch planetarisch werde der Geist, d.h. letztlich die pessimistische Metaphysik von der Eitelkeit aller Strebensziele, das Wollen übermächtigen. In dieser Lösung zeigt sich eine Schwäche des v. Hartmannschen Umgangs mit dem sozial-historischen Nihilismusphänomen, wie sie wohl jedem metaphysischen Lösungsversuch einer empirisch konkreten Problematik droht. Die Evolution ist hier jene Nacht, in der alle Katzen grau werden. Denn das weltbewegende Unbewußte bedarf ja *eines jeden Einzelwillens* in der Welt, um sich durch Bewußtwerdung von sich selbst zu erlösen:

---

40 Nicht zufällig ist v. Hartmanns Sozialphilosophie in der „Philosophie des Unbewussten" wesentlich Geschichtsphilosophie (vgl. Kap. X: „Das Unbewusste in der Geschichte"): „So würde, wie der politische Endzustand die *äussere, formelle*, der sociale Endzustand dem Menschen die *materielle* Möglichkeit gewähren, nunmehr endlich seine positive, eigentliche Aufgabe zu erfüllen, zu deren Erfüllung die *inneren* Bedingungen nothwendig in der zuvor betrachteten geistigen oder *intellectuellen* Entwickelung gesucht werden müssen." (Ubw, 352) Die intellektuelle Bewegung als Hauptagens des geschichtlichen Fortschritts, jenes Reich der Freiheit auf dem Boden beherrschter Notwendigkeiten also, führt schnell und unmittelbar ins „Bewusstsein des Elends" (733).

Das „Leben, welches man vom Standpuncte des Ich aus nicht nur als unnützes Gut, sondern als wahre Qual fortwarf", werde man „mit wahrer Opferfreudigkeit" hingeben, „weil der Selbstmord eines noch leistungsfähigen Individuums nicht nur dem Ganzen keinen Schmerz erspart, sondern ihm sogar die Qual vermehrt, indem er dieselbe durch die zeitraubende Nothwendigkeit verlängert, für das amputirte Glied erst einen Ersatz zu schaffen. Dann ergiebt sich ferner die selbstverständliche Forderung, das aus Selbstverläugnung um des Ganzen willen bewahrte Leben in einer nicht mehr dem individuellen Behagen, sondern dem Wohle des Ganzen dienenden Weise zu erfüllen, was nicht durch passive Receptivität, nicht durch träge Ruhe und scheues Verkriechen vor den Berührungen mit dem Kampf des Daseins, sondern durch active Production, durch rastloses Schaffen, durch selbstverläugnendes Hineinstürzen in den Strudel des Lebens und Theilnahme an der gemeinsamen volkswirthschaftlichen und geistigen Culturarbeit zu leisten ist." (719f.) „Darum rüstig vorwärts im Weltprocess als Arbeiter im Weinberge des Herrn, denn der Process allein ist es, der zur Erlösung führen kann!" (747)

Durch die Idee einer finalen Erlösung setzt v. Hartmanns Geschichtsphilosophie sich von dem historisch-materialistischen Konzept einer endlosen ‚eigentlichen Geschichte' nach der begrenzten klassengeschichtlichen Vorgeschichte wie vom Modell quantitativer Bewußtseinssteigerung im naturalistischen Evolutionismus ab.[41] Die innerweltlich erfahrbare Intentionalität des Prozessualen ist für v. Hartmann der Beweis, daß das Ziel des Weltprozesses nicht in unendlicher Ferne liegen könne, „denn wenn das Ziel in *unendlicher Zeitferne* läge, so würde eine noch so lange *endliche* Dauer des Processes dem Ziele, das immer noch unendlich fern bliebe, *um nichts näher* gekommen sein; der Process würde also kein Mittel mehr sein, das Ziel zu erreichen, mithin würde er *zweck- und ziellos* sein" (746f.). Hierbei zeigt sich eine weitere Schwierigkeit innerhalb der monistischen Gesamtkonzeption. Da der Wille ja selbst unendlich sein soll (vgl. Ubw, 771: „Die *Ewigkeit* des *Wollens* bedingt die *Unendlichkeit* des *Processes*, und zwar nach vorwärts *und* rückwärts.") und die phänomenale Welt in einem ontologischen Kontinuum zu ihm steht, muß sich ihr *Ur-*

---

41 Für letzteres haben A. Comte und H. Spencer die je geschichts- und naturevolutive Anwendung gegeben, für ersteres vgl. F. Engels im „Anti-Dühring": „Die eigene Vergesellschaftung des Menschen, die ihnen bisher als von Natur und Geschichte oktroyiert gegenüberstand, wird jetzt ihre eigene freie Tat. ... Erst von da an werden die Menschen ihre Geschichte mit vollem Bewußtsein selbst machen. ... Es ist der Sprung der Menschheit aus dem Reiche der Notwendigkeit in das Reich der Freiheit." (MEW XX, 260) Die Formel von der „Vorgeschichte" selbst vgl. K. Marx im „Vorwort zur Kritik der politischen Ökonomie" (MEW XIII, 9).

sprung als eigentliches Problem erweisen. Im Gefolge Schellings stellt v. Hartmann diesen Ursprung als eine Art von absolutem Ereignis dar – innerhalb einer weltlosen Unendlichkeit?[42] Eigentlich benötigt er, wegen der Behauptung evolutionärer Kontinuität für die Übergänge vom Wollen zum Vorstellen, vom Nicht-Psychischen zum Psychischen, vom Unbewußtem zum Bewußten, die Ursprungsspekulation gar nicht. Die Schwächung des Wollens durch Bewußtheit ließe sich ebensogut als infinitesimale Annäherung an den Nullpunkt der Vernichtung darstellen. Trotz der Distanzierung von der christlich-transzendenten Erlösungskonzeption – wegen ihrer eudämonologischen Resthoffnungen im Unsterblichkeitsglauben – gerät v. Hartmanns Pessimismus in die Nähe eines Philosophierens, das mit dem einmaligen Faktum einer Weltschöpfung sich die Frage nach dem Zustand nach deren Aufhebung einhandelt. Als Religionsphilosoph lehrt v. Hartmann die strikte Immanenz aller dauerhaften Erlösung: „Ich halte die Selbsterlösung des natürlichen Menschen für ebenso unmöglich wie seine Fremderlösung von außen her und behaupte die Selbsterlösung (Autosoterie) des ganzen Menschen als Einheit des geistlichen und natürlichen Menschen vermittelst der immanenten Gnade."[43] Wenn nun der ‚Weltprocess' in der – durch keine Lust kompensierbaren – Steigerung von Unlustbewußtsein besteht, fragt sich, ob sein Ende nicht den Anfang endloser Langeweile bedeute.

Im frühesten geschichtsphilosophischen Entwurf von v. Hartmanns Gewährsmann Schelling ist das Problem bereits angesprochen: „Denn hätten wir je unsre ganze Aufgabe erfüllt, und das Absolute realisirt: dann würde es auch für jeden Einzelnen und für das ganze Geschlecht kein anderes Gesetz geben, als das Gesetz seiner vollendeten *Natur*, alle Geschichte würde sonach aufhören; daher das Gefühl der Langenweile, das jeder Vorstellung eines absoluten VernunftZustandes – (wie der Vorstellung eines TheaterStücks, worinn nur vollkomme Wesen, oder der Lectüre eines Romans – wie der Richardson'schen – wo IdealMenschen auftreten, oder eines christlichen HeldenGedichts, worinn Engel – überhaupt die langweiligsten aller Wesen – die HauptRolle spielen,) unausbleiblich sich anheftet."[44]

---

42   „Ich schliesse mit den Worten Schellings": „Es gäbe überhaupt keinen Process, wenn nicht irgend etwas wäre, was nicht sein sollte, oder wenigstens auf eine Weise wäre, wie es nicht sein sollte." (Ubw, 756).

43   Eduard von Hartmann, Grundriss der Religionsphilosophie, Bad Sachsa 1909, VIII.

44   Friedrich Wilhelm Joseph Schelling, Ist eine Philosophie der Geschichte möglich? In: Philosophisches Journal einer Gesellschaft Teutscher Gelehrten, hrsg. von Johann Gottlieb Fichte und Friedrich Niethammer, VIII, Jena-Leipzig 1798, 128–148, hier: 147f.

Im deutschen Idealismus und in der frühen Romantik führte die geschichtsphilosophische Behandlung der Langeweile fast stets auf die Analogie des Ästhetischen.[45] Dagegen hat v. Hartmann, obwohl mit der Vorstellung einer unendlichen qua endlos langweilenden Seligkeit vertraut,[46] durch seinen strikten Binarismus von Wollen und Vorstellen diese unliebsame Konsequenz umgangen. Reflexion und Strebung sind einander reziprok, ergeben ein gleichbleibendes Gesamtquantum des Psychischen. Wer sich durch Reflexion vom Wollen erlöst, der fühlt die Öde, eventuell Langeweile, gar nicht, weil das Fühlen in diesem Arrangement nur die Rolle eines Indikators, eines Instruments in dem sich umformenden Mittel-Zweck-Gefüge bedeutet.[47] Auch hier denkt v. Hartmann strikt prozeßorientiert. Vorübergehende Zustände ästhetischer Stillstellung des Wollens interessieren nicht, ‚der Philosoph' ist der Prototyp eines Menschen, dessen Denken „in Verbindung mit Energie des Willens im Stande ist, Stimmungen zu bekämpfen" (Pess, 71). Was „den Massen" bevorsteht, ist lediglich kollektiver Nachvollzug dieser von Einzelnen schon vollbrachten Leistung. „Dass dies heute noch eine geringe Minderheit ist, ist ganz richtig; aber ebenso wahr ist es, daß dieser zersetzende Reflexionsprocess bei fortschreitender Cultur nothwendig in die Massen dringen und die grosse Mehrzahl der Menschheit ergreifen muss." (78)

---

45 Vgl. Novalis, Schriften, hrsg. von Paul Kluckhohn und Richard Samuel, sechs Bände, Stuttgart [3]1977–1999, III, 435: „Wie vermeidet man bey Darstellung des Vollkommenen die *Langeweile*?"

46 Vgl. Pess, 60: „Der Gedanke, dass ich als Individuum das transcendente Aufhören aller Zeit und Veränderung, die Erstarrung und Versteinerung der absoluten Ruhe erlebe, d.h. mir seiner ewig bewußt werden solle, ist eine geradezu empörende Vorstellung, da dies nichts andres als die Verabsolutirung der langen Weile bedeutet"; andrerseits ist „die [Kantische] Vorstellung eines unendlichen Fortschreitens zum Endzweck doch zugleich ein Prospect in eine unendliche Reihe von Uebeln", „nämlich in die beständige, wenn auch sich stets vermindernde Unzufriedenheit, die nur durch wirkliche Erreichung des Endzweckes gehoben werden kann."

47 Einen ganz anderen Prospekt auf den hypothetischen Zustand einer finalen, alles durchdringenden Reflexivität gewährt abermals Novalis, wenn er – aus dem Rückblick? – Partialwissen oder -motivation mit überwundenen Handlungshemmungen gleichsetzt: „Es ist eine falsche Idee, daß man Langeweile haben würde, wenn man alles *wüßte*. Jede überwundene Last befördert die Leichtigkeit der Lebensfunctionen – und läßt eine Kraft übrig – die nachher zu etwas anderm übrig bleibt." (Novalis, Schriften, III, 580).

5. Die instrumentalisierte Langeweile:
Philipp Mainländer

Ebenfalls in Anknüpfung an Schopenhauer und bereits in Verarbeitung des
v. Hartmannschen Entwurfs entsteht ein zweites Modell von *prozeßmeta-
physischem Pessimismus*. Auch hier ist der spekulative Aufwand beträchtlich. P. Mainländer (1841–1876) kritisiert in seiner „Philosophie der Erlösung" (1876), deren zweiter Band zehn Jahre nach seinem Freitod erschien,
v. Hartmanns Vorschläge zu „activer Mitarbeit im Weltprocess" als trostlos (PhE II, 510).[48] Diese Trostlosigkeit entspreche freilich dem Pantheismus, der – nach der Kantischen Vernunftkritik – sich als einzige Alternative zum naturwissenschaftlichen Monismus anbieten konnte. Schopenhauers Pantheismus des Weltwillens sei in der Synthese immanenter und
transzendenter Erklärungsprinzipien innerlich widersprüchlich und nach
zwei Richtungen weiterzubilden – „einmal nach der Seite der All-Einheit
in der Welt, dann nach der Seite der realen Individualität. Die Weiterbil-
dung in der ersten Richtung hat Herr von *Hartmann* in seiner ‚Philosophie
des Unbewussten' unternommen." (II, 524) Die zweite will Mainländer
selbst vorlegen. Die ontologische Hauptthese lautet: „Es ist nichts Anderes
in der Welt, als individueller Wille, der ein Hauptstreben hat: zu leben und
sich im Dasein zu erhalten. Dieses Streben tritt im Menschen als Egoismus
auf, der die Hülle seines Charakters, d.h. der Art und Weise ist, wie er
leben und sich im Dasein erhalten muß." (I, 169) Der Pessimismus ergebe
sich aus der Einsicht, daß dieser individuelle Wille zum Leben im Dienste
einer überindividuellen – kosmischen – Tendenz zum Nichtsein bzw. zum
„absoluten Tode" stehe. Wie kann Mainländer diesen Übergipfelungsver-
such am v. Hartmannschen Pessimismus mit dem erklärten Bekenntnis zu
bloß ‚immanenter' (vgl. PhE I, 3), an den Phänomenen des individuellen
Willens orientierter Betrachtung vereinbaren?

> Mainländer kritisiert, hierin v. Hartmann ganz ähnlich, Schopenhauers
> Behauptung von der bloßen Negativität der Lust, die das hohe Erklä-
> rungspotential der Langeweile angesichts der fehlschlagenden Versuche
> ergibt, ein Befriedigtsein positiv zu empfinden und zu bestätigen.
> *„Schopenhauer* nannte die Lust ganz mit Unrecht negativ. Es giebt ganz
> positive Genüsse der Sensibilität sowohl als der Irritabilität und der Re-
> productionskraft. Die Werthlosigkeit des Lebens beruht auf der Er-
> kenntniß, daß die positive Unlust die positive Lust, und der positive

---

48 Philipp Mainländer, Die Philosophie der Erlösung, Berlin 1876; Die Philoso-
     phie der Erlösung. Zwölf philosophische Essays, Frankfurt/M. 1886 (zit. als
     „PhE" I und II).

Schmerz die positive Wollust *überwiegt*. Indem man beides, also das Leben, wegwirft, macht man mithin einen unermeßlich großen Gewinn." (II, 467) Auch bei Mainländer folgert also die Erlösungsaussicht unmittelbar aus ,naturwissenschaftlich-inductiv' gewonnenen Einsichten. Der zweite Kritikpunkt an Schopenhauer ergibt sich aus eben diesem Ehrgeiz naturwissenschaftlich-immanenten Philosophierens: Der Dualismus der Teleologie individuellen Bedürfnislebens und weltgeschichtlicher Zwecklosigkeit müsse aufgegeben werden, nicht zuletzt unter dem Eindruck der politischen Erschütterungen des Revolutionszeitalters wie der Transformation der Geschichte in wissenschaftlichtechnisch genormtes Prozeß-Geschehen: „Daß aber *Schopenhauer* nach Völkerwanderung, Reformation, französischer Revolution, und auf Grund der modernen Naturwissenschaften lehrte: ,Durchgängig und überall ist das echte Symbol der Natur der Kreis, weil er das Schema der Wiederkehr ist.' – dafür giebt es *keine* Entschuldigung." (489)

Mainländer findet Schopenhauers Konzept eines ewigen Gefangenseins im Zirkel fehlschlagender Glücksbemühungen ebenso empörend wie die v. Hartmannsche Idee eines Weltprozesses, der zwar stramm teleologisch arbeite, dessen ,Wollen' jedoch keine innere Begrenzung kenne und damit dem Individuum auch keine endgültige Erlösungsaussicht bieten könne. Individuelle wie Welt-Geschichte haben einen Zweck. Worin aber liegt er, und wie kann er über die innerweltlich (,immanent') gewonnene Erkenntnis von der Beschaffenheit des individuellen Willens hinaus gewonnen werden?

Der Respekt vor dem Immanenzprinzip des naturwissenschaftlichen Evolutionsdenkens ist bei Mainländer so groß, daß ihm hier allein der Rückgriff auf Spekulationen gewagtester, namentlich Schellingscher Art erfolgversprechend scheint. Ein *über*weltlicher Gesamtzweck der Welt wäre eine Verhöhnung des Intellekts, ein *nach*weltlich-nichterlebbares Ziel eine Beleidigung des moralischen Gefühls. Also bleibt nur noch die Ansetzung eines *vor*weltlichen Weltgrundes, der gerade in seinem Verschwinden die phänomenale Realität der (jetzigen) Welt hervorbringt. Die vorweltliche Einheit der Welt zerfällt in diese und schwächt sich so bis zur völligen Vernichtung. „Denn die einfache Einheit *konnte*, was sie wollte. Das war ihre Allmacht; nicht aber, daß sie wollte ohne Wesen, was absurd ist. Wo eine Existenz ist, da ist auch eine Essenz, und das ist der einzige Faden, der vom immanenten Gebiet auf das transcendente hinübergeht – alles Andere ist *ewig dunkel* für uns." (II, 507) Die Suche nach einem Einheitsgrund der Welt sei Vernunftinteresse, wenngleich fiktionalistischer Selbstdeutung bedürftig – „die Welt bewegt sich, *als ob* sie eine Endursache habe" (506f.). In diesem Punkt schließen sich spekulatives Interesse und modernnaturwissenschaftlich geübtes wie kritizistisch geläutertes Denken zusammen: „Das Streben nach einer Einheit ist einer gesunden Vernunft würdig.

Die besten Geister haben sich ihm gewidmet und nur darin geirrt, daß sie die Einheit in die *Gegenwart* hinter die Welt setzten, während sie in der *Vergangenheit* liegt." (507) Der dünne – phänomenologische wie ontologische – Faden, der gegenwärtige Welterfahrung mit dem Wissen von der Vorwelt verbindet, ist die Existenz: „… und es bleibt dabei, daß die Welt und ihre Beschaffenheit anzuknüpfen ist an das *einzige* Ende, das aus dem transcendenten Gebiet auf das immanente herüberragt: die mit einer *Essentia* verbundene Existenz." (II, 510 – vgl. I, 320f.)

Für dieses spekulativ-metaphysische Arrangement verschlägt es wenig, daß Mainländer immer wieder einmal auf dem nicht-konstitutiven, kantisch gesprochen: regulativen Status solchen Vernunftgebrauchs besteht (vgl. II, 506). Entscheidend ist, daß mit der Unterstellung einer Welteinheit ein ontologisches Kontinuum gesetzt ist, das auch den ‚Weltprocess' als zielgerichtet und unwiederholbar erscheinen läßt. In Parodie oder Kopie des zeitgenössischen, auch in der Kulturkritik einschlägigen Entropie-Denkens[49] konzipiert Mainländer die Wirklichkeit als kontinuierlichen Vernichtungsprozeß, unterstellt dem universell geltenden Gesetz von der „Schwächung der Kraft" (vgl. PhE I, 207). Inseln des Sinns bzw. innerweltlichen Dispenses vom Unsinn des Willens, wie bei Schopenhauer, kann es somit nicht geben. Leere, Öde, Langeweile als Selbsterfahrungen des Willens kommen im Vernichtungskontinuum der Welt als Ausstiegs- oder Haltepunkte aber ebensowenig in Betracht. Und auch eine nachwelthistorische Sinnleere, wie sie in der Hinordnung aller individueller Willen auf ein überindividuelles Ziel des ‚Weltprocesses' als unfreiwillige Konsequenz droht, hat Mainländer nicht im Auge. Die ‚Erlösung' soll innerweltlich schon erfahrbar sein, die Eitelkeit alles Wollens sich zur Einsicht des individuellen Egoismus wenden. Somit bleibt – wegen des erklärten Nominalismus Mainländers (‚Immanenz'-Postulat!) – nur noch, daß die Einsichten eröffnende Stillstellung des Willens ein Ergebnis *kollektiver*, aus *Einzelwillen gesammelter* Anstrengung sei: Die Langeweile aus egoistisch-materiellen Willensbefriedigungen erweist sich als würdiges Ziel der Kulturarbeit, die – wie der Weltprozeß im ganzen – nur der erlösenden Einsicht in ihren Instrumentalcharakter dienen soll.

> In der langweilenden Einsicht in den mangelnden Eigenwert irdischmaterieller Willensbefriedigungen muß also Mainländers *Sozialphilosophie* kulminieren. Doch ist der spekulative Rahmen wiederum denkbar weit gespannt. „Die ganze Menschheit wird schmerzloser leben als jetzt, als jemals. Hieraus ergiebt sich eine *nothwendige, mit unwiderstehlicher Gewalt sich vollziehende Bewegung der Menschheit,* welche keine Macht aufzuhalten oder abzulenken vermag. … Diese reale, un-

---

49 Vgl. Michael Pauen, Dithyrambiker des Untergangs. Gnostizismus in Ästhetik und Philosophie der Moderne, Berlin 1994, 70ff., 79.

abänderliche Bewegung ist ein Theil des aus den Bewegungen aller einzelnen, im dynamischen Zusammenhang stehenden Ideen continuir-lich sich erzeugenden Weltlaufs und enthüllt sich hier als nothwendiges *Schicksal der Menschheit.* Es ist *ebenso stark*, ebenso jedem Einzelwe-sen an Kraft und Macht überlegen – weil es ja auch die Wirksamkeit je-des bestimmten Einzelwesens in sich enthüllt – *wie der Wille einer ein-fachen Einheit* in, über oder hinter der Welt, und wenn die immanente Philosophie es an die Stelle dieser einfachen Einheit setzt, so füllt es den Platz vollkommen aus. Während aber die einfache Einheit *geglaubt* werden muß und stets Anfechtungen und Zweifeln ausgesetzt war und sein wird, wird das Wesen des *Schicksals*, vermöge der zur Gemein-schaft erweiterten allgemeinen Causalität, vom Menschen klar *erkannt* und kann deshalb niemals bestritten werden." (I, 210f.)

Politik und Soziallehre haben ihren systematischen Ort in einem kosmolo-gischen Evolutionismus, der einen einzigen Prozeß von der Weltwerdung aus dem göttlich-selbstüberdrüssigen ,Übersein' bis zum ,idealen Staat' der nahen Zukunft projektiert. So ist in einem aus dem Nachlaß herausge-gebenen Essay „Der theoretische Socialismus" auf genuin gnostische Wei-se eine Weltschöpfung aus Langeweile erwogen, die dann auch das pro-spektive Ende der Weltgeschichte bilden werde. Ein Prolog im Himmel unter starker Einbeziehung des Teufels verspricht dem Schöpfer Erlösung von seiner Langeweile durch menschliche Arbeitsgeschichte und Eigen-tumsbildung, menschliche Bosheit der Klassen- und Aufsteigergeschichte inklusive (vgl. II, 278f.). Der Essay ist „Den höheren Schichten des deut-schen Volkes gewidmet" (II, 275). Gegenwärtige Agenten des Erlösungs-prozesses sind die unteren, arbeitenden Schichten, denen Mainländer sich als politischer Führer anbietet. Die Klassenkämpfe der Gegenwart zielen letzten Endes darauf, allen die Empfindlichkeit und Langeweile derjenigen Schichten zugänglich zu machen, die bislang als die höheren galten. Im ,idealen Staat' ist ein Zustand universeller Wohlfahrt gegeben, der ein von falschen – egoistisch-beschränkten – Rücksichten freies Erkennen des eigenen Standortes im Weltprozeß wie dessen Sinns erlaubt. Denn „die Bewegung der ganzen Menschheit" ist „von einem niederen Standpunkte aus betrachtet, die Bewegung nach dem idealen Staate, vom höchsten da-gegen aufgefaßt: die Bewegung aus dem Leben in den absoluten Tod, da ein Stillstand im idealen Staate nicht möglich ist." (I, 227) Die weltge-schichtliche Tendenz liegt in der dafür vorbereitenden Sublimierung des Leidens, entsprechend dem „*Gesetz des Leidens*, welches die *Schwächung* des *Willens* und die *Stärkung* des *Geistes* bewirkt" (ebd.). Als echter Ge-schichtsmetaphysiker beansprucht Mainländer – nicht anders als E. v.

Hartmann einerseits, Marx und Engels andererseits – für seine Einsichten ontologischen Ausnahmestatus:[50]

> „Meine Philosophie blickt über den idealen Staat hinaus, blickt über Communismus und freie Liebe hinaus, und lehrt *nach* einer freien, leidfreien Menschheit den *Tod* der Menschheit. Im idealen Staate, d.h. in den Formen des Communismus und der freien Liebe, wird die Menschheit das ‚hippokratische' Gesicht zeigen: sie ist dem Untergang geweiht; und nicht nur sie, sondern auch das ganze Weltall." (II, 334)

Mainländers eigene Ambitionen, in der sozialistisch-kommunistischen Bewegung an führender Stelle mitzuarbeiten am Weltende, sind trotz mancher Ähnlichkeit der Rhetorik nicht mit dem ‚ethischen Sozialismus' einiger Neukantianer zu verwechseln. Der faktische Befund geht – wie bei Marx und Engels, v. Hartmann, aber auch Evolutionspositivisten wie E. Dühring – der normativen Selbsteinbindung voraus. Das ethische Engagement konstatiert günstige Anfangsbedingungen.

> Worin sind diese zu suchen? Mainländer führt Erfahrungen des Großstadtlebens und der Verschärfung von Klassenkämpfen an. Beides nivelliert und schwächt die individuellen Lebenskräfte. Zum einen sei da das „sociale Elend" – es „erhöht die geistige Kraft" – d.h. für den Schopenhauerianer Mainländer: die Distanz zum bloßen Wollen. „Der Proletarier zeigt sich als ein schwächliches Individuum mit einem verhältnißmäßig großen Gehirn, welche Erscheinung die *verkörperte* Wirkung des *Hauptgesetzes der Politik* ist. Der Proletarier ist ein Produkt der immer wachsenden Reibung im Staate, die erst für die Erlösung vorbereitet, dann erlöst. Während die Genußsucht die höheren Classen schwächt, schwächt die niederen das Elend, und *alle* Individuen werden dadurch befähigt, ihr Glück ganz wo anders zu suchen, als in diesem Leben und seinen leeren, aufgeblasenen, armseligen Reizen." (I, 288) Zum anderen seien da die „zum Bedürfniß für Alle gewordenen giftigen Reizmittel, wie Alkohol, Tabak, Opium, Gewürze, Thee, Kaffee u. s. w. Sie schwächen die Lebenskraft im Allgemeinen, indem sie unmittelbar die Sensibilität und mittelbar die Irritabilität erhöhen." (289)

Die gesteigerte Empfindlichkeit setzt Mainländer wie v. Hartmann einer Bewußtwerdung, einer Spiritualisierung des Wollens analog. Der kosmi-

---

50 Ermöglicht durch Virginität und Selbsttötungsentschluß als Bedingungen willensbefreiter Intellektualität – vgl. PhE I, 216f. Die „Psychodynamik" von Leben und Werk Mainländers erörtert Gerhard Dammann, „Zur psychopathologischen Dimension des extremen philosophischen Pessimismus", in: Winfried H. Müller-Seyfarth (Hrsg.): Was Philipp Mainländer ausmacht. Offenbacher Mainländer-Symposium 2001, Würzburg 2002, 49–63.

sche Erlösungsprozeß nimmt zeitgeschichtlich den Weg über die ‚Bildung': Die „sociale Frage", erklärt Mainländer, sei „nichts Anderes, als eine *Bildungsfrage*", „denn in ihr handelt es sich lediglich darum, *alle Menschen auf diejenige Erkenntnißhöhe zu bringen, auf welcher allein das Leben richtig beurtheilt werden kann.*" (295) Die Weltgeschichte zeige eine Abfolge zu erledigender Bedürftigkeiten und Befreiungsaufgaben: erst politische, dann ökonomische (ebd.). Die Vergeistigung der Individuen bedeute tendenziell auch eine Auflösung der Gefühlsbande, die einmal Institutionen durchwalteten. Paradefall hierfür seien Liebe und Familienleben. Sie wandern in die Region objektiv weiterlebender Institutionen ab, wodurch die subjektiven Biographien frei für die Gefühls- und Willenserschöpfung würden.

> „Alle *Triebfedern* sind allmählich aus dem Leben der Menschheit geschwunden: Macht, Eigenthum, Ruhm, Ehre; alle *Gefühlsbande* sind allmählich zerrissen worden: *der Mensch ist matt*. Sein Geist beurtheilt jetzt richtig das Leben und sein Wille entzündet sich an diesem Urtheil. Jetzt erfüllt das Herz nur noch die eine Sehnsucht: ausgestrichen zu sein für immer aus dem großen Buche des Lebens. Und der Wille erreicht sein Ziel: den absoluten *Tod*." (311) Die Schwächung der Instinkte sei schon absehbar. „Warum? Weil sich in dem Maße, als die Vernunft sich entwickelt, auch die äußeren Werke der Vernunft, die Institutionen, sich entwickeln, welche die Erhaltung des Einzelnen sichern. Die Mutterliebe ist jetzt noch nöthig, weil in der heutigen Ordnung der Dinge das Neugeborene untergehen würde, wenn es die Mutter nicht auf dämonischen Antrieb schützte und pflegte. In einigen hundert Jahren dagegen ist sehr wahrscheinlich keine Mutterliebe mehr unter den Menschen, weil der Staat den Schutz und die Pflege des Kindes durch unübertreffliche Einrichtungen übernommen haben wird." (II, 385f.)

Es liest sich fast wie eine Parodie der berühmten, einschlägig betitelten Engelsschen Schrift, wenn Mainländer im Ende der bürgerlichen Familie und der zugehörigen Eigentumsverhältnisse gerade die Vorbedingung dafür sieht, daß der Einzelne frei für seinen Tod werde.

> „Persönliches Eigenthum und Familie sind retardirende Momente für die Entwicklung der Gesammtheit, dagegen beschleunigende für die Ausbildung der Persönlichkeit. Ist die echte Persönlichkeit das vorherrschende Element geworden, so ist eine Weiterbildung nur noch in der Gesammtheit möglich und dann fallen persönliches Eigenthum und Familie ganz von selbst, wie das Gängelband fällt, wann das Kind laufen kann, wie der Vormund zurücktritt, wann der Mündel großjährig wird." (504) „Das Endziel aller Cultur ist vollständige Emancipation des Individuums. Dazu gehört aber vor Allem: Zerreißung aller Ge-

fühlsbande und deshalb werden auch die Ideale der Socialisten real werden ..." (ebd.) „Zweck der ganzen Weltgeschichte" sei es ja schließlich, „der *Masse* Das zu bringen, was *Einzelnen* seit Beginn der Cultur zu Theil wurde." (505)

Die absolute Vernichtung (Erlösung) bildet das Ziel des ‚Socialismus', der ‚Socialismus' das Ziel des ‚Capitalismus'. Den Weg dorthin und das Verbindende beider bildet die *Langeweile aus materieller Absättigung*. Diese Zusammenschau von Kapital und Arbeit, von liberaler Konkurrenz und sozialistischer Gleichheit kennt man als einen Topos konservativer Kultur-, ja Modernekritik. Doch Mainländer ist es ernst damit, die – im Effekt langweilenden – Errungenschaften der modernen Welt jedermann zugänglich zu machen.

Mit dem Schwund von Gier und Neid zugunsten gelangweilter Indifferenz allein sei die Erlösung vom Willen innerweltlich erreichbar. Nehmen „wir an, daß die Menschen, im Laufe der Zeit, durch Leiden, Erkenntniß und allmähliche Entfernung aller *schlechten* Motive, maßvolle und harmonische Wesen geworden sind, kurz, daß wir es nur noch mit *schönen Seelen* zu thun haben. Sollte wirklich noch irgend etwas in unserem Staate sein, was die Leidenschaft oder den Seelenschmerz erregen könnte, so findet das erregte Individuum bald sein Gleichgewicht wieder und die harmonische Bewegung ist wieder hergestellt." (I, 205) „Es verbleiben mithin nur vier Uebel, die durch keine menschliche Macht vom Leben getrennt werden können: Wehen der Geburt, sowie Krankheit, Alter und Tod jedes Individuums." (206) All diese Übel sind – bis auf den vom kosmischen Vernichtungsgesetz bestimmten Tod – innerweltlich heilbar: „Wir nehmen an, daß die Geburt des Menschen in Zukunft ohne Schmerzen von Statten gehe, daß es der Wissenschaft gelinge, den Menschen vor jeder Krankheit zu bewahren, schließlich, daß das Alter solcher beschirmten Menschen ein frisches und kräftiges sei, welchem ein sanfter schmerzloser Tod plötzlich ein Ende mache (Euthanasie). Nur den Tod können wir nicht fortnehmen, und wir haben mithin ein kurzes leidloses Leben vor uns. Ist es ein glückliches?" (206f.) Es entsteht ein Wesen, das ein französischer Konservativer den „Menschen Louis Philippes" nannte – sanft und gierig (vgl. I, 207). Arbeits- und Verteilungskämpfe existieren nicht mehr, durch hervorragende Organisation der Arbeit (ebd.). Sind diese Menschen glücklich? „Sie wären es, wenn sie nicht eine entsetzliche Oede und Leere in sich empfänden. Sie sind der Noth entrissen, sie sind wirklich ohne Sorgen und Leid, aber dafür hat die Langeweile sie erfaßt. Sie haben das Paradies auf Erden, aber seine Luft ist erstickend schwül. ... Die Noth ist ein schreckliches Übel, die Langeweile aber das schrecklichste von allen. Lieber ein Dasein der Noth, als ein Dasein der Langeweile, und daß schon jenem die völlige Vernichtung vorzuziehen ist, muß ich gewiß nicht erst nachweisen. Und so hätten wir zum Ueberfluß auch indirekt gezeigt, daß das Leben im besten Staate unserer Zeit werthlos ist." (ebd.)

Die bei Mainländer angezielte *Vergesellschaftung der Langeweile*, das gänzliche Fehlen eines Ennui-Elitarismus – vom arbeitsamen Stumpfsinn der anderen erregte Langeweile (F. Schlegel, Kierkegaard, Schopenhauer) – bekundet sich angesichts des hypothetischen Einwands, „daß Leute, welche der Noth glücklich entronnen sind, mit dem Dasein Nichts anzufangen wissen; denn man kann hiergegen mit Recht einwenden, daß sie sich, aus Mangel an Geist oder Bildung, nicht zu beschäftigen wissen" (I, 208). Gerade der ‚Geist', die Freisetzung für individuelles Erleben jenseits der Arbeit fürs materiell Notwendige, lasse ja das Urteil übers Leben negativ ausfallen. Mainländer zitiert Goethe und Humboldt, die als hochindividualisierte Geister in der Lage waren, diese Bilanz rücksichtenfrei zu ziehen. „'Wüßten wir nur wenigstens, warum wir auf dieser Welt sind!' Also im ganzen reichen Leben dieses begabten Mannes [v. Humboldts] Nichts, Nichts, was er als Zweck des Lebens hätte auffassen können. Nicht die Schaffensfreude, nicht die köstlichen Momente genialen Erkennens: Nichts! Und in unserem idealen Staate sollten die Bürger glücklich sein?" (210)

An diesem Punkt geht Mainländers Prognostik und Diagnostik direkt über in *politische Programmatik*. Das Kapitel „Politik" seiner „Philosophie der Erlösung" skizziert die Langeweile als hinreichend für die Einsicht ins Übel des Seins. Die Schopenhauersche Meditation über die Langeweile reicher Leute erfährt ihre *Soziologisierung*. In einem mustergültigen Vorleben der Langeweile materiellen Wohlstands liegt die Lösung der sozialen Frage beschlossen. Sie kann und muß von den ‚höheren Classen' ausgehen (vgl. I, 300).

> An sie appelliert Mainländer: „*Sursum corda!* Erhebt euch und tretet herab von der lichtvollen Höhe, von wo aus ihr das gelobte Land der ewigen Ruhe mit trunkenen Blicken gesehen habt; wo ihr erkennen *mußtet*, daß das Leben wesentlich glücklos ist; wo die Binde von euren Augen fallen *mußte*; – tretet herab in das dunkle Thal, durch das sich der trübe Strom der Enterbten wälzt und legt eure zarten, aber *treuen, reinen, tapferen* Hände in die schwieligen eurer *Brüder*. ‚Sie sind roh.' So gebt ihnen Motive, die sie veredeln. ‚Ihre Manieren stoßen ab.' So verändert sie. ‚Sie glauben, das Leben habe Werth. Sie halten die Reichen für glücklicher, weil sie besser essen, trinken, weil sie Feste geben und Geräusch machen. Sie meinen, das Herz schlage ruhiger unter Seide als unter dem groben Kittel.' So *enttäuscht* sie; aber nicht mit *Redensarten*, sondern durch die *That*. Laßt sie erfahren, selbst schmecken, daß weder Reichthum, Ehre, Ruhm, noch behagliches Leben glücklich

machen. Reißt die Schranken ein, welche die Bethörten vom vermeintlichen Glück trennen; dann zieht die Enttäuschten an eure Brust und öffnet ihnen den Schatz eurer Weisheit; denn jetzt giebt es ja nichts Anderes mehr auf dieser weiten, weiten Erde, was sie noch begehren und wollen könnten, als *Erlösung von sich selbst.*" (301f.)

Für v. Hartmann lag in dem Zwang zum produktiven Minimum unterhalb der Konsummaximierung ein Einfallstor für die Sinnfrage, für die Frage nach dem „absoluten Werth des Lebens" (vgl. Ubw, 732), für Marx und Engels bildete der fortbestehende Arbeitszwang, gemäß dem Basis-Überbau-Schema, lediglich die notwendige Bedingung für ein darauf zu errichtendes Reich der Freiheit. Mainländer scheint die Defizite beider Ansätze abermals in einer Art parodistischer Synthese vermeiden zu wollen:

> „Gearbeitet muß immer werden, aber die Organisation der Arbeit muß eine solche sein, daß *Jedem alle* Genüsse, welche die Welt bieten kann, zugänglich sind. Im Wohlleben liegt kein Glück und keine Befriedigung; folglich ist es auch kein Unglück, dem Wohlleben entsagen zu müssen. Aber es ist ein *großes Unglück*, ein Glück in das Wohlleben zu setzen und nicht *erfahren* zu können, daß *kein* Glück darin liegt. Und dieses Unglück, das nagende und das Herz durchzuckende, ist die treibende Kraft der niederen Volksgruppen, welche sie auf den Weg der Erlösung peitscht. Es verzehren sich die Armen in Sehnsucht nach den Häusern, den Gärten, den Gütern, den Reitpferden, den Carossen, dem Champagner, den Brillanten und Töchtern der Reichen. Nun gebt ihnen all diesen Tand und sie werden wie aus den Wolken fallen. Dann werden sie klagen: wir haben geglaubt, so glücklich zu sein, und es hat sich *in* uns Nichts wesentlich geändert. Satt von allen Genüssen, welche die Welt bieten kann, müssen erst alle Menschen sein, und da ihre Erlösung ihre *Bestimmung* ist, so *müssen* die Menschen satt werden, und die Sättigung führt nur die gelöste sociale Frage herbei." (PhE I, 308)

Indem Mainländer der *Organisation der Arbeit* solche Aufmerksamkeit schenkt, vertritt er mehr als einen schlichten Konsumentenkommunismus – wie der Vorwurf der Begründer des ‚wissenschaftlichen Sozialismus' an die frühen, utopischen Sozialismen vielfach lautete.[51] Doch wie verträgt sich die individuelle Autonomie der zunächst materiellen, dann geistigen Befriedigung damit? Auch hier ist die Nähe zu den Zukunftsvorstellungen von Marx und Engels beträchtlich. Nicht anders als diese verabscheut Mainländer den Kapitalismus wie Sozialismus eigentümlichen Typ des

---

51 Vgl. vor allem Friedrich Engels, Die Entwicklung des Sozialismus von der Utopie zur Wissenschaft, Kapitel I: „Der utopische Sozialismus".

Konsumstrebers; sein utopisches Menschenbild ist an der Klassik und am deutschen Neuhumanismus gebildet. Nur erfährt die autonom in sich ruhende Humanität jetzt einen Impuls nicht ins unbegrenzt geschichtlich Progredierende, wie bei Marx, Engels und ihren Nachfolgern, sondern in die Verinnerung, d.h. die todbringende Einsicht über den Unwert des Daseins als solchen.[52] Der Kommunismus bildet die Zukunft der Menschheit, die in einer Welt ohne imperiales, aktiv-geschichtliches Zentrum leben wird. In fast ökosozialistisch anmutenden Bildern skizziert Mainländer ein lokal und sozial autarkes Dasein, wohin kapitalistisches Konkurrenzstreben bei Bewahrung seiner Energien umgelenkt ist. Doch gerade so führt es auf das welt- und menschengeschichtlich übergreifende Telos einer Vernichtungswürdigkeit willensgezeugten Lebens überhaupt.[53]

> Die Forderung nach Detailschilderungen weist Mainländer – nicht anders als der ‚wissenschaftliche Sozialismus' seiner Zeit – ab: „Behagliche *Arbeit* und gesundes fröhliches *Spiel* ‚im Sonnenschein der Güte Gottes' … Daß diesem Leben die Erlösung vom Leben überhaupt *folgen muß*, hat mit der Frage, ob der Communismus ein schlaffes oder ein rasch pulsirendes Leben erzeuge, gar Nichts zu thun. Wir haben gefun-

---

52 Eine gesonderte Betrachtung würden Mainländers Prognosen im Vergleich mit denen Nietzsches verdienen, der seinen Generationsgenossen als Virginitätsapostel und süßlichen Juden denunziert hat. Nietzsches soziale Erfahrungsarmut führt anders als diejenige Mainländers nicht zu soziologischen und politischen Lektüren, sondern zu einer Verallgemeinerung des Erlebten. In der „Fröhlichen Wissenschaft", die zwischen Band I und II von Mainländers Hauptwerk erschien, ist Langeweile als bereits dominierende Stimmung des zeitgenössischen – „jungen" – Europas aufgefaßt. Das Verlangen der von aller Erfahrbarkeit der Welt und ihrer Widerstände Getrennten gehe nicht auf den Tod, sondern auf Unglück bzw. Leid. Die innere und äußere Expansionstendenz der kapitalistischen Moderne ist aus psychologischer Analogie gedeutet: „Denke ich an die Begierde, etwas zu tun, wie sie die Millionen junger Europäer fortwährend kitzelt und stachelt, welche alle die Langeweile und sich selber nicht ertragen können, – so begreife ich, daß in ihnen eine Begierde etwas zu leiden sein muß, aus ihrem Leiden einen probablen Grund zum Tun, zur Tat herzunehmen. Not ist nötig! Daher das Geschrei der Politiker, daher die vielen falschen, erdichteten, übertriebenen ‚Notstände' aller möglichen Klassen und die blinde Bereitwilligkeit, an sie zu glauben. Diese junge Welt verlangt, *von außen her* solle – nicht etwa das Glück – sondern das Unglück kommen oder sichtbar werden …" Im Gegenzug werde die ganze Welt mit „Notgefühl" angefüllt (Die fröhliche Wissenschaft I, § 56).

53 Die Vorstellung, daß mit der Negation der kapitalistischen Produktionsweise unter Beibehaltung des erreichten Vergesellschaftungsgrades „das *individuelle Eigentum*" wieder hergestellt werde, hatte wenige Jahre zuvor Karl Marx formuliert – vgl. ds., Das Kapital. Kritik der politischen Ökonomie, drei Bände, Berlin 1955, I, 603.

den, daß der Communismus zunächst muntere, fröhliche, arbeitsame
Menschen hervorbringen würde und daß mithin von einem lahmen, hin-
schleichenden Leben im idealen Staate wegen des Communismus gar
keine Rede sein kann. Ob die Menschen aber solche Menschen bleiben
und ein solches Leben behalten wollen, ob die *umfassendste Bildung* sie
nicht allmälig flügellahm und todtmüde macht – das ist eine Frage, die
auf ein ganz anderes Gebiet gehört, das wir streifen werden." (II, 305)

„Der praktische Socialismus", so auch der Titel eines weiteren Nachlaß-
Essays, „Den deutschen Arbeitern gewidmet", besteht in der institutionel-
len und intellektuellen Schwächung der egoistischen Einzelwillen, in der
Verhinderung einer metaphysisch fruchtlosen, weil egoismussteigernden
gegenseitigen Vernichtung der Menschheit in Klassenkämpfen. Daher
Mainländers Definition der ‚socialen Frage' als ‚Bildungsfrage'. Das *prak-
tisch-politische Konzept* gründet sich nicht anders als im historischen Materialismus auf die Kenntnis von weltgeschichtlichen Verlaufsgesetzen.[54]
Zwar stehen Natur und Geschichte, Natur- und Kulturvölker innerhalb
desselben, nur im Tempo verschiedenen Vernichtungsprozesses (vgl. I,
260f.). Dessen Universalisierung in der – kapitalistischen – Weltzivilisation läßt aber Sondergesetze wirksam und sichtbar werden: das Gesetz der
Fäulnis und das Gesetz der Verschmelzung durch Eroberung (vgl. I, 241).
Erst die Verschränkung beider ergibt die Totalität des Vernichtungsprozesses: „Ueberall nun, wo Fäulniß in der Gesellschaft auftritt, offenbart sich
das Gesetz der Verschmelzung; denn die Civilisation hat, wie ich mich
bildlich ausdrückte, das Bestreben, ihren Kreis zu erweitern, und sie
schafft gleichsam die Fäulniß, damit wilde Naturvölker, angelockt, ihre
langsame Bewegung aufgeben und sie mit der raschen der Civilisation
vertauschen." (I, 307) Mainländer registriert aber einen weltweiten Mangel
an Völkern, die derartig von der Zivilisation unberührt seien, daß sie kraft-
voll-zerstörerisch „in die Staaten eindringen könnten" (ebd.). Eine Völkerwanderung könne nicht mehr stattfinden, die geschichtlich potenten
„Nationen sind bereits *in* einem geschlossenen Kreise der Civilisation und

---

54 Der Geschichtsdeterminismus verbürgt bei Mainländer – nicht anders als bei
v. Hartmann – die eigene welthistorische Ortsbestimmung: In einem Gespräch
mit „seinem Dämon" wird Mainländer der Rat zuteil, sich „einfügen zu lassen
als ein bescheidenes, aber tapferes Glied in den granitenen Bau" – „du hast es
ja so klar und deutlich erwiesen, daß die nächste Geschichtsperiode noch das
Gesetz der Völkerrivalität beherrschen" werde. Die „totale Hingabe an das
Allgemeine" bedeute in diesem Falle preußischen Militärdienst, den der Autor
denn auch freiwillig absolvierte (vgl. Philipp Mainländer, Aus meinem Leben,
in: Die Macht der Motive. Literarischer Nachlaß von 1857 bis 1875, hrsg. von
Winfried H. Müller-Seyfarth und Joachim Hoell, Hildesheim u.a. 1999, 311–
435, hier: 333).

in *jeder* dieser Nationen, in Rußland so gut als in Frankreich, ist die Fäulniß vorhanden." Fazit: „Die Regeneration kann also nur von unten herauf
stattfinden, nach dem Gesetze der Verschmelzung im Innern, dessen Folgen aber diesmal andere sein werden, als die in Griechenland und Rom
waren." (ebd.) Es gibt ja keine geschichtliche Dynamik *außerhalb* des
planetarischen Zivilisationsprozesses mehr, die etwa – in zyklischer Weise
– den Untergang des einen Volkes dem Aufgang des anderen dienstbar
machen könnte. Mainländers Geschichtsphilosophie wahrt darum (wie die
v. Hartmanns!) gleichermaßen Distanz gegenüber romantischen Erneue-
rungssehnsüchten aus dem Ursprung wie gegenüber kulturkonservativen
Untergangsängsten vor den lebenskräftigeren Barbaren. Die Herausbildung
einer Weltzivilisation bedingt weitgehend ungestörte Vernichtungsabläufe
in den einzelnen Staaten. Soziale und kulturelle „Nivellirung" werden,
„unwiderstehlich getrieben vom Genius der Menschheit, die künstlichen
Dämme einzureißen, und es wird in jedem Staate eine einzige nivellirte
Gesellschaft vorhanden sein" (307f.). Agens dieser Zerstörung nach innen
ist ‚das Capital', „der kälteste und schrecklichste aller Tyrannen" (287).

Wer dies, wie v. Hartmann, in naivem innerweltlichen Optimismus und
sozialpolitischem Harmonisierungsvertrauen ignoriere, müsse sich sagen lassen: „Es wird Ein Tag sein, wo Ihre Philosophie, Alt-Katholi-
cismus, Neu-Katholicismus, Alt- und Neu-Protestantismus, altes und
Reform-Judenthum, Zwei-Kammersystem, liberale und conservative
Parteien, sociale Kasten, Schulze-Delitz'sche Vereine, Arbeiterbil-
dungsvereine und die Productionsweise von Gütern unter der Herrschaft des Kapitals zusammen zerbrechen: ein einziger Tag! ob er auch
erst in hundert Jahren anbreche. Aber wann er kommt, dann hält sich
auch keine der Institutionen mehr, welche entweder aus der alten Zeit in
den immer rasender werdenden Sturm der Menschheitsentwicklung
hereinragen, oder als Palliativ-Mittel gegen das sociale Elend ersonnen
worden sind. Es wird ein Zusammensturz ohne Trümmer sein, wie eine
Luftspiegelung plötzlich verschwindet: da war sie noch, und auf einmal
ist keine Spur mehr von ihr zu entdecken." (II, 594)

6. Resümee: Historisierung und Sozialisierung des Ennui

Die neuzeitliche Metaphysik der Langeweile hatte als anthropologische und psychologische *Lehre von einer Bewegung* eingesetzt, die ihren möglichen Zielen prinzipiell vorausliege. *Was* Mensch und Seele bewegte, sollte seinen transempirischen Sinn in den Augenblicken eines Motivmangels zeigen, über den sich nicht hinwegzutäuschen den Stolz und das Ethos der Ennui-Bewältiger bildete. Die Auffassung dieser ununterbrochenen, motivlosen Bewegtheit als Folge einer onto-theologischen Dezentriertheit des Menschen ging im Fortschrittsdenken des 18. und 19. Jahrhunderts unter, doch Pessimismus und Nihilismus nehmen dieses Motiv wieder auf.[55] Intentionalität und innere Geschlossenheit eines Prozesses gelten jetzt gerade als diejenigen (formalen) Charaktere des Fortschrittsdenkens, die ihren materialen Sinn in einem Streben zum Nichts, einem „Es hat nicht sollen sein" hinsichtlich der Gesamtbewegung finden. Das neuzeitliche Nachdenken über die Langeweile und die pessimistisch-nihilistische Spekulation lehnen gleichermaßen die Suche nach einem innerweltlich verborgenen oder einem überweltlich installierten *Prinzip der Bewegung* ab. Deren Sinn ist zwar nicht individuell zu rationalisieren, er ist aber auch nicht schicksalhaftes Fremdverschulden. Der offenbar gewordene Ennui bezeichnet vielmehr die kritischen Momente des Prozesses von Welterschließung und Menschheitsentwicklung, worin diese einander durchdringen. Beide Denktraditionen, die langeweiletheoretische wie die pessimistisch-nihilistische, insistieren auf innerweltlicher *Erfahrung* und *Anschauung* als hinreichender Mittel, diese Sachlage zu vergewissern. Pessimismus und Nihilismus errichten ihre metaphysischen Denkgebäude unter dem Eindruck des positivistischen Pathos immanenter Welterklärung. Die Möglichkeit, eine – von transzendentem Sinn freie – Realität restlos zu erfassen, trifft dabei mit dem langfristigen Trend der Langeweile-Metaphysik der Neuzeit zusammen. Die in innerer wie äußerer Anschauung fühlbare Realität einer Bewegung, einer seelischen wie mundanen Unruhe, verlangte nach Benennung ihres Grundes, Sinnes, Zweckes. Das positivistische Ideal ‚inductiver Me-

---

55 Beides sei hier und im folgenden wegen der dichten *zeitdiagnostischen* Nachbarschaft in einem Atemzug genannt – im Unterschied zu den schärferen Entgegensetzungen einer nihilistischen *Theoriebildung* wie bei Nietzsche und seinen Nachfolgern. Als beispielhaft für die zeitgenössische Wahrnehmung im letzten Drittel des 19. Jahrhunderts vgl. Stephan Gätschenberger, Nihilismus, Pessimismus und Weltschmerz, in: Deutsche Zeit- und Streitfragen. Flugschriften zur Kenntniß der Gegenwart, hrsg. von Franz von Holtzendorff, Jahrgang X, Heft 145–160, Berlin 1881, 1–39.

taphysik' wie die metaphysische Deutungstradition des Ennui sind sich einig darin, daß Grund oder Ziel der Bewegung in ein Nicht-Sein zu legen sei, worin sich jene restlos erfülle – alles andere wäre transzendente Spekulation, vorkritische Metaphysik. Somit erscheint die gesamte Weltwirklichkeit als Vorgriff oder Nachwirkung eines Willens zum Nichts.

Die Exposition der neuzeitlichen Langeweile-Metaphysik als Anthropologie und Psychologie stand einer späteren regionalontologischen Ausdeutung und Differenzierung offen. Das geschieht im späten 19. Jahrhundert. Unterm Postulat prozeßimmanenter Wirklichkeitsdeutung werden Natur und Geschichte, Mensch und Kosmos unterschiedslos auf das Telos oder den Ursprung im ontologischen oder noologischen Nichts hin gelesen;[56] naturwissenschaftlicher Positivismus wie entfalteter Historismus wirken gleichermaßen im Anspruch der philosophischen Pessimisten fort, die Wirklichkeit aus *einem* Prinzip zu deuten. Die Behauptung der uneingeschränkten Kontinuität des Willens, der Bewegung, des Weltprozesses übergreift alle Binnendifferenzen. Sie speist sich aus dem positivistischen Homogenitätsprinzip wissenschaftlicher Methodeneinheit wie aus der historistischen Idee vom ontologischen Kontinuum sich entwickelnden Sinns. Schopenhauer und seine Schüler wirken als Vorläufer und Zeitgenossen des einzelwissenschaftlich reformulierten ‚Heraklitismus' der Jahrhundertwende,[57] dem zahlreiche regionalontologische Metaphysiken der Bewegung (und ihrer Gesetze!) zur Seite gehen, schließlich auch eine praktische Hochschätzung der Bewegung als solcher in der Politik.[58] Die

---

56 Mainländer beansprucht einen Prospekt gegeben zu haben, der sich doch schon bei v. Hartmann findet: Wäre der Weltprozeß „ein endloser oder auch ein dereinst in blinder Nothwendigkeit oder Zufälligkeit sich erschöpfender, so dass aller Witz sich vergeblich bemühte, das Schiff in den Hafen zu steuern, – dann und nur dann wäre die Welt wirklich absolut trostlos, eine Hölle ohne Ausweg, und dumpfe Resignation die einzige Philosophie. Wir aber, die wir in Natur und Geschichte nur einen einzigen grossartigen und wundervollen Entwickelungsprocess erkennen, wir glauben an einen endlichen Sieg der heller und heller hervorstrahlenden Vernunft über die zu überwindende Unvernunft des blinden Wollens, wir glauben an ein *Ziel* des Processes, das uns die Erlösung von der Qual des Daseins bringt" (Ubw, 743).

57 Vgl. Jürgen Große, Kritik der Geschichte. Ihre Probleme und Formen seit 1800, Tübingen ¹2006, 210ff.

58 Innerhalb dieser geistesgeschichtlichen Konditionen ist die Anzahl möglicher Lösungen begrenzt. Komplementär zu den Entwürfen Mainländers und v. Hartmanns steht etwa die Frage von F. Engels nach der Natureinbindung menschlicher – inklusive der ‚bewußt zu machenden' – Geschichte: „Und wenn nun ein solches Sonnensystem seinen Lebenslauf vollbracht und dem Schicksal alles Endlichen, dem Tode verfallen ist, wie dann? Wird die Sonnenleiche in Ewigkeit als Leiche durch den unendlichen Raum fortrollen …?" Oder wolle man „behaupten, daß die Materie sterblich und die Bewegung ver-

Enttäuschung an der Formel, daß der Sinn von Progression ihre Unendlichkeit sei, ist dabei oft real- wie geistesgeschichtliche Vorbedingung
gewesen; die Theoretiker von Pessimismus, Nihilismus, Langeweile nennen jedenfalls unverblümt die Doktrin der unbegrenzten Forschrittsbewe-
gung eine letzte, noch zu überwindende Sinn-Illusion. Dennoch sind diese
Philosophen unübersehbar an der einzelwissenschaftlichen, ‚inductiv'-
methodischen Bekräftigung ihrer Metaphysiken interessiert. Im Unterschied zu ihren jüngeren Zeitgenossen im lebensphilosophischen und
pragmatistischen ‚Heraklitismus' (Simmel, James, Bergson, der frühe
Spengler) sind es aber nicht regionale Ontologien (z. B. die Soziologie, die
Psychologie), die auf metaphysische Auslegung zur Überwindung struktur-
immanenter Erklärungsdefizite drängen; vielmehr liegen umgekehrt allgemeine Metaphysiken (des Nichts) zugrunde, die ihre möglichst umfassende
und gleichmäßige Anwendung auf alle philosophischen Teildisziplinen
erfahren. (Daher die so reichhaltige wie sorgfältige spezialmetaphysische
Binnenstrukturierung der Werke Schopenhauers, Mainländers, v. Hartmanns.) In dem spekulativen Aufwand, der dabei getrieben wird, sind die
Schopenhauer-Schüler den Heutigen fremd – auch in dem oft pedantisch
wirkenden Gleichmut, womit das Paradoxe als ‚inductiv gewonnenes Resultat' präsentiert wird. Mainländers und v. Hartmanns Historisierung und
Sozialisierung von Langeweile und Sinnlosigkeitserleben berühren sich
hingegen stärker mit dem Bewußtsein der Gegenwart als die schroff ahisto-
rische, asoziale Langeweiletheorie Schopenhauers.

Sozialisierung kann dabei für zweierlei stehen: für die gesellschafts-
theoretische Betrachtung des Ennui wie für den praktischen Versuch, aus
sozialtherapeutischen Gründen die Langeweile großen Menschenmassen
zuzubilligen oder gar zugänglich zu machen. Beides liegt Schopenhauers
anthropologischem Zugang zur Langeweile fern. Wenn Schopenhauer, in
Übereinstimmung mit Pascal und den französischen Moralisten, Langeweile als „Quelle der Geselligkeit" erörtert (vgl. WWV I, 430), dann ist darin
jene bis in die Langeweiledeutung des frühen 19. Jahrhunderts verbindliche Gleichsetzung von Geselligkeit und Gesellschaft erkennbar, die für
Mainländers und v. Hartmanns Erfahrung nicht mehr gültig war. Beide
erleben die industrielle Massengesellschaft als Arbeits- *und* Konsum-
menschheit, deren Dasein bislang nicht gekannte Sinngebungsprobleme
aufwirft. Schopenhauer sieht in Not und Langeweile die Agenzien, die

---

gänglich ist"? (MEW XX, 324f.) Hier bleibt nur die Rückbindung des evolutionären Zeitsinns in den zyklischen, mithin der Rückgriff auf einen materiali-
stisch gelesenen Heraklit: „Es ist ein ewiger Kreislauf, in dem die Materie sich
bewegt", „wir haben die Gewißheit, daß die Materie in allen ihren Wandlun-
gen ewig dieselbe bleibt" (327) – somit habe „die moderne Naturwissenschaft
den Satz von der Unzerstörbarkeit der Bewegung von der Philosophie adaptie-
ren müssen" (325).

abwechselnd die Menschen zusammentreiben und so das Phänomen ‚Geselligkeit' erzeugen (vgl. PP II, 507). Er betrachtet diese Sachlage aus dem Blickwinkel eines besseren Wissens darum, daß die „freie Muße der gewöhnlichen Natur des Menschen fremd" sei (PP I, 408). Solche anthropologischen Unterstellungen und elitären Erkenntnisansprüche sind Mainländer und v. Hartmann zwar geläufig. Sie sehen jedoch Not und Langeweile in einem irreversiblen Verhältnis: der ‚Weltprocess' (bzw. ‚Erlösungsprocess') führt von dem einen zum anderen. Analog dazu ist die Hierarchisierung materieller und geistiger Nöte nicht aufgehoben, aber ins Prozeßhafte überführt.[59] Die kontinuierliche Ablösung von den Härten und Unempfindlichkeiten in der Welt materieller Not muß zur sozialen Ausweitung von geistig-psychischer Irritabilität, zum Auftreten der Sinnfrage fürs Welt- und Lebensganze wie zu ihrer negativen Beantwortung führen. Langeweile ist nicht mehr die exklusive Not der Reichen, wie bei Schopenhauer, sondern aller, die über die aus Mangel und Erfüllung gemischte Gesamtheit des Daseins nachdenken können. Mainländer und v. Hartmann vertreten je komplementäre Aspekte dieser pessimistisch-nihilistischen Situationsbeschreibung: ersterer sieht im *Konsum* der Massen die unmittelbare Vorbedingung für Langeweile und negatives Urteil übers Dasein, letzterer in der immer noch (wenngleich minimal) aufzuwendenden *Arbeit* den Auslöser für ein Rechnen über Lust und Unlust des Lebens, bei dem die Aufwendungen zur materiellen Grundsicherung angesichts des Nicht-sein-Sollens der Welt und des Menschen ein unaufholbares Minus ergäben. Trotz der Dramatik, in der gewisse innerkulturelle Konflikte und Krisengefühle unmittelbar auf das Erlösungsziel im Nichts bezogen sind, stellen die sozialphilosophischen Überlegungen v. Hartmanns und Mainländers doch eher Bilder der modernen Wachstums- und Wohlstandsgesellschaften im Zustand relativer Ruhe dar. Der zeitgenössisch gegen sie erhobene Nihilismusvorwurf mußte diese beiden Denker befremdlich anmuten, die Unterstellung einer Einladung zum ‚activen Nihilismus' im Sinne Feuerbachs

---

59 Die Dynamisierung der Schopenhauerschen Statik von Not und Langeweile findet freilich *einen* Ansatzpunkt in der sozialfaktisch gedeuteten Langeweilebestimmung „Fehlen von Objekten des Wollens". Schopenhauer selbst erwägt nämlich die dauernde Aussetzung einer Wunschbefriedigung als Langeweile-Variante, die ausnahmslos die Unterschichten betrifft; das Wollen geht hierbei ins Leere, weil sein Objekt außer Reichweite scheint. Daß dies nicht so bleiben werde oder solle, ist je die Ansicht der Schopenhauerianer v. Hartmann und Mainländer, im 20. Jahrhundert dann der freudomarxistischen Kulturkritik. Vgl. zu diesem Aspekt Rolf H. Schuberth, Ambivalenz der Langeweile, in: Zeit der Ernte. Studien zum Stand der Schopenhauer-Forschung, hrsg. von Wolfgang Schirmacher, Stuttgart-Bad Cannstatt 1982, 344–354.

und Nietzsches absurd.[60] Mainländers und v. Hartmanns Kulturdiagnosen bedenken nicht die Möglichkeit einer autoaggressiven Tendenz der Kultur, eines ‚dialektischen' oder ‚pervertierenden' Umschlags von Wachstum in Zerstörung und möglichen Neubeginn, wie es ihre Zeitgenossen Marx, Nietzsche, Burckhardt taten. Der Umschlag ins Nichts liegt am Ende bzw. die Herkunft aus dem Nicht-sein-Sollen am Anfang des Prozesses, also jedenfalls außerhalb. Auf diese Weise zollen die Pessimisten Mainländer und v. Hartmann dem zeitgenössischen Evolutionsoptimismus auf ihre Weise Tribut. Man hat das vielfach als unfreiwillig parodistisch oder als Heuchelei empfunden.[61] Tatsächlich geben beide Schopenhauer-Schüler aber nur dem durchschnittlichen Doppelbewußtsein des Weltzivilisationsbürgers von der Vorzüglichkeit seiner Mittel und der Bodenlosigkeit seiner Zwecke Ausdruck, wie es den Alltag in der sich verwestlichenden Welt bis auf den heutigen Tag bestimmt. Mainländer und v. Hartmann propagieren je eine Ethik des Als-Ob, des Weitermachens im besseren Bewußtsein; nihilistische Frucht am Baume des Kantianismus, wie sie dann mit weniger Pathos-Aufwand, jedoch mehr Erfolg M. Weber und der ethische und epistemologische Fiktionalismus (H. Vaihinger) schmackhaft zu machen suchten.

In jedem Falle sind ‚objectiv' erkennbare, in ihrem Sachgehalt aber unbeeinflußbare Tendenzen unterstellt. Die Reverenz ans historische Prozeß-denken besteht in der *geschichtsphilosophischen Wendung* der Langeweile- und Nihilismusbefunde, in deren Strukturen sich die Schopenhauer-Schüler ansonsten mit Marx, Burckhardt, Nietzsche, Tocqueville und vielen anderen teilen. Die *Historisierung des Ennui* bedeutet die zweite wesentliche Fort- wie Umbildung der Schopenhauerschen Langeweile-Anthropologie, im weiteren der bei Pascal verheißenen Anthropologisierung der Langeweile überhaupt. Die neuzeitliche Metaphysik vom Menschen hatte die Erfahrung transzendenten Sinns wie Seins in die Immanenz des Gefühls- bzw. des Seelenlebens verlegt. Dessen Geschehen schien damit natürlichen Verlaufsgesetzen unterworfen, die dennoch ihre privilegierten Halte- und Umschlagpunkte hatten: im Ennui, in der Leere, Hohlheit, Langeweile eröffnete sich für den Moment einer unbestimmten Gegenwart ein Durchblick auf die condition humaine im ganzen. Der an solcherlei Durchblicken, d.h. *metaphysisch* Interessierte, mußte sich in der

---

60 Die Deutung der terroristischen Bewegungen als Vollstrecker eines theoretisch
    bereits aussagbaren Nihilismus findet sich nicht erst bei Nietzsche, sondern –
    anscheinend erstmals – schon bei Ludwig Feuerbach – vgl. ds., Vorlesungen
    über Geschichte der neuern Philosophie (1835), in: Briefwechsel und Nachlaß,
    hrsg. von Karl Grün, Leipzig-Heidelberg 1874, I, 320.

61 Die Irritation ist bis in die heutige Deutung spürbar, die sich mit mokantem
    oder mildem Lächeln behilft – vgl. etwa Ludger Lütkehaus, Nichts. Abschied
    vom Sein, Ende der Angst, Frankfurt/M. 2003, 223ff., 243ff.

psychischen Immanenz dieser Abläufe in einen „anteilslosen Zuschauer", ein Subjekt „reiner Erkenntnis" verwandeln können (vgl. WWV I, 430f.). Derlei Innenschau war um so mehr erforderlich, als die Weltgeschichte selbst als unstrukturiertes Gewirr von Unsinn, ihre Fassung als *Historie* nurmehr als subjektive Ordnungsleistung galt. Diese Restbestände eines gnoseologischen und ontologischen Dualismus werden im Monismus-Anspruch des naturwissenschaftlichen Evolutionsdenkens hinfällig. Mainländer und v. Hartmann kritisieren scharf die Geschichtsverachtung Schopenhauers. Den auslegungsfähigen Kern des Geschichtlichen bietet ihnen die natürliche wie die wissenschaftlich-technisch-zivilisatorische Evolution. Diese soll Gesetzen unterworfen sein, die sich von der innerpsychischen Zyklik des menschlichen Bedürfnis- und Gefühlshaushaltes unterscheiden. Damit kann auch Unlust bzw. die im Durchdenken des Glücks zum Ennui dahinwelkende Lust zum tendenziellen Fixpunkt der Evolution werden, was schon über diese hinaus weise. Hinter all dem stehen die eudämonistischen Hoffnungen und Versprechungen der Gründerjahre: ‚Glück' emanzipierte sich zum unverhüllten Ziel der Kulturarbeit. Es schien ‚machbar', sukzessiv zugänglich durch Abdeckung eines Wunschregisters, der ‚Bedürfnisse'. In diesen Denkrahmen fügen sich auch die ‚Pessimisten', denn die noch bei Schopenhauer wirksame alteuropäische ars vivendi wagte nur eine indirekte Glücksdefinition, wonach „das Spiel des steten Überganges vom Wunsch zur Befriedigung und von dieser zum neuen Wunsch" als „rascher Gang Glück", als langsamer „Leiden" heiße; im „Stocken" hingegen zeige sich das Spiel „als furchtbare, lebenserstarrende Langeweile, mattes Sehnen ohne bestimmtes Objekt, ertötender languor" (WWV I, 241). Langeweile spielt damit, in der Qual der erfüllungsaufschiebenden Arbeit wie der immer schon befriedigten Beschäftigungslosigkeit, an den oberen wie den unteren Rändern des sozialen Schichtenbaus. In dem – von Positivisten, historischen Materialisten, Pessimisten gleichermaßen projektierten und prognostizierten – Rückbau der harten, materiellen Grundbedürfnis-Sicherung zugunsten der Weckung und Befriedigung geistiger (‚intellectueller') Bedürfnisse wurde abermals aus einem Zyklus die kontinuierliche Tendenz. Damit konnten nicht mehr „Not und Langeweile die Peitschen, welche die Bewegung der Kreisel unterhalten", sein (WWV II, 465), sondern Langeweile mußte zum – wenn auch gewöhnlich verleugneten – Kulturziel aufrücken. Die Benennung der nächsten Schritte dorthin war im einzelnen Sache des jeweiligen geschichtsphilosophischen Entwurfs. In dieser Verlegung der Langeweile auf die Gegenstandsebene geschichtsphilosophischer Aussagen war aber auch eine veränderte Position des erkennenden Subjekts mitbeschlossen. In der Langeweilephilosophie Schopenhauers und in der populären Weltschmerz- und Nihilismus-Literatur des Vormärz konnte eine schlagartige Umkehr, eine Blickwendung vom Nichts- oder Sinnlosigkeitserlebnis auf die Struktur des Erlebens den Durchstoß in die ontologisch-transzendente Dimension bedeuten, aus empirischer Psychologie mithin die Phänomenologie gelebter Metaphysik werden.[62] Es handelte sich bei solchen Inversionen um etwas wie ‚semantic ascent' oder Einklammerung des empirischen Phänomens. Das ist in den geschichtsphilosophischen Modellen der Langeweile weder nötig noch möglich. Der Betrachtende verzeichnet die Tendenz zum Nihil von Sinn oder Sein grundsätzlich von einem ontologischen Exil aus.[63] Der ins Nichts führende Prozeß muß aber auch schon in hinreichendem Maße abgelaufen sein, damit die ‚inductive Methode' (v. Hartmann) bzw. die ‚immanente Philosophie' (Mainländer) bei seiner metaphysischen Ausdeutung zum Einsatz kommen können. Mainländer und v. Hartmann bedienen sich ausdrücklich der Verfahren regressiver Analysis, setzen bei entwickelten zivilisatorischen Zuständen an, deren mangelnde Seins- und Sinnevidenz erst die Frage nach Ursprung und Ziel aufwerfe.[64] In der Bevorzugung jeweils von Beginn und Ende als Prozeßexplananda besteht die metaphysische Opposition zwischen Mainländer und v. Hartmann. Weitere Meinungsverschiedenheiten der beiden Schopenhauer-Schüler betrafen das Verhältnis zum Sozialismus, zum Umgang mit dem christlichen Erbe, zu menschheitsgeschichtlichen Emanzipationsbewegungen. Doch gilt es die übergreifende Problemexposition zu sehen, innerhalb derer beide denken: Sie läßt dem Denker nur die Attitüde des einsamen Sehers und Rufers, denn die vollständige Diagnose des Prozesses muß die ontische Ausgeschlossenheit des Diagnostikers davon besagen. Ähnlich wie im historischen Materialismus spitzt sich auch bei Mainländer und v. Hartmann die praktische Applikation der geschichtsphilosophischen Einsicht auf quantitative Abmilderungen (‚Geburtswehen abkürzen') oder die Dialektik qualitativer Umschläge zu (Tendenzen verstärken, um Tendenzwenden herbeizuführen). In beiden Fällen liegt ein geschichtsmetaphysischer Gesamtentwurf zugrunde, der – mit seiner Teleologie von der Not zum Nichts, vom Mangel zum Überfluß und zur Langeweile – so asymmetrisch konstruiert ist wie die neuzeitlichen Langeweiletheorien im allge-

---

62 Vgl. ausführlich die Analysen zu „Skeptizismus und Nihilismus" bei Karl Jaspers, Psychologie der Weltanschauungen, Berlin ³1925, 285ff.

63 Zum prinzipiell verschiedenen Beobachter-Standort und -Status je im strukturanalytischen und im historisierenden Nihilismusbefund vgl. Große, Nihilismusdiagnosen, 112ff. Die Problemlage hat ihre genaue Analogie in der Deutung von Langeweile jeweils als psychisches Geschehen oder als Kulturphänomen.

64 Der Blick des Erlösungsphilosophen reicht bis zu „Revolutionen auf andern Planeten", jedoch: „Es ist die Menschheit, welche uns hier den ersten Anhaltspunkt giebt." (PhE I, 342).

meinen.[65] Nur erfolgt die *Bewegung* jetzt aus einer unvordenklichen *Ruhe* heraus bzw. wieder in sie hinein. Die Langeweile kann daher nicht länger als innerpsychisches Indiz transzendenter Sachverhalte dienen – *sie ist kein Stimmungsphänomen mehr*, sondern realweltlich ablesbarer oder absehbarer Tatbestand. Damit ist sie auch nicht länger ein *Motiv*, das den ‚Tanz' innerweltlicher Bewegtheit von neuem beginnen lassen könnte – sie ist keine Ursache von Sozialität. Bezeichnet sie darum ein besonders hohes Niveau der Vergesellschaftung?

Weder Mainländer noch v. Hartmann haben die Aggressivität und die Indifferenz bedacht, die die wechselseitige Zuwendung der fatiguierten Subjekte auf dem prognostizierten hohen materiellen Absicherungsniveau bestimmen könnten. Das ‚Haben' von Besitztümern und Möglichkeiten und ‚Nicht-mehr-Haben' von Bedürfnissen ist bei beiden Denkern schlicht nach dem Subjekt-Prädikat-Schema gedacht. *Sozial-* und *Geschichtsphilosophie* stehen in einer gewissen Unverbundenheit nebeneinander, wenn man einmal von Mainländers Idee einer okzidenttypischen Wechselwirkung zwischen ‚innerer Fäulnis' und globaler Expansion absieht. Dieses Nebeneinander bezeichnet kein intellektuelles Versäumnis, sondern entspricht der Verpflichtung auf das naturwissenschaftliche ‚Evolutionsepos' (O. Wilson) als die populäre metaphysische Erzählung des 19. und noch des 20. Jahrhunderts. In all seinen Varianten und Anwendungen ist doch immer nur *ein* Prozeß vorgesehen, dessen Sein autopoietisch den eigenen Sinn wie dessen Explikation und gar noch Verneinung hervorbringt. Geschichtsprozeß wie ‚Welt-/Erlösungsprocess' überhaupt werden nicht als Ergebnis von Interaktion, z. B. als Geschichte von Konflikt, Austausch, Kommunikation verstanden, sondern als Explikation und Selbstexplikation von etwas, das eben hierdurch verschwindet. Während freilich die moderne

---

65 Daraus ergibt sich auch ein Hinweis, wie im Zeichen der Langeweile das Verhältnis von Anthropologie und Geschichtsphilosophie zu denken sei. Die These eines Konkurrenzverhältnisses zwischen beiden, wie von Odo Marquard immer wieder vertreten (zuerst in: „Anthropologie", in: Historisches Wörterbuch der Philosophie, hrsg. von Joachim Ritter u.a., Basel-Stuttgart 1971ff., I, 362–374, hier: 368), ist nicht aufrechtzuerhalten. Die Problemexpositionen des geschichtsphilosophischen Prozeßdenkens setzen einen anthropologischen Zugriff auf Sein und Sinn des Humanen geradezu voraus. Dessen intrinsische Spannung entsteht an der Frage, wie die Relation zwischen Daseinsnot einerseits, Langeweile am kulturell besonderten So-sein andererseits beschaffen sei. Diese Frage ist theoretisch nicht zu beantworten, kann jedoch in ein anderes Genre überführt werden. Dann entstehen historische Erzählungen vom Hinüberwachsen der Seinssicherung in Sinnreflexion, von in Kulturkonflikten fortdauerndem Naturkampf etc. Die geschichtsmetaphysische Rede vom ‚Weltprocess' reformuliert die anthropologische Asymmetrie und inspiriert die zeitgeschichtliche Diagnostik dazu, in der Gegenwart die nihilistischen Umschlagpunkte von Seins- in Sinnsorge, von Not in Ennui anzusetzen.

Evolutionstheorie gerade wegen ihrer methodisch-metaphysischen Immanenz-, Homogenitäts-, Monismusansprüche unter Nihilismusverdacht gerät,[66] ist es bei diesen frühen, konsequenteren Denkern des geschichts- und sozialphilosophischen Naturalismus umgekehrt: Die Sinnimmanenz des Prozesses, der Stolz der wissenschaftlich-technischen Zivilisation, ist nur Vehikel eines vorweltlichen Seins bzw. Überseins, das sich selbst zu entkommen trachtet; eine überweltliche Einheit zerbirst in eine innerweltliche Vielheit nicht wie in einen Reichtum und eine Vielfalt des Seins, sondern in dessen verdientes Verschwinden.

---

66 Vgl. Michael Funken, Das Spiel des Lebens und sein Sinn. Evolutionäre Metaphysik und Praktische Philosophie, Würzburg 1994, 39ff., speziell 79ff.: „Die wertlose Natur"; Franz Josef Wetz, „Ist der Naturalismus ein Nihilismus? Das Problem der Weltangst im naturwissenschaftlichen Weltbild", jetzt in: ds., Die Gleichgültigkeit der Welt. Philosophische Aufsätze, Frankfurt/M. 1994, 138–148.

IV. Zeitgenössische Deutungen

Welche Rolle spielt die Metaphysik der Langeweile im zeitgenössischen Denken? Anthropologisierung und Historisierung des Langeweileverständnisses haben die allgemeine Kulturdiagnostik des 20. Jahrhunderts in einer Weise geprägt, die auch den philosophischen Umgang damit nicht unberührt lassen konnte. Es sei an die zwei vielleicht spektakulärsten Metaphysiken der Langeweile, nämlich in der Stimmungsanalyse M. Heideggers und im Gnostizismus E. M. Ciorans, erinnert (s. I.2.1/I.2.2). Erstere entwickelte sich als Konkurrenz und Kritik einer anthropologischen und lebensphilosophischen Reformulierung traditioneller metaphysischer Topoi, letztere zehrte metaphysisch vom krisenhaften Geschichtsbewußtsein der westlichen Moderne, dem Gegenwart nur fortlaufende Entleerung von Sinn, Sein, Substanz, vor allem affektiv-emotionaler Substanz, zugunsten einer rein willens- und verstandesbestimmten Zukunft bedeuten kann.[1] Beide Autoren haben – wenngleich in sehr verschiedener Weise – einen Ennui der Massen, eine Langeweile als gesamtkulturelles Phänomen erwogen, aber noch nicht als siegreich erlebt und wohl auch nicht erleben können. Bei Heidegger verhinderte dies die zeitdiagnostische Verankerung seiner Langeweileanalytik in der Zwischenkriegssituation, bei Cioran wiederum der Zeitdiagnostik überschreitende Prospekt auf eine ‚verfehlte Schöpfung' bzw. einen ‚Absturz in die Zeit'.[2] Heideggers und Ciorans Umgang mit der Langeweile zeigte jeweils, wie diese Stimmung einmal zum Platzhalter metaphysischer Daseins- und Denkmotive, zum anderen eine Metapher für ein ansonsten anonym bleibendes Seinsgeschehen, Verhängnis, ‚Geschick' werden konnte – in einer negativen Theologie der Geschichte.[3] Ob sich die metaphysische Gegebenheit der Langeweile nach diesen beiden so kühn wie konsequent durchgeführten Deutungen verändern wird, dürfte davon abhängen, ob und inwieweit der gewandelte soziokulturelle Status dieser Stimmung Eingang in die philosophische Theorie findet. Als Durchschnitts- und Massenphänomen innerhalb einer durch-

---

1 Ein verbreitetes kulturdiagnostisches Deutungsmuster. Vgl. als Referat und zugleich Ausdruck dessen: Elena Pulcini, Das Individuum ohne Leidenschaften. Moderner Individualismus und Verlust des sozialen Bandes, Berlin 2004.
2 Vgl. Emile M. Cioran, Die verfehlte Schöpfung (Le mauvais démiurge, Paris 1969); ds., Der Absturz in die Zeit (La chute dans le temps, Paris 1990).
3 Vgl. Cornelius Hell, Skepsis, Mystik und Dualismus. Eine Einführung in das Werk E. M. Ciorans, Bonn 1985.

gängig dem Wachstumsprinzip verpflichteten Zivilisation könnte nämlich *eine* metaphysisch folgenreiche Differenz verlorengehen, die seit der beginnenden Neuzeit die Ennui-Diagnostik geprägt hat: die Perspektiven-Verschiedenheit bzw. -Asymmetrie zwischen Langweilern und Gelangweilten bzw. der Befähigung, Langeweile wahrzunehmen und der Unfähigkeit, sie zu vermeiden (s. II.2/II.4). Der zugehörige epistemologische Elitarismus ist bei Heidegger und Cioran noch ungebrochen wirksam gewesen. Nun lassen sich historisch-anthropologisch aber Nivellierungen denken, worin besagte Differenz verschwindet, die in der bürgerlichen Moderne seit 1800 zuletzt das Konzept des ‚Geistesarbeiters' – des Statthalters freier Reflexion gegen die Langeweile des Nützlichkeitsprinzips aufrechtzuerhalten suchte. Die Philosophen der Gegenwart, sofern ihr Denken sich nicht auf einer außerakademisch ererbten oder erschaffenen Subsistenzbasis entfaltet, unterliegen denselben Verwertungs- und Produktionszwängen wie ihre nicht-philosophische Umgebung – möge dies nun schon bei den Geisteswissenschaften, den exakten Naturwissenschaften oder überhaupt erst außerhalb des intellektuellen Betriebs manifest sein. Mit anderen Worten: Die epistemologische Differenz, mittels derer sich der Reichtum der freien – wenn auch parasitären – Reflexion zugleich mit der Langeweile angesichts der unfreien Arbeit geistlosen Betriebs vergewissern ließ, ist dahin. Zu vermuten ist daher, daß sich eine etwaige – modernemetaphysische – Brisanz der Langeweile nicht so sehr aus der Exklusivität daseins- oder geschichtsspekulativer Analysesituationen heraus ergeben wird. Der *existentielle Erfahrungscharakter* des Phänomens muß zugunsten seiner *gegenständlich-, objektiven' Erfassung in Regionalontologien*, in *,Fachwissenschaften'* zurücktreten, die ja auf ihre Weise – z.B. in psychologischen Techniken, soziologischen Selbstverständigungen der Kultur und dergleichen – daseinsbestimmend geworden sind. Denkbar wäre sogar, daß sich ein metaphysisches Erstaunen an der ungebrochenen, naiv-selbstherrlichen Weise entzündet, womit diese regionalontologischen Daseinsdeutungen und -zurichtungen wirken. Man denke an die populären Wissensformen und Lebenstechniken, die Langeweile als einen unbedingt aufhebenswerten Zustand unterstellen.[4]

Zum Ende des 20. Jahrhunderts ist eine Vielzahl von Büchern und Aufsätzen zur Langeweile erschienen. Einige davon verstehen sich als explizit

---

4 Kaum ein Lebensstil-Journal, das sich nicht diesem Projekt verpflichtet sieht. Als – wahllos herausgegriffenes – Beispiel sei eine Neugründung genannt: „Emotion. Das Psychologie-Magazin" (März 2006) schärft seinen Leserinnen – unter Berufung auf Forschungsresultate – gleich durch mehrere Beiträge die Nützlichkeit von langeweiletilgenden Emotionen ein („Eifersucht. Warum Wissenschaftler sie so wichtig finden"; „Besser leben durch Psychologie"; „Stark durch Gefühle!").

philosophische oder gar metaphysische Beiträge zum Thema.[5] Worin das spezifisch Philosophische bzw. Metaphysische in der Behandlung von ‚Langeweile' bestehen könnte, wird nicht immer klar, ebensowenig, ob bzw. wie Langeweile selbst einen Zugang zu philosophischen vor anderen Behandlungsweisen eröffnen könne.[6] Andererseits fällt auf, wie stark innerhalb der Langeweileliteratur als Gewährsmänner fürs Phänomen – neben Literaten[7] – Philosophen herangezogen werden. Das ist ein gravierender Unterschied der Langeweileliteratur zu Publikationen über andere Stimmungen. In drei Genres findet man heute das Thema bearbeitet: in einzelwissenschaftlichen Monographien,[8] in einer zuweilen philosophisch

---

5 Neben einer Ratgeberliteratur mit oft impliziten Metaphysikanleihen – Beispiel: Hans Zeier, Arbeit, Glück und Langeweile. Psychologie im Alltag, Bern-Göttingen-Toronto-Seattle 1992, 157ff. – und einzelwissenschaftlichen Monographien, die der Langeweile der Philosophen viel Platz einräumen – Beispiele: Alfred Bellebaum, Langeweile, Überdruß und Lebenssinn. Eine geistesgeschichtliche und kultursoziologische Untersuchung, Opladen, Abschnitte 7 bis 9; Martin Doehlemann, Langeweile? Deutung eines verbreiteten Phänomens, Frankfurt/M. 1991 – erschienen Philosophien der Langeweile: Benno Hübner, Der de-projizierte Mensch. Metaphysik der Langeweile, Wien 1991; Friedhelm Decher, Besuch vom Mittagsdämon. Philosophie der Langeweile, Lüneburg 2000; Lars Svendsen, Kleine Philosophie der Langeweile (Kjedsomhetens Filosofi, Oslo 1999), Frankfurt/M.-Leipzig 2002. Als Erklärungsansatz neben anderen erscheint der philosophisch-anthropologische in: Doehlemann, Langeweile? 62ff.

6 Bei Decher fehlt solche Reflexion völlig, Svendsen ernennt Langeweile zum „philosophischen Problem" (13ff.) auf dem Umweg über eine kulturdiagnostische Intuition (daß Langeweile „heute" „für beinahe jeden in der modernen westlichen Welt als relevantes Phänomen angesehen werden muß", a. a. O., 13) und eine moralphilosophische Analogie („Orientierungslosigkeit" sei „typisch auch für die tiefe Langeweile").

7 Hier ist ‚Langeweile' ein anerkanntes und bewährtes Thema für motivgeschichtliche Untersuchungen von zunehmend interdisziplinärer Attraktivität – vgl. Valentin Mandelkow, Der Prozeß um den „ennui" in der französischen Literatur und Literaturkritik, Würzburg 1999, 8ff.

8 Didier Nordon, L'ennui – féconde mélancolie, Paris 1998; Norbert Jonard, L'ennui dans la literature européenne: des origines à l'aube du XXe siècle, Paris 1998; Frantz-Antoine Leconte, La tradition de l'ennui splénétique en France de Christine de Pisan à Baudelaire, Washington-Paris 1995; Christopher Schwarz, Langeweile und Identität: eine Studie zur Entstehung und Krise des romantischen Selbstgefühls, Heidelberg 1993; Hans Zeier, Arbeit, Glück und Langeweile. Psychologie im Alltag, Bern u.a. 1992; Anne Wallemaq, L'ennui et l'agitation, Brüssel 1991. Die Zahl der internationalen Zeitschriftenbeiträge zu Langeweile-Themen im letzten Lustrum beträgt ca. 100.

ambitionierten Therapie- und Ratgeberliteratur,[9] schließlich in explizit philosophischen Synthesen.[10] Die Verflochtenheit der Disziplinen und Diskurse ist sehr stark.[11] Mitunter erscheint Relevantes zur Langeweile auch gar nicht unter diesem Titel.[12] Unter der von *Fachphilosophen* verfaßten Literatur, die um die letzte Jahrhundertwende erschien, ist allerdings eine Reihe von *Metaphysiken* bzw. *Philosophien der Langeweile*. Die Pikanterie solcher Titelgebungen liegt in der doppelten Deutbarkeit des Genitivs: Eine Beziehung zwischen Langeweile als Thema und als Movens metaphysischen Fragens wurde bereits in Kapitel I erörtert. Zumindest als Vermutung kann sie vielleicht auch den Rückblick auf die philosophische Langeweileliteratur der letzten Jahre anleiten. Als paradigmatische Fälle sollen zunächst zwei eher anthropologisch (IV.1) und anschließend zwei geschichtsphilosophisch orientierte Arbeiten (IV.2) diskutiert werden.

1. Anthropologische Modelle

Eine Reihe von Vorlesungen, die nicht über Langeweile, sondern über Liebe handeln wollen, hat vor kurzem der amerikanische Philosoph *Harry*

---

9 Elfi Orth, Partnerschaft. Lebenslänglich ohne Langeweile. 30-Minuten-Ratgeber, o. O. 2003; Verena Kast, Vom Interesse und dem Sinn der Langeweile, München 2003; Christine Haag-Merz/Luise Speidel, Greifbare Ideen gegen Langeweile, Stuttgart 2001; Mihaly Csikszentmihalyi, Das Flow-Erlebnis. Jenseits von Angst und Langeweile: im Tun aufgehen, Stuttgart [7]1999.

10 Inklusive Synthesen der drei aufgeführten Genres – vgl. Uwe Maier, Philosophische Reflexionen über Langeweile und die Bedeutung der Langeweile in der modernen Sozialarbeit, Marburg 1998.

11 Fast niemand, der – in deutscher Sprache – über Langeweile arbeitet, läßt sich Alfred Bellebaums gründliche Studie als Zitatquelle entgehen. Andererseits fällt die nationale Isoliertheit der Langeweileliteratur-Produzenten auf, insbesondere zwischen der angloamerikanischen Diskussion auf der einen, der kontinentaleuropäischen auf der anderen Seite.

12 ‚Langeweile' ist thematisch und stimmungshaft in fast jedem der Werke des rumänischen Dichterdenkers Emile M. Cioran präsent, ohne darum auch nur einmal im Titel zu erscheinen (genannt seien vor allem „Gedankendämmerung", „Die Lehre vom Verfall", „Der Absturz in die Zeit"). Gleiches gilt für einen Großteil der Nihilismusdiskussion des vorigen Jahrhunderts. Auch Heidegger, in dem letzten großen Versuch, Langeweile zur metaphysischen Schlüsselstimmung zu erheben, zählt sie selbst doch nicht explizit unter die diesbezüglichen Grundbegriffe.

G. Frankfurt veröffentlicht ("Reasons of Love", 2004).[13] Frankfurt findet zur Langeweile innerhalb des Problemfeldes der praktischen Philosophie.

Deren Kernfrage sei: "Wie sollen wir leben?" Präziser als die Analyse der Dinge, die wir *wollen*, sei eine Erörterung dessen, *worum wir uns sorgen* (15). Liebe ist ein besonderer Modus dieser Sorge (38). Ihre moralphilosophische Relevanz besteht nicht so sehr im Fehlen streng bewiesener, gar letzter Rechtfertigungen für ihre Ziele und Gegenstände (37), sondern in der Besonderheit menschlichen Wünschens, die dabei zum Ausdruck komme: Die Menschen können sich zu ihren Wünschen verhalten, ein Wünschen zweiten Grades entwickeln – angesichts bestimmter Wünsche z.B. werde eine motivationale Wirkungslosigkeit gewünscht, bei anderen wieder ungehemmte Antriebskraft (26). "Liebe und ihre Gründe" (so der Titel des zweiten Vorlesungszyklus) interessieren Frankfurt vornehmlich innerhalb des Sorgekonzeptes, das viele Problemdichotomien der traditionellen Liebesphilosophie (Liebe und Gegenliebe, leibliches und seelisches Verlangen etc.) in den Hintergrund drängt. Romantische und sexuelle Beziehungen bieten demzufolge "keine sehr authentischen oder erhellenden Paradigmen der Liebe. Beziehungen dieser Art sind in der Regel mit einer Reihe extrem irritierender Elemente verbunden, die nicht zur wesentlichen Natur der Liebe als einem Modus interessefreier Sorge gehören" (48). Auch das klassische Dilemma von Liebenswürdigkeit (-wert) als Ursache oder Folge des Liebens ist innerhalb des care-Begriffs von Liebe ausgeschlossen. Diese begründet eine eigene Art von Geschichtlichkeit. So "*gewinnt das, was wir lieben, notwendig an Wert für uns, weil* wir es lieben." (43) Die zahlreichen Dualismen aus der platonisch-christlichen, speziell aber der Kantischen Ethik-Tradition sind bei Frankfurt durch Deskriptionen der Liebe innerhalb eines Mittel-Zweck-Gefüges vereinfacht: "Wenn wir etwas lieben", dann "sorgen wir uns darum nicht bloß als Mittel, sondern als Zweck. Es liegt in der Natur der Liebe, daß wir ihren Objekten einen Wert an sich zusprechen, so daß sie uns auch um ihrer selbst willen wichtig sind." (47)

Wie kommt hier die Langeweile ins Spiel? Wie im Abschnitt I.2.2 gezeigt, haben Autoren aus der hermeneutisch-phänomenologischen, existenzphilosophischen oder lebensphilosophisch-anthropologischen Richtung viel Mühe darauf verwandt, den affektiven Status der Langeweile zu relativieren. Dabei wurde ein Weg zwischen den Extremen von psychologischer Introspektion und regionalontologisch-reduktiver Außensicht gesucht. Der Affektcharakter der Langeweile spielt in Frankfurts Liebestheorie dagegen von Anbeginn keine Rolle. Diese Theorie ist ersichtlich aus einer Situation

13 Harry G. Frankfurt, Gründe der Liebe, aus dem Amerikanischen von Martin Hartmann, Frankfurt/M. 2005.

heraus konzipiert, worin gerade die Affektlosigkeit das Wünschen des Subjekts motiviert. Es ist in Gefahr, sich zu langweilen, und es weiß – wenn auch nur latent – um diese Gefahr. Der Lebenssinn, den Teilnahme an bzw. Verwicklung in Welt verschafft und für den als intensivste Erfahrung gewöhnlich die Liebe steht, ist zuerst als *gewußte*, nicht als gefühlte Möglichkeit präsent. Die Liebe selbst ist als moral- und erkenntnisbegabte Potenz beschrieben. Sie ist eine „volitionale Notwendigkeit", die „persönlicher Neigung oder Wahl genauso unnachgiebig gegenübertreten" könne „wie die strengeren Notwendigkeiten der Vernunft" (54). Die konkrete *Auswahl* des Liebesobjekts ist phänomenologisch bereits weniger interessant. Sie fällt auf die Seite evolutionärer Notwendigkeiten und Vorprägungen. So erweist sich die Liebe als ein Willensphänomen wie schon das „care for", die Sorge überhaupt: „Wie bei anderen Modi der Sorge geht es im Wesentlichen nicht um Affektives oder Kognitives. Es geht um Volitionales." (47) ‚Langeweile' kann demzufolge als ein Ausdruck von Willensschwäche bzw. Teilnahmslosigkeit thematisch werden. In der Geschichte des Kulturpessimismus war dieses Phänomen vertraut und der Erotismus zuweilen frivol als Aushilfe empfohlen, als Minimalversprechen einer Stimulanz des Willens (s. II.4). Als – moderater – Aristoteliker geht Frankfurt umgekehrt an die Sache heran: „Wir brauchen Ziele, von denen wir glauben, es lohne sich einzig um ihrer selbst und nicht um anderer Dinge willen, sie zu erreichen." (57) Es müsse ein Endziel geben, das um seiner selbst willen erstrebt werde (58). *Langweilig* wäre ein Leben, „das zwar lokal zweckvolles Handeln aufweist, gleichwohl aber von einer grundlegenden Ziellosigkeit gekennzeichnet ist – man ist ausgestattet mit unmittelbaren Zielen, aber ohne Endzweck" (58f.). Ein solches Leben wäre „passiv, fragmentiert und drastisch beschränkt" (59). Für Frankfurt ist Langeweile weniger ein innerweltliches Begegnis, dem taktisch auszuweichen wäre. Vielmehr sitzt ‚Langeweile' vitalstrategisch an dem Platz, den positivenfalls die Liebe ausfüllt. Sie meldet sich – ob affektiv oder kognitiv vermittelt, führt Frankfurt nicht aus – als „Bedrohung", die uns nach geeigneten Sorge-Objekten Ausschau halten läßt: „Tatsächlich ist das Vermeiden von Langeweile ein tiefes und zwingendes menschliches Bedürfnis." (59) Langeweile vermindert das Interesse an Selbst *und* Welt – auch darin eine Analogie zur Liebe, deren reinste und stärkste Form die zur Anteilnahme befähigende Selbstliebe im Sinne des evangelischen Gebots sei. Die „psychische Vitalität" werde geschwächt, das Bewußtseinsfeld „immer homogener". Das Ende bewußter Erfahrung drohe, man neige zum Einschlafen. Hier greift Frankfurt offensichtlich auf A. Hellers Beschreibung der Langeweile als „negatives Involviertsein" zurück.[14] Die moralphilosophische Pointe besteht in der Bedrohung der „Kontinuität des be-

---

14   Vgl. Agnes Heller, Theorie der Gefühle, Hamburg 1980, 23.

wußten mentalen Lebens": Der Kampf gegen die Langeweile sei ein Überlebenskampf des Selbst, ein Kampf um „Selbsterhaltung" (60). Die ausge-
zeichnete Stellung, die in Frankfurts Liebesphilosophie der Langeweile
zukommt, liegt in ihrer via negationis eingeführten *konstitutiven* Rolle.
Denn der Mangel, den die Langeweile anzeigt, wird durch die Liebe ausge-
füllt. Doch sei es „nicht die Funktion der Liebe, die Menschen gut zu machen. Ihre Funktion ist bloß, ihrem Leben Sinn zu geben und es so gut für
sie zu machen." (107) Langeweile und Liebe, so könnte man fortsetzen,
vereiteln oder prägen jeweils nicht einzelne Werte und Normen, sondern
konstituieren sie als Lebens- bzw. Bewußtseinswirklichkeiten; es handelt
sich um sinn*vereitelnde* bzw. sinn*gebende* Mächte. Frankfurt hat die Langeweile als etwas beschrieben, das nicht klar *denken* und nicht entschieden
wollen läßt. Der Wert der Liebe besteht darin, daß sie im Gegenzug hierzu
Notwendigkeiten herbeischafft und „Ungewißheit beseitigt": Auch hierin
werden „volitionale" und „rationale Notwendigkeit" in einem Atemzug
genannt – weder Liebe noch Langeweile sind philosophisch relevant als
Stimmungen, geschweige als Affekte. Liebe gelingt und Langeweile verschwindet in der „Entschlossenheit" des Willens, die unbedingt wünschenswert sei. „Mangelnde Entschlossenheit ist eine Art Irrationalität, die
unser praktisches Leben infiziert und inkohärent macht." (104)

Frankfurts Überlegungen zur Langeweile könnten sich in einen kulturellen Krisenbefund wie den v. Hartmanns einordnen (s. III.4), nunmehr
aber aus radikaler Binnenperspektive gegeben: Willensschwäche ist gerade
zu vermeiden, damit die Welt – die phänomenale, die Welt als vorstellba-
rer Sinn – nicht wertlos werde und das Sein des Selbst gleich mit ihr. Für
die Schopenhauerianer war derlei Intensitätsschwund des In-der-Welt-
Seins höchst wünschenswert, für einen Philosophen des *guten Lebens* kann
er das natürlich nicht sein. Frankfurt charakterisiert Willensschwäche und
Wertverlusterfahrung als korrelative Tatsachen,[15] wie man das aus den
Phänomenologien der Langeweile kennt, doch verschiebt die praxisphilo-
sophische Interessiertheit den Akzent klar auf das Selbst: an seiner Fähigkeit zu sorgegeleiteter Kohärenz hängt aller Sinn, der durch die Liebe

---

15 Frankfurts Phänomenologie der Liebe vermeidet sorgfältig die Asymmetrien,
wie sie sowohl die Philosophie der Langeweile (Goethe, Kierkegaard, F.
Schlegel, E. M. Cioran: Langweiler selbst langweilen sich nie!) als auch die
Problemstellungen aus der erosmetaphysischen Tradition charakterisieren. Deren Extremfall bildet die unglückliche, zuweilen zerstörerische Liebe. Aber
auch in anderer Hinsicht kann sich eine Paradoxie der ‚sorgenden' Passion
ausdrücken. La Rochefoucauld spricht von der Rücksichtslosigkeit, mit der die
passionierte Sorge für einen anderen dessen Ruhe aufzuopfern bereit sei: „Il
n'y a point de passion où l'amour de soi-même règne si puissament que dans
l'amour et on est toujours plus disposé à sacrifier le repos de ce qu'on aime
qu'à perdre le sien." (Réflexions, No. 262).

Mensch und Welt zuteil werden kann. Gerade liebestheoretisch zeigt sich nun aber die Eigenart und auch Einseitigkeit dieses Arrangements. Sie besteht in der Gleichsetzung von Langeweile mit Schwäche (Sichgehenlassen – „self-indulgence"). Im Gegenzug wäre eine Welt(sinn)entwertung gerade aus hoher Ich-Kohärenz denkbar: Eine kontinuierliche, angespannte Sensibilität (im doppelten Sinne) ist bereit, stetig Sinn zu setzen, und kann dies mundan doch nur in akzidentellen, isolierten, augenblicksgebundenen Ich-Transzendierungen leisten. Frühe und sogleich radikale Darstellungen dessen hatte die Selbsterkundung der romantischen Liebe zutage gefördert. In F. Schlegels „Lucinde" etwa war von einer „Liebe ohne Gegenstand"[16] die Rede gewesen. Auch Hegel kennt die langweilende Gleichgültigkeit der Welt als „Folge einer beständig erregten Erwartung, die unbefriedigt bleibt".[17] Das Komplement dieser stark ich-abhängigen, typisch romantischen Sehnsucht mit Ennui-Effekt ist die – wiederum romantische – Sehnsucht zwecks Ennui-Vermeidung, wie in C. Brentanos „Ponce de Leon": „Wer sich aus langer Weile sehnt, / Mit off'nem Maul nach Sehnsucht gähnt ... Dem ist der Weiber hold Geschlecht, / Wie dir, Don Ponce, ja nimmer recht."[18] Im 20. Jahrhundert hat E. M. Cioran derlei Verschränktheiten von Eros und Ennui essayistisch-aphoristisch in vielen Facetten bebildert: „Die Langeweile sucht eine erotische Seele heim, die das Absolute in der Liebe nicht findet."[19] Alle Fülle ist hier auf seiten der ins Ich verlegten Empfindung, derer eine Leere in Welt und Weib harrt. Das klingt dann wie ein ironischer Kommentar zu Frankfurts Liebestheorie: „Im Grunde lieben wir, um uns vor der Leere des Daseins zur Wehr zu setzen – als Reaktion dagegen. Die erotische Dimension unseres Wesens ist eine schmerzhafte Fülle, welche die Leere in und außer uns ausfüllt. Ohne den Einfall der wesentlichen Leere, die am Kern der Schöpfung nagt und den für die Seinswerdung notwendigen Wahn untergräbt, wäre die Liebe eine leichte Übung, ein angenehmer Vorwand, und nicht eine mysteriöse Reaktion oder eine dämmrige Zuckung. ... Von allem, was sich der Empfindung darbietet, ist die Liebe ein Mindestmaß an Leere, auf die wir nicht verzichten können, ohne uns der natürlichen, banalen und ewigen Leere in

---

16 Friedrich Schlegel, Lucinde, zit. nach: Kritische Ausgabe, hrsg. von Ernst Behler u.a., München u.a. 1958ff., V, 35.

17 Georg Wilhelm Friedrich Hegel, Phänomenologie des Geistes, hrsg. von Johannes Hoffmeister, Leipzig 1949 15f., 17.

18 Clemens Brentano, Sämtliche Werke und Briefe. Historisch-kritische Ausgabe, hrsg. von Jürgen Behrens u.a., Stuttgart u.a. 1975ff., I, 18, 402.

19 Emile M. Cioran, Gedankendämmerung, deutsch von Ferdinand Leopold, Frankfurt/M. 1993, 227. Eine Variante dieses Gedankens kennt sogar einen *Entschluß* zum Ennui: „Der Langeweile opfern allein jene Erotiker, die im voraus von der Liebe enttäuscht sind." (Syllogismen der Bitterkeit, deutsch von Kurt Leonhard, Frankfurt/M. 1995, 66).

die Arme zu werfen."[20] Was die aristotelische Klugheitslehre des Lebens empfiehlt und herzustellen sucht, nämlich existentielle Kohärenz im Aufmerken, Sorgetragen, Anteilnehmen, das muß hier gerade zum Fundament der Ennui-Empfindung werden: „Ununterbrochene *Aufmerksamkeit* auf das Sein ist Quell der Langeweile ... Das Nichts ist absolute Aufmerksamkeit."[21]

Anders als Frankfurt spielt *Friedhelm Decher* schon im Titel seines Buches[22] auf die Theorietradition der Langeweile, speziell auf die als sogenannte Mönchskrankheit seit der christlichen Spätantike erwähnte *acedia* an. Als Erschöpfung, Apathie, Überdruß zu übersetzen, lasse sie die vertrauten Langeweilesymptome in den Schwierigkeiten des frommen Lebens der Einsiedler erkennen, die vor allem um die Mittagszeit von diesem Dämon heimgesucht wurden. Der Versuch des Mönches, das nunmehr als sinnleer empfundene Nichtstun in der Zelle durch Aktivitäten auszufüllen, biete somit die Urszene der Langeweile wie auch den Musterfall ihrer Erklärung (16–18). Die Symptome der Langeweile sind unfraglich und leicht aufzuzählen. Wie aber ist die Langeweile theoretisch zu verorten? Decher unterscheidet die Zeitspezifiken von individuellem menschlichen Leben, historischer Sphäre und sozialer Schichtung (9), wobei diese Abfolge zugleich als Probe auf die anthropologische Verallgemeinerbarkeit verstanden ist. Im Ergebnis kann Langeweile als übergreifendes Phänomen begriffen werden: sie betreffe Arbeits- und Freizeit, alle geschichtlichen Epochen und auch alle Schichten und Klassen (12f.).

Die Philosophietauglichkeit der Langeweile leitet Decher auf die Frage nach ihrer Genese. Er führt Nietzsches Beobachtung an, daß erst der gewohnheitsmäßig tätige, verfeinerte Mensch sich langweilen könne (eine Beobachtung freilich schon Montesquieus), und fragt sich, ob das Aufkommen der Langeweile nicht evolutionstheoretisch erklärbar sei. „Oftmals ist es die bloße Zeitdauer der Verrichtung bestimmter Tätigkeiten, die zu Langeweile führt. Das gilt sowohl für den Bereich der Arbeit als auch für den der freien Zeit, für körperliche Betätigung ebenso wie für geistige. Individuen und Gesellschaften nun, in denen sich das Gefühl der Langeweile evolutionär nicht herausgebildet hat, entwickeln keinen Sinn für die Suche nach Neuem. Sie können gewissermaßen ohne zeitliche Begrenzung durch aufkommende Langeweile immer und immer wieder das Gleiche tun." (15) Es ist nicht unmittelbar einsichtig, welchen Erklärungswert das Wort ‚evolutionär' in dieser Passage haben soll. Die darin gegebene Symptomatologie der Lange-

20 Cioran, Gedankendämmerung, 95.
21 A. a. O., 125.
22 Besuch vom Mittagsdämon. Philosophie der Langeweile, Lüneburg 2000.

weile wird bekräftigt, jedoch nicht theoretisch überschritten. Langeweilemetaphysisch relevant ist Dechers Zugriff erst, wo innerweltliche Gegebenheiten und Leistungen auf ein Gefühl der Langeweile bezogen sind. Die Unempfindlichkeit gegen Langeweile könnte sich als „Nachteil im Überlebenskampf entpuppen", da die Lernfähigkeit verkümmere und „das Auffinden evolutionär bedeutsamer Nischen behindert" werde (16). Das Kontinuum des Evolutionären droht freilich die philosophische Dignität von Langeweile einzuschmelzen. Eine tiefer angesetzte Differenz tut gedanklich not: Das „evolutionstheoretische Konstrukt wirft die weitergehende Frage auf, ob das Phänomen Langeweile auf Wesen wie den Menschen, der über entwickelte geistige Vermögen verfügt, beschränkt ist, oder ob nicht höherentwickelte Tiere es ebenso kennen – wenn auch vielleicht in anderer Form. ... Wenn dem so wäre, dann hätte sich der vermutete evolutionäre Vorteil der Langeweile schon viel früher in der Geschichte des Lebens niedergeschlagen als in der vergleichsweise kurzen Geschichte des Menschen." (ebd.) Doch auch die anthropologische Engführung der Langeweile vermag ihr nicht zu philosophischer Spezifik zu verhelfen. Dechers Gedankengang bricht ab mit einem „Wie auch immer – eines dürfte jedenfalls sowohl aufgrund eines solchen evolutionstheoretischen Erklärungsversuchs als auch der Betrachtung der verschiedenen Sphären, in denen Langeweile lokalisiert werden kann, klar sein: Dem Problem der Langeweile kommt im Leben des einzelnen Menschen, möglicherweise gar in ganzen Gesellschaften, eine enorme Bedeutung zu." (ebd.)

Was Decher Abhandlung als „These erproben" soll, entstammt im wesentlichen der existenzphänomenologischen bzw. existentialontologischen Deutungstradition, die quer zu aller Evolutionstheorie und Anthropologie steht: „Die Langeweile läßt das Leben erstarren und entleert das Dasein, so daß es sich rein als solches, das heißt in seiner puren Faktizität, bemerkbar macht." (19) Den – geistesgeschichtlichen – Hauptteil des Buches bilden ‚Diagnosen' und ‚Therapien' der Langeweile. Es handelt sich um ein Referat von Langeweiletexten entlang den großen Namen, von Pascal über Kierkegaard und Schopenhauer bis zu Heidegger; der Therapieteil erweitert diesen Kanon um Seneca (‚Reisewut') und M. Theunissen (‚Ästhetisches Anschauen als Verweilen'). Der überwiegend referierende Stil prägt auch den Schlußteil (‚Heilung?'), wo – wie eingangs – wieder unvermittelt die evolutionstheoretische Perspektive ins Spiel kommt. Nachdem, im Gemenge von theoretischer und praktischer Philosophie der Langeweile, als geistesgeschichtliche Quintessenz lediglich eine ‚Pädagogik des Ertragens' übrigzubleiben scheint, empfiehlt Decher – ähnlich wie v. Hartmann! – tatkräftige Akkomodation an den Evolutionsprozeß:

„Statt sich in das Ertragen von Langeweile einzuüben, käme dann vielmehr alles darauf an, sich durch sie zu neuer Aktivität anstacheln zu lassen und sie produktiv zu wenden. Dadurch würde der Sinn für die Suche nach Neuem, der sowohl dem einzelnen Menschen als auch ganzen Gesellschaften einen evolutionären Vorteil zu versprechen scheint, geschärft, wohingegen er im Zuge einer Pädagogik des Ertragens zu verkümmern droht. Eine solche evolutionstheoretisch inspirierte Sicht der Dinge stärkt nicht nur die These, die Langeweile stelle einen integralen Bestandteil des Menschseins dar – sie bereichert sie zudem um einen interessanten neuen Aspekt." (144)

Bei Dechers Buch handelt es sich um eine ‚Philosophie der Langeweile' am ehesten in dem Sinne, wie in der Spätaufklärung von einer ‚Philosophie des Lebens' die Rede war: Gesucht und geboten wird eine individuelle und soziale Klugheitslehre, die das fatale Phänomen beschreibt, seine metaphysische Problematik – in den Referaten – auch anerkennt, diese aber mit den Praktiken der Ennui-Kompensation gedanklich nicht vermitteln kann.

Nicht von ungefähr ist der Langeweile in den hier referierten Deutungsmodellen ein *metaphorischer* bzw. *exemplarischer* Status zugewiesen. Die Anthropologie der Langeweile hat nämlich nie ihre Bindung an die Vermögenspsychologie und somit an deren epistemologische Differenz von potentiellem Sein und realem Erscheinen aufgegeben (s. II.2). Ihr zufolge wird menschliches Dasein, Tun und Lassen erklärlich aus der Aktualisierung latent vorhandener Seelen- bzw. Wesensbestände – eben der ‚Vermögen', wie es seit der Aufklärungspsychologie heißt. Die Totalität der Vermögen, der ‚ganze Mensch', wäre aber nur in einer Art Selbsttranszendenz des Menschen erfahrbar, worin dieser sich inmitten von konkreten Weltbezügen zugleich als deren Vollzugszentrum weiß. Die neuzeitliche Anthropologie will nicht (kontemplative, intellektualistische) Metaphysik sein, ihre Einsichten also nicht bloßen Distanzierungen der Vermögenstotalität verdanken. Einsichten aus der Beobachterdistanz widersprächen ihrer ‚pragmatischen Hinsicht'. Für diese wäre ein Verzicht auf handelnden Weltzugang ebenso verhängnisvoll-vereinseitigend wie emotionale Selbstbeschränkung oder gar -vernichtung. Um die ererbte metaphysische Totalitätsaspiration aufrechterhalten zu können, ist die Anthropologie auf solche ‚Vermögen' angewiesen, die zugleich Weltbezug und Selbsttransparenz garantieren. Ein derartiges Vermögen wäre z.B. ein alle Affekte erhellender Affekt. Er muß eine ‚lebendige Metapher' (P. Ricœur) bzw. ein Paradigma/Exempel der Humantotalität abgeben können. Die Anthropologie der Langeweile findet darum ihren zeitgenössischen Platz in der *Philosophie der Emotionen* und in *evolutionistischen Erkenntnistheorien*, die beide eine Selbsterkenntnis bei Persistenz innerweltlichen Gebundenseins (‚Involviertsein', ‚Überlebenskampf') vorsehen. Langeweile ist das Gefühl, worin alle Bindungen, d.h. Gefühle, im Modus ihrer Aussetzung fühlbar werden. In den – akuten, überraschend eintretenden – Momenten der affektiven Beziehungslosigkeit, eben der Langeweile, tritt der Mensch aus dem Geflecht seiner Sinnkontexte gleichsam heraus, um es zu überschauen. Ontologisch gesehen verläßt er es jedoch keinesfalls, denn die Transzendenz des Sinns – die Nicht-Involviertheit – wird ja als Mangel schmerzhaft fühlbar.[23]

In den Aktualisierungskonzepten der Langeweile, die Frankfurt und Decher vorgelegt haben, erzeugt die Polarität von Latenz und Aktualität eine beträchtliche Spannung, die nach Auflösung ruft und sie durch gewisse Einseitigkeiten auch erhält. Bei *Frankfurt* ist dies der – fast existentialistisch anmutende – appellative Gestus, womit das Eingehen von Bindungen, im umfassendsten und konkreten Sinne: die Liebesfähigkeit, gefordert ist. Liebesschwäche ist Willensschwäche, Mangel an Entschlossenheit zum affektiven Involviertsein. Kann man aber den Willen wollen? Aus derlei Paradoxien einer praktischen Philosophie, die auf ihre eigenen ontologischen Bedingungen reflektiert, rettet sich Frankfurt in eine objektivierende, vergegenständlichende Sicht: Es gelte die Kontinuität des mentalen Lebens

---

23 Bei der Langeweile handelt es sich mithin um *eine ihrer selbst innewerdende Affektivität*. Diese Deutungsfigur ist nicht auf die im engeren Sinne anthropologischen Konzepte beschränkt. Sie prägt auch ihre lebensphilosophischen bzw. lebensweltphänomenologischen Fortbildungen. Bei Michel Henry, einem ihrer zeitgenössischen Vertreter, heißt es: „Die Langeweile ist genau jene affektive Disposition, worin sich die ungenutzte Energie sich selbst offenbart. In der Langeweile steigt zu jedem Augenblick eine Kraft auf, schwillt aus sich selbst an, hält sich bereit für einen Gebrauch, der über sie verfügen möchte. Was aber tun? ‚Ich weiß nicht, was ich tun soll.' Keine der hohen, von der Kultur vorgezeichneten Wege, die es dieser Kraft freigeben würden, sich gebrauchen zu lassen, sowie der Energie, sich zu entfalten, und dem Leben, sich aus sich selbst heraus zu steigern, um sein Wesen zu vollziehen – keiner dieser Wege bietet sich der Langeweile dar, um sich folglich mittels eines Tuns auf einem solchen eingeschlagenen Weg und in der Erfahrung seines Leidens von dem zu erleichtern, was die Untätigkeit an Bedrückendem aufweist." (ds., Die Barbarei. Eine phänomenologische Kulturkritik, deutsch von Rolf Kühn und Isabelle Thireau, Freiburg-München 1994, 302) Man sieht, wie problemlos mittels des exemplifikatorischen Deutungsansatzes Lebensphilosophie in Kulturdiagnostik übergehen kann. Zugleich wird klar, warum dies nur eine Langeweileauffassung aus dem Umkreis der Affekttheorie leistet: eine *Emotion*, die ihrer selbst innewird, stockt; ein auf sich selbst aufmerksames *Denken* dagegen gerät nur auf eine – wiederum kognitive – Metaebene. Theorien der Langeweile, die diese aus einem Wechselspiel von Denken und Wollen herleiten, können eine Selbstkorruption des Lebens bzw. der affektiven Totalität nicht in Betracht ziehen. Daher – wie am Beispiel Frankfurts zu ersehen – die Tendenz zur moralisierenden oder pathologisierenden Auflösung des Phänomens.

aufrechtzuerhalten, es gelte eine Behauptung des – nunmehr durch regionale Ontologien beschreibbaren – ‚Selbst' gegen dessen Auflösung in Langeweile. Solche Außenperspektive grundiert die Überlegungen *Dechers* von Anfang an. Langeweile ist hier ins Kontinuum des Evolutionären eingeschmolzen, eine Art nützlicher Plagegeist gegen die Trägheit. ‚Überlebenskampf' bedeutet Evolution, Selbsterzeugung von Neuartigem; ‚geistigen Wesen' wie dem Menschen beschert die Langeweile gelegentlich Einsichten in die Gesamtbedingungen ihres Lebens. Der Verzicht darauf, sich dauerhaft zu langweilen, bezeugt die gelungene Anpassung der Geistnatur des Menschen an den ‚Evolutionsprozeß' selbst.

Frankfurts und Dechers anthropologische Modelle glätten die Langeweileproblematik in einer liberalismuskompatiblen, evolutionistischen Metaphysik des Lebens: call and response, Konkurrenzkampf und Anpassung. Darin bekundet sich freilich ein aufgestörtes kulturelles Bewußtsein. Ob vermögenspsychologisch oder evolutionsbiologisch abgeleitet bzw. abgewiesen – das Langeweilephänomen deutet über die Möglichkeit eines (wenn auch nur temporären) Gefühlsbindungsverlustes hinaus die Möglichkeit eines Sinnverlustes an.[24] Das *Verlangen* nach dem Emotionalen als Erfahrungsbedingung des Sinns, bis hin zur jovialen Anerkennung von ‚emotionaler Intelligenz' oder der ‚Kraft der Gefühle', bezeichnet die kulturelle Situation, in der über Langeweile philosophiert wird.[25]

2. Geschichtsphilosophische Modelle

Gegenüber den anthropologischen sind die offen geschichtsphilosophischen oder überhaupt geschichtlichen Deutungen der Langeweile bis heute in *einem* Vorteil: Die Problematik einer emotionalen Selbstexplikation ist in ihnen verschwunden oder verwischt; die starren Polaritäten von praktischem und theoretischem Verhalten, von Wollen und Denken sind von vornherein in einem narrativen Kontinuum verflüssigt.[26] Die zeitgenössi-

---

24 Vgl. Jürgen Große, Gefühl und Gefühlsverlust. Neuere Beiträge zur Theorie der Emotionen, in: Philosophische Rundschau 54 (2007), 195–216, hier bes.: 195 und 205ff.

25 Vgl. Eva Illouz, Gefühle in Zeiten des Kapitalismus, Frankfurt/M. 2006.

26 Der nihilistische Befund etwa einer tendenziellen emotionalen Entleerung, eines welt- wie individualhistorisch aufweisbaren Gefühlsschwundes verliert dadurch alles Spektakuläre. Das geschieht um den Preis, daß seine metaphysischen Voraussetzungen ins Unthematische abgedrängt werden. Solche metaphysischen Voraussetzungen bildeten in den Langeweileerzählungen z.B. Mainländers und v. Hartmanns energetische Theoreme: Unbewußtes wird zu

schen Geschichtserzählungen von der Langeweile – ebenso wie die soziologischen, verhaltensbiologischen und experimentalpsychologischen Ansätze – ergeben sich aus einer gleichbleibenden Beobachterdistanz. Durch
sie wird freilich auch der phänomenologische Sonderstatus der Langeweile
fragwürdig.

So etwa bei *Lars Svendsen*. Das norwegische Original seiner „Kleinen
Philosophie der Langeweile"[27] erschien ein Jahr vor Dechers Buch und
sieht sich von Anfang an vor der Schwierigkeit, „Langeweile als philosophisches Problem" hinreichend zu spezifizieren (13ff.). Das betrifft einmal
die Abgrenzung gegen andere, schon philosophisch etablierte Stimmungen
(der Langeweile fehle der Charme der Melancholie, der Ernst der Depression, 22), zum anderen ihre Metaphysikfähigkeit überhaupt. Svendsen
plädiert für eine konsequente Historisierung: Die großen (metaphysischen)
Fragen seien „nicht unbedingt identisch mit den ewigen, denn Langeweile
ist erst seit ein paar hundert Jahren ein zentrales Kulturphänomen", allerdings „für beinahe jeden in der westlichen Welt" (13). Über eine Reihe von
– recht großzügigen – Synonymsetzungen von Langeweile-Ingredienzien
(Orientierungslosigkeit, Subjektivität, Geltungsschwund überindividueller
Sinngebilde) kommt das Fragen nach der historischen Genese der Langeweile schließlich bei der Romantik zum Stehen. „Wir Romantiker" (35)
seien seit ca. 1800 in derselben Situation: „Wenn Langeweile zunimmt,
bedeutet das, daß Gesellschaft oder Kultur als sinnstiftende Instanz einen
ernsten Fehler" aufweisen (25). Freilich: Die Langeweile werde „zur Erklärung für alle möglichen Handlungen ebenso benutzt wie zur Erklärung
der totalen Handlungslähmung" (29). Derlei Diagnostik der Langeweile
schließt selbst die Versuche ihrer theoretischen Bewältigung ein. Diese
Struktur teilt sie mit der Nihilismusdiskussion des 20. Jahrhunderts. Obwohl Svendsen die schleichende Gefahr der Autoreferenz solcher Lange-
weilediagnosen sieht, versucht er doch immer wieder eine ‚Theorie des
Zeitalters' nach Art J. G. Fichtes, die sich zur historischen Zeugin der eigenen Gegenwart macht: Langeweile sei „heute wahrscheinlich weiter
verbreitet als je zuvor" und „an der wachsenden Anzahl sozialer Placebos
ablesbar" (29). Die einschlägigen Befunde – Ästhetisierung, Oberflächen-
kultur, Dominanz des ‚Interessanten' aus transzendentaler Erfahrungsar-

---

Bewußtem, Instinkt zu Geist, Wollen/Handeln zu Reflexion, weil der ontologische Gesamtbetrag all dieser Transformationen als konstant angesetzt ist.
Derartige Annahmen leiten noch die allerneuesten einzelwissenschaftlichen
Deutungs- und Therapieversuche an der Langeweile. Für einen Überblick vgl.
abermals das Standardwerk von Bellebaum, Langeweile, Überdruß und Lebenssinn.
27 Kleine Philosophie der Langeweile (Kjedsomhetens Filosofi, Oslo 1999), aus
    dem Norwegischen von Lothar Schneider, Frankfurt a. M./Leipzig 2002.

mut (30ff.) – lassen abermals die Prägung durch existenzphilosophische und nihilismusdiagnostische Problemexpositionen erkennen. Die Langeweile wird existentiell aussagekräftig und insofern situationsübergreifend (47), als sie „Immanenz in ihrer reinsten Form" biete (50).

Die historische Hinführung auf das Thema hatte mithin lediglich paradigmatische Funktion: ‚die Moderne' phänomenalisiert die Langeweile. Sie erklärt aber nicht, was Langeweile eigentlich ist bzw. *wie* sie ihrerseits die Phänomenalisierung von Transzendenzschwund *leisten könne.* Was hebt sie über eine bloße Laune, eine Verstimmung hinaus? In seinem Referat früherer ‚Philosophien der Langeweile' bevorzugt der Verfasser ersichtlich Denker, die den Sonderstatus der Langeweile unter den Empfindungen herausgearbeitet haben als Symbolon oder Ausdruck gerade eines Fehlens adäquater (situativer) Veranlassung. Leopardi und Nietzsche beschrieben Langeweile in jener Weise, die weder eine geschichtsphilosophische noch eine metaphysisch-kosmogonische Deutung ausschließt (63ff.); der erlebte Sinnschwund kann gefaßt werden als Struktur oder Prozeß, ohne daß die Phänomenerfassung auf anthropologische, psychologische, soziologische Bestimmungskriterien eingeengt wäre. Diese empirische Unbestimmtheit bzw. Weitläufigkeit ist nötig, um freie Hand zu haben bei der Herausarbeitung philosophisch relevanter Differenzen. Die Langeweile tritt bei Svendsen zweifach auf: als *Emotion,* wenn man sich über etwas Bestimmtes langweile, als *Stimmung,* wenn man sich über die Welt langweile (119). Philosophisch relevant ist die *Stimmung,* denn hier läßt sich fragen, ob der Langeweile nicht nur deutende, sondern auch methodisch hinleitende Kraft eigne hinsichtlich gewisser Phänomene von Sinnschwund, von Daseinsleere bzw. -grundlosigkeit etc. „Wir erkennen eine Situation wegen der Stimmung, durch die uns die Situation vermittelt wird." (119)

Spätestens hier muß Svendsen eintreten in einen Dialog mit Heidegger, der ja die Langeweile als eine Stimmung, die an das Fehlen einer Gestimmtheit erinnere, als Nicht-Stimmung, Nicht-Verhältnis beschrieben hatte, wodurch sich das Dasein stufenweise seiner eigenen Zeitlichkeit versichern könne, eben weil ihm innerzeitig nichts Gegenständliches mehr erscheine (138). Svendsens Einwand lautet: Selbst wenn die Langeweile nicht aus etwas Spezifischem in einer gegebenen Situation erwächst, könne sie dem Umfeld, also einem umfassenderen Kontext entspringen. Es sei deshalb nicht zwingend notwendig, die dem Dasein eigene Zeitlichkeit für die Deutung der Langeweile zu bemühen (130). Dieser Einwand gegen den Paradigmatismus Heideggers in den „Grundbegriffen der Metaphysik" (1929/30) ist triftig. Allerdings hatte Heidegger ihn sich dort selbst gemacht, als er den paradigmatischen Status der Zeitlichkeit für die Eröffnung der metaphysischen Fragedimension seinerseits historisiert sehen wollte.[28] Dagegen mutet die Langeweile-Philosophie Svendsens, gegeben im Rahmen einer Geschichtsphilosophie ‚der Moderne‘, recht simpel an: Langeweile breitet sich aus, wenn traditionelle Sinnstrukturen wegfallen, „das moderne Subjekt glaubt, dieser Sinn könne durch ständige neue Überschreitungen des Selbst erworben werden, indem man jeden verfügbaren Sinn zu seinem eigenen macht" (165). Auch in der Historisierung von ‚Geschichte‘ als des vorläufig letzten Sinnhorizontes zugunsten einer Gegenwart, die – ohne Vergangenheit und Zukunft – die Immanenz der Langeweile bedeute, bleibt ein geschichtsphilosophischer Großentwurf erkennbar. Er ist selbst einem exemplarisch vorgehenden bzw. paradigmatischen Denkstil verpflichtet. Im übrigen zeigt die Zwangsläufigkeit, mit der Svendsens Philosophie der Langeweile auf den ehrgeizigeren Entwurf Heideggers geriet, daß wohl jede metaphysische Auszeichnung einer empirisch faßbaren ‚Stimmung‘ diese mit einem transzendentalen Doppelgänger versehen muß und sich die begriffsanalytisch notorischen Probleme einhandelt. Die Langeweile ist eine Stimmung, die eine Situation der Nicht-Gestimmtheit anzeigt. Diese paradoxe Formulierung, die sich aus der Privilegierung der Langeweile als scheinbar gegenstandsfreier Erschließerin von Gegenständlichkeit überhaupt ergibt, mag man hinnehmen. Wenn laut Svendsen aber ‚Stimmung‘ notwendig ist, damit eine „Situation verstanden" bzw. „erkannt" werden könne (119), dann fragt sich, ob in solcherart Zugriff ‚Situation‘ nicht zuvor als stimmungsunabhängig gedacht sei[29] und ob dann die Langeweile noch länger als Königsweg der philosophischen Stimmungsanalyse gelten könne. Die deskriptiv-psychologischen Passagen und die geschichtlichen Ortsbestimmungen der Langeweile (Massenphänomen, Freizeitgesellschaft) stehen mehr oder minder unverbunden beieinander. Diese Beliebigkeit hatten Heideggers „Grundbegriffe der Metaphysik" seinerzeit zu vermeiden gesucht, indem

---

28 Die an Erfahrung und Auslegung der Langeweile erweckten Fragen reichen „in ihrem Ursprung zurück in die Frage nach dem Wesen der Zeit. Die *Frage nach dem Wesen der Zeit* aber ist der *Ursprung aller Fragen der Metaphysik* und ihrer möglichen Entfaltung. Ob jedoch die Problematik der Metaphysik jederzeit aus der Zeitlichkeit des Daseins entwickelt werden muß, läßt sich objektiv, gewissermaßen für die ganze Weltgeschichte, nicht entscheiden. Die Möglichkeit einer anderen Notwendigkeit der Begründung der Metaphysik muß offen bleiben. Aber diese Möglichkeit ist keine leere, logisch formale, sondern das Mögliche dieser Möglichkeit hängt nur ab vom Schicksal des Menschen." (Grundbegriffe der Metaphysik, 253f.)

29 Bringen Stimmungen eine Situation zum Ausdruck oder reagieren sie auf eine Situation? Das Problem ist in der Philosophie der Emotionen einschlägig, vor allem durch die Lange-Jamessche Theorie emotionaler Verursachung. Vgl. dazu in Kürze Andreas Graeser, Philosophie und Ethik, Düsseldorf 1999, 119f.; im Kontext des emotionstheoretischen Kognitivismus: Ronald de Sousa, The Rationality of Emotion, Cambridge/Mass.-London 1987, 51ff.

dort die Erfahrung der ‚tiefen Langeweile' mit einer ‚verborgenen Grundstimmung' unserer Zeit verfugt wurde, deren kulturhermeneutische bzw.
weltgeschichtsphilosophische Fixierbarkeit aber ausdrücklich abgewiesen
war (vgl. GdM, 111).

Gegen den großzügigen Umgang mit Langeweilebefunden, die in die
Kompetenz empirischer Beobachtung und Vermutung fallen, sind seitens
verschiedener Fachwissenschaftler immer wieder Bedenken lautgewor-
den.[30] Grundlegend war hierbei die Studie von *Alfred Bellebaum*, der auf
Kontexte und Bedingungen verwies, das Phänomen ‚Langeweile' faktisch
und interpretativ dingfest zu machen.[31] Auch *Martin Doehlemann* benennt
die Schwierigkeiten des Versuchs, individualpsychologische Befunde geschichtsphilosophisch auszuweiten – mochte dies auch in der geistig-
kulturellen Windstille der bundesdeutschen 1980er Jahre noch so sehr
verlockt haben („Ansteigen der Langeweile in der BRD?"). Der vergleichsweise hohe konstruktive bzw. hypothetische Aufwand, ein Stimmungsphänomen überhaupt empirisch-gegenständlich festzuhalten, wird in
den besten Texten aus dem fachwissenschaftlich-monographischen Genre
klar gesehen.[32] Umgekehrt fand und findet man bei den genannten und
anderen – fast durchweg interdisziplinär arbeitenden – Forschern oft mehr
Bereitschaft, metaphysische Implikationen und Unwägbarkeiten ihres Un-
tersuchungsgegenstandes einzuräumen, als es in einschlägigen philosophischen Arbeiten der Fall ist.[33] Das betrifft auch die Offenlegung des eigenen

---

30 Ironische Distanz kennzeichnet die „Einstimmung" bei Bellebaum. „Schrek-
    kensmeldungen über Langeweile": „Einige Behauptungen" (Langeweile, 12),
    dann die Relativierung: „Umständehalber – Eigenschaft des Menschen".
31 Sehr skeptisch vor allem zu den Langeweilebefunden aus der angeschwolle-
    nen Freizeitforschungsliteratur: „Daten und Deutungen" (Bellebaum, Lange-
    weile, 99f.).
32 „Über Befragungen und Beobachtungen ist also Langeweile nur beschränkt
    erkundbar" (Doehlemann, Langeweile? 9). Ähnlich auch ein soziologisch in-
    spirierter Philosoph wie Georg Lohmann, „Zur Rolle von Stimmungen in
    Zeitdiagnosen", in: ds./Hinrich Fink-Eitel (Hrsg.), Zur Philosophie der Gefüh-
    le, Frankfurt/M. 1993, 266–292, bes. 268f.
33 Vgl. Patricia Meyer Spacks, Boredom. The Literary History of a State of
    Mind, Chicago-London 1995. Die Autorin schlägt, um „boredom as an ex-
    planatory myth of our culture" zu testen, ein Gedankenexperiment vor: „What
    social and psychological conditions would require the construction of bore-
    dom as a concept? Conversely, what social and psychological circumstances
    would allow the world to get along with it?" (27) Hilfreich sei „the luxury of
    speculation. In the hypothetical world that lacks a concept of boredom, people
    would tend to accept their condition in life as given" (9). Umgekehrt würde
    eine langeweilegefährdete Welt notwendigerweise eine sein, „whose inhabi-
    tants believed in, lived by, a notion of personal responsibility" (11). Diese

kultursituativen Ausgangspunktes, an dem der Überstieg von der Emotion in die Stimmung bzw. von der Erfahrung in die Deutung von Langeweile erfolgt.

Eine – schon ältere – Ausnahme unter den *Philosophien* der Langeweile bildet *Benno Hübners* Buch.[34] Es versucht, die welthistorische Zeitgenossenschaft zum Ende der Blockkonfrontation und zur Ökologiedebatte theoretisch zu integrieren. Der Verfasser gibt einen Ausblick auf die nunmehr global gewordene „Utopie des Kapitalismus" (121) als einer Groß- und Letztepoche projekteschaffender Langeweile. „Der de-projizierte Mensch" stellt den wohl ehrgeizigsten neueren Entwurf dar, Langeweile geschichtsphilosophisch zu traktieren. Erklärungsgrundlage bildet – wie in fast allen neuzeitlichen Theorien der Langeweile – eine asymmetrisch und binär verfaßte Struktur, die sich sowohl existenzphilosophisch als auch anthropologisch verstehen läßt. Nur ein Wesen nämlich, das sich langweilen kann, ist kulturfähig: „Jedes Mehr-Handeln, das über die augenblickliche Befriedigung physischer Bedürfnisse hinausgeht, steht im Verdacht, aus Langeweile und das heißt um der psychischen Bewegung und Erregung willen vollzogen zu werden. Jedes Mehr-Handeln, bei dem der Erfolg des Handelns ein Mehr-Wert, ein Überfluß, ein Luxus ist, steht im Verdacht, aus dem Bedürfnis des Menschen heraus vollzogen zu werden, sich selbst nicht überflüssig zu fühlen." (28) Gleich vielen ökologischen Philosophen konfrontiert der Verfasser einen naturhaft-physischen Begriff des *Lebensfaktums* dem Kulturphänomen der *Lebensweise*, die sich – „in der technologischen Ära" evident – in anderen Rhythmen ändere als jenes und damit eben die Sinn-Irritationen hervorbringe, die unter ‚Langeweile' zu fassen seien (19). Das kulturelle (daher: meta-physische) Mehr-Handeln über die physische Bedürfnisbefriedigung hinaus erscheint in diesem Aufriß, als ein ‚Anderes' gegenüber dem ‚Ich' (leibseelische Bedürfnisnatur), unter potentiellem Langeweile-Verdacht. Es ist Projektion, die de-projiziert werden kann. In einer von religiösen und anderen Transzendenzen entleerten Welt ist es dem ‚Ich' schwerer gemacht, sich auf ein ‚Ziel' (‚Anderes') zu projizieren. Es selbst in seiner ‚Bewegung' sucht sich sinnhaft (Hübner: zweckhaft) zu werden.

Hier schließen sich Langeweiledeutung, wie seit Pascal bekannt, und Kapitalismus- qua Zivilisationskritik unmittelbar zusammen: nicht die

---

Frageexposition schließt Erfahrung und wissenschaftliche Ausdeutung der Langeweile zusammen. Der Phänomen-Befund klingt gleichwohl vertraut: „Boredom presents itself as a trivial emotion that can trivialize the world. As an interpretive category, it implies an embracing sense of irritation and unease. It reflects a state of affairs in which the individual is assigned ever more importance and ever less power." (13).

34 Der de-projizierte Mensch. Meta-physik der Langeweile, Wien 1991.

physische Entlastung, sondern „die durch die gleichzeitige metaphysische Entlastung als Kompensation des metaphysischen Defizits bewirkte Wunschexplosion" bedinge und erfordere permanente Naturausbeutung und -umformung (135). Sie ist es, die den Menschen aus dem Zimmer treibt.

> Die Befunde gleichen vielfach denen der klassischen Langeweilephä-
> nomenologien, etwa hinsichtlich der eingetretenen Vermittlungsarmut
> im Verhältnis von Ich und Welt: „In der Langeweile ist das Ich weltlos,
> auf sich selbst zurückgeworfen." Die Bedeutungsfreiheit des Weltstoffs
> erleichtert dessen Bearbeitung und Ausbeutung (47). Grundlage der an-
> thropologisch eingeführten Kulturkritik ist die Entfremdungsfigur –
> „Und so kann schließlich das Ich, indem es das zu schaffende Überflüs-
> sige über das eigene Ich stellt als das *Andere*, um dessentwillen es han-
> delt, und indem es das zu schaffende *Überflüssige* anderen zugute
> kommen läßt, durch sein metaphysisches Handeln, durch sein Mehr-
> Handeln, sich nicht nur den *Sinn* seiner eigenen Existenz beweisen,
> sondern gleichzeitig anderen nützlich sein. Hier findet der Umschlag,
> der Sprung statt, die Inversion der natürlichen Antriebsrichtung ..."
> (29) Den zirkulären Zug dieser Deutung gesteht der Verfasser ein: „Um
> zu wissen, wie die Langeweile Beweggrund für menschliche Projekti-
> on, Projekt, Idealismus, Kultur und so weiter werden kann, bedürfen
> wir der Struktur der Langeweile. Diese Struktur zeigt sich jedoch nur –
> Tautologie – in der manifesten Langeweile, dem Zustand der De-
> Projektion." (43) Ungeachtet dessen ist der Langeweile ein paradigma-
> tischer Status zugebilligt: „Die Langeweile ist der Hauptschlüssel nicht
> nur zum Verständnis des heutigen, sondern zum Verständnis des Men-
> schen überhaupt." (42)

Hübners Deutungsversuch teilt damit die Schwierigkeit der anthropologischen Ansätze, eine überhistorische Struktur geschichtlich zu exemplifizieren: das *aktuelle* Erscheinen des Langeweile-Phänomens muß durch Zusatzannahmen erklärt werden, die den Ausgangsbedingungen der Theorie äußerlich sind (hier: ‚biologische und geistig-psychische Struktur' – ‚wissenschaftlich-technische Revolution', 19ff.). Die strikte Zweipoligkeit der menschlichen Sinnsetzungen zwischen Not und Langeweile, wie von Schopenhauer in aller Schroffheit behauptet (s. II.5), ist in eine Geschichtstheorie überführt. Dies und die Reduktion vieler historisch vorangegangener Langeweiledeutungen auf die Grundpolarität von ‚Ich' und ‚Anderem', ‚physisch' und ‚meta-physisch', Bewegung und Ziel – z.B. der Heideggerschen Phänomenologie der Langeweileformen aus den „Grundbegriffen der Metaphysik" auf einen Binarismus von ‚objektiver' und ‚subjektiver' Langeweile vereinfacht (44) – machen das Buch angreifbar.

Dennoch hebt sich Hübners Projekt einer meta-physischen Deutung der Langeweile vor dem Hintergrund psychophysischer Befunde vorteilhaft von jenen Arbeiten ab, die zu einem Großteil aus Referaten der Klassiker bestehen. Mit seiner sozioökologisch inspirierten Sicht gelingt dem Verfasser die hermeneutische Transformation von individueller Langeweileerfahrung in Kulturphilosophie; am Beginn der 1990er Jahre sagt er als politisches Hauptproblem die Diskrepanz von Wunschproduktion und begrenzten materiell-physischen Ressourcen voraus, die das Verhältnis der westlichen Hemisphäre zum Weltrest fortan bestimmen werde („Von der Unmöglichkeit, materielles Glück zu sozialisieren", 138ff.). Hübner sieht im Zusammenbruch des sozialistischen Weltsystems das Vorspiel zu einem Zeitalter der De-projektion, der Bewegung um ihrer selbst willen in der kapitalistischen Wachstumsutopie und Verwertungspraxis – kurz, der ins *Offenbare* gezwungenen Langeweile.

3. Fazit

Im Rückblick auf die letzten Jahrzehnte philosophischer Beschäftigung mit der Langeweile fallen die Ähnlichkeiten in den Befunden und Deutungsmustern auf. Das gilt nicht nur hinsichtlich verschiedener philosophischer Strömungen bzw. Dialekte, sondern auch für das Verhältnis zu den einzelwissenschaftlichen Studien. Ihre Resultate werden in hohem Maße für metaphysische Deutungen bemüht. Auch die philosophische und theologische *Tradition* ist in der Langeweiledeutung nach wie vor stärkstens präsent. Der historische Zugriff darauf ist bemerkenswert unbefangen, neuere Arbeitsmethoden wie etwa die diskursanalytische finden kaum Verwendung, Ideengeschichte alten Schlages dominiert. Überhaupt steht die philosophische Langeweilediskussion zumeist quer zu operationalisierbaren Hypothesen (etwa begriffsanalytischer oder hermeneutischer Provenienz) sowie – wenn man von H. G. Frankfurts Liebestheorie absieht – zu Diskussionen, die sich sachlich mit dem Thema überschneiden (Emotivismus/Kognitivismus, Verhaltenstheorie, Affektivität und Person). Für diese Unbefangenheit ist sicherlich die ohnedies hohe Verflechtungsdichte bzw. Integrationsfähigkeit des Themas verantwortlich. Das Vorurteil scheint bestätigt, daß die aufregenden (und anstößigen) Dinge heutzutage an den Rändern von Fachphilosophie und -wissenschaften passieren bzw. in deren Gemenge. Damit fragt sich aber auch, was Langeweile – wie in den einschlägigen Texten latent oder offen behauptet – als metaphysischen Originalzugang auszeichnen könne. Abgesehen davon, daß die Antworten der explizit philosophischen Versuche über die Langeweile hier selbst ver-

schieden ausfallen – Svendsen bezweifelt die metaphysische Privile-
giertheit der Langeweile, Hübner setzt sie voraus –, zeichnen sich zwei Aspekte ab, die dem Thema seine Lebenskraft sichern. *Sachlich* berührt sich
die philosophische Langeweile-Literatur mit dem, was man traditioneller-
weise als ‚Nihilismusproblematik‘ bezeichnet; mit dieser teilt sie die Viel-
sinnigkeit des Phänomens, den starken Bezug auch zur alltäglichen Erfah-
rungswelt, die Eignung zu einzelwissenschaftlich inspirierter Aufbereitung.
Methodisch hängt jede Metaphysik der Langeweile mit der Frage nach der
Operationalisierbarkeit bzw. dem ‚Wesen der Stimmungen‘ (Bollnow)
zusammen. Sie ist mit dem Ansehensverlust lebensphilosophischer und
existenzphänomenologischer Zugangsweisen in den Hintergrund getreten
bzw. abgedrängt ins Feld der philosophischen Ratgeberliteratur von allerlei
‚Lebenskünsten‘. Dennoch liegt in der Entgegensetzung von Stimmung
bzw. Gestimmtheit und Affekt/Emotion die unverminderte metaphysische
Brisanz der Langeweile. In ihr scheint durch offenen Gegenstandsbezug
ein empirisch beschreibbarer Zugang zu den Bedingungen des Empirischen
bzw. zum Nicht-Empirischen möglich, wonach zu suchen alte und neue
Metaphysiker nicht müde geworden sind.

Epilog: Die neuzeitliche Langeweile im Dreieck von Liebe, Arbeit, Macht

Will man systematisieren, was die neuzeitliche Denk- wie Seinserfahrung der Langeweile von anderen, früheren Erfahrungen unterscheidet, dann empfehlen sich vorab folgende Eingrenzungen: 1. Langeweile muß in Daseinsformen oder -gebieten als durchgängige Herausforderung auffindbar sein, d.h. eine ,Gestimmtheit', ,Verfaßtheit', ,Ausdrucksweise' struktureller Zwänge und Möglichkeiten bilden. 2. Ihre Bewältigung muß über Strategien hinausgehen, die sie als Krankheit oder als Laster, kurz: als bloße Indisponiertheit entweder der moralischen oder der Affektnatur, in die Schranken weisen. Die Frage wird also sein, ob und worin Langeweile neuzeitlich ein *Positivum* in Denken und Dasein darstellen könne. Der Fortfall von Transzendenzen – ,Säkularisierung', ,Entzauberung der Welt' u.ä. –, wie in der Langeweiledeutung vielfach ins Feld geführt, erhellt die *Genese* des Problems wie seiner Erfahrung, indem kulturelle Kompensate als Antworten auf eine ansonsten drohende Götter-, Seins- oder Sinnleere aufgefaßt werden. Offen bleibt die Frage, warum sich jenseits des Entstehungskontextes ,Säkularisierung' bestimmte Formen von Langeweile wie Langeweilekompensation dauerhaft – und positiv erfahrbar – etablieren konnten und wie sie zusammenhängen. Derartige Positiva, die zugleich als Gründe wie Effekte einer spezifisch neuzeitlichen Langeweileerfahrung auftreten, finden sich im bewußtseinsgeschichtlichen Dreieck von *Liebe*, *Arbeit* und *Macht*. Sie alle nämlich ,erschließen' Dasein auf Weisen, die im Zeichen der Langeweileerfahrung systematisch und dauerhaft miteinander verfugt sind.

*

Macht: Die nicht mehr ausschließlich medizinisch oder moralisch traktierte Langeweileerfahrung in der Neuzeit zeigt einen ontisch erfüllten, aber noëtisch entleerten Kosmos: Seiendes bedrängt einander und erhält sich in einem gottverlassenen All, dieser Selbsterhalt jenseits entelechischer oder anderer Sinnstrukturen scheint gegenüber dem menschlichen Dasein jedoch als wesensfremd, nicht anzueignen, also letztlich nur in formalontologischen Charakteren wie eben der zeitlichen Kohärenz (Dauer) begreifbar. Seiendes, das solcherart als schlechte Ewigkeit dauert, unbekümmert um die zeitlich-begrenzten Sinnhorizonte seiner menschlichen Zeugen, haben die Langeweiletheoretiker des Barock als auch der Romantik bedacht. Ihre Erfahrung einer dem Menschen fremden, d.h. *sinnleer* gegenübertretenden *Seinsfülle* korrespondiert mit dem philosophischen Thema der Macht. Seit Beginn der philosophischen Neuzeit bildete ‚Macht' ein Phänomen eigenen Seins und Rechts, nicht mehr eingebunden in den Kontext einer lehrbaren Staatskunst noch in die religiös-theologische Legitimitätsproblematik. Potestas (power, puissance) wird – zuerst von Machiavelli – von ihren Erscheinungen und Wirkungen her betrachtet, nicht mehr in Absicht transzendenter Begründungen. Die frühmodernen Denker eines Naturrechtes (Hobbes, Spinoza) suchen – diesseits politisch-religiöser Verwerfungen, wie an den Konfessionskriegen des 16. und 17. Jahrhunderts erlebt – ‚Macht' als einen sich selbst begründenden und erhaltenden Zusammenhang. Solche ‚Souveränität' und ‚Absolutheit' behauptet anscheinend die physische Ordnung der Dinge: Unteilbarkeit, Ganzheit, Selbständigkeit, die sich als ein nicht abreißender Kausalnexus entfaltet.[1] Alle diese Merkmale der ‚Substanz' schließen eine Differenz von Potenz und Akt zugunsten eines theologisch-transzendenten Seins (und Sinns) aus. Macht ist, wie physis, in ihren Wirkungen ganz und gar gegeben; es gilt allerdings auch umgekehrt, dieses Wirken jenseits bevorzugter symbolischer Manifestationen zu *erkennen*.[2] Wie der absolute Herrscher läßt auch der Souverän Natur nichts unverwirklicht. Durch *Totalität* und *Kohärenz* ihres Seins gewinnt sie Attribute der Unbeirrbarkeit durch anderes Sein – durch Seiendes außerhalb ihrer. Dieses muß seine Verstörtheit durch die Unempfindlichkeit der Macht als den Protest seitens einer anderen Ordnung artikulieren. Pascal, der frühneuzeitliche Denker des Ennui, setzt seinen ‚ordre du cœur' einem ‚ordre du corps' entgegen. Diese Ordnung wird im Verlaufe des 18. Jahrhunderts verzeitlicht. Indem sie auch noch das Autopoiesis-Modell des historischen Entwicklungsdenkens[3] mit vorbereitet – „La puissance est la possibilité du changement" (G. W. Leibniz) –, wird sich die zweite Möglichkeit eines als ‚Langeweile' artikulierbaren Protests ergeben: Einige Romantiker äußern ihr Unbehagen gegenüber der

---

1 Was einen Großteil der Substanzmetaphysik in der frühen Neuzeit umtreibt und die einschlägigen philosophischen Lösungen erzeugt, das ist durch den Untertitel eines Spinozabuches von Yirmiyahu Yovel mustergültig benannt: Die Abenteuer der Immanenz (Göttingen 1994).

2 Zu Hobbes' neuzeitlich-epochemachendem Gedanken einer strukturellen Omnipräsenz von Machtbeziehungen vgl. Siegfried Reusch, Subjektivität – subjectum der Macht, Stuttgart 2004, http://elib.uni-stuttgart.de/opus/volltexte/2004/1993/ pdf/Reusch.pdf, 108.

3 Die Wurzeln des nachmals mit ‚Historismus' gleichgesetzten Entwicklungsgedankens liegen im Zeitalter Leibniz'. Trotz aller Kritikpunkte im einzelnen bleibt hierzu unverändert ergiebig das Standardwerk von Friedrich Meinecke, Die Entstehung des Historismus ([1]1936), München 1959.

sich selbst erzeugenden, im Wandel erhaltenden Potenz ‚Geschichte'
(Droysen definiert sie später klassisch als ‚epidosis eis auto'). Auch die
Geschichte, als Prozeß und Subjekt ihrer selbst, kann als der Souverän
eines sinnentleerten Seins erfahren werden.[4] Hierin liegt die Analogie zur
religiös-romantischen Kritik an einer transzendenzlosen Herrschaft, die –
ähnlich wie die ‚Natur' der frühen Staatsdenker – als ‚bloß physische
Macht', ‚bloße Gewalt (vis)' wirkt (F. Schlegel, A. Müller, F. v. Baader).
Barock wie Romantik erfahren und bedenken ‚Macht' als eine Energie, ein
Vermögen, ablösbar von transzendenten wie personalen Trägern. Die unmittelbare Erfahrung des Seins der Macht, sprich: eines nicht daseinsmäßigen ens, wird damit zum Synonym eines Sinnlosigkeitserlebens. Die Theoretiker der Langeweile sehen ihren Sinnlosigkeitsverdacht gegen die pure
Macht zumal bestätigt, wo diese als Erzeugungsinstanz ihres eigenen Sinns
präsentiert wird – etwa im Konzept der Selbstbestimmung (Autonomie).
Die subjektphilosophisch reformulierte ‚Substanz' ist der Musterfall für
jene Freiheit, die nicht nur der eigenen Natur gemäß handeln will, sondern
diese auch erzeugen kann. Wie Pascal und den französischen Moralisten,
erscheint auch den Romantikern dieses ins Virtuelle gestellte Sein als Tat
menschlicher Hybris, als Ich-Überhebung, die ebensosehr durch Angst wie
durch Langeweile abzubüßen sei. Angst und Langeweile sind die Pole
eines Welterlebens, worin sich ein aller Bestimmungen entleertes Ego mit
zahllosen seinesgleichen existierend findet, in einem Zusammenhang, der
nur durch nicht daseinsförmig dauernde ‚Instanzen' gewährleistet wird.
Macht (ob politisch, ökonomisch, wissenschaftlich-technisch) stiftet Gesellschaft. Dieser Zusammenhang kann kein Miteinander aus erlebter Gegenwart von Menschen und Sachen sein, sondern muß sich vielmehr an der
innerweltlichen Kohärenz einer Quasi-Objektivität ausrichten. Sie wird
durch den frühneuzeitlichen *absoluten*, d.h. in Unabhängigkeit von seinen
Untertanen existierenden *Souverän* ebenso repräsentiert wie durch die
System gewordenen *Instanzen* des Fortschritts, der Kulturarbeit etc. Langeweileerfahrung ist damit Erfahrung einer stupide alle ihre Möglichkeiten
verwirklichenden Macht. Zu ihr kann der Einzelne kein pathisches, ‚affektives' Verhältnis bilden – nicht zuletzt deswegen, weil das Ego ja selbst
nach dem Vorbild eines material unbestimmten, nur formaliter, als Selbst-
erhaltungsinstanz, bestimmbaren Systems entworfen ist. Wenn Langeweile
als ‚negatives Involviertsein' (A. Heller) definiert worden ist, dann drückt
sich darin eben diese doppelte Unmöglichkeit individueller Autonomie wie
individueller Involviertheit aus. Die spezifisch langweilende Zeitlichkeit
der reinen Macht ergibt sich aus ihrer fortwährenden Nichtung sinnlich-
sinnhafter Gegenwart, zugunsten jener aus lauter Fortschritten – d.h. tech-

---

4 Vgl. Jürgen Große, Kritik der Geschichte. Probleme und Formen seit 1800,
   Tübingen [2]2007, 105ff.

nisch summierbaren ‚Jetzt'-Zuständen – gefügten Ewigkeit ‚der Geschichte', ‚des Zivilisationsprozesses', ja eines ‚Weltprozesses' (s. III.4/5).

*

Die neuzeitliche Praxis der Macht ist den Paradigmen des Systems, der Selbstzentriertheit und -erhaltung, der vollständigen politischen Repräsentierbarkeit und somit der Identität von Potenz und Aktualität der Herrschaft verpflichtet.[5] Das ist nur durch Vereinfachung bzw. Formalisierung der Beziehungen zwischen Herrschaft und Beherrschten einerseits, zwischen den Beherrschten andererseits zu denken und zu erreichen. Macht wird nicht *hierarchisch*, durch gestufte Sichtbarkeit ihrer ‚Substanz' in der Vertikalen zwischen Himmel und Erde, sondern *funktional*, in der Horizontalen von Zentrum und Peripherie, z.B. von Hauptstadt und Provinzen, ausgeübt. Ihre Spannung resultiert nicht aus einer leiblich-seelischen oder irdisch-himmlischen Doppelnatur und -herkunft, sondern aus ihrer immanenten Teleologie. Diese will Homogenisierung alles Seienden, d.h. Aufhebung (Vernichtung) aller für ihr Selbstbewußtsein doch konstitutiven Differenzen. Musterbilder dieser Problemlage gab die politische und kulturelle Nivellierung, wie sie von den Fürstenhöfen des frühneuzeitlichen Absolutismus ausging. Die Kritiker von deren demokratischen, über die zentralistischen Institutionen vermittelten Fortbildungen erblickten darin ein strukturgeschichtliches Kontinuum der Monotonie, der Neutralisierung historischen Wandels etwa in der Instrumentalität von Institutionen (Taine, Tocqueville). Aus zeitgenössischer Nähe hat zuerst der politisch entmachtete, aufs geistreiche Salondasein beschränkte Hochadel den Ennui erfahren, der von einem Zentrum der Macht ausgeht. „Fast immer langweilt man sich bei Leuten, bei denen man sich nicht langweilen darf", schreibt La Rochefoucauld.[6] Die Langeweile der Macht für sich selbst, aber auch für die von ihr Beherrschten ist ein oft behandeltes Thema in der französischen Moralistik.[7] Sturm und Drang sowie Romantik haben dasselbe an den Nivellierungseffekten des aufgeklärten Absolutismus, die Dandys und Spleenigen angesichts der materiell-technisch entfalteten Bürgerlichkeit

---

5 Vgl. Georg Zenkert, Die Konstitution der Macht. Kompetenz, Ordnung und Integration in der politischen Verfassung, Tübingen 2004, 143ff.

6 Reflexionen oder Sentenzen und moralische Maximen, Nr. 352. Umgekehrt, nämlich aus der Perspektive einer auf emotionale Autonomie erpichten Instanz, formuliert Sentenz Nr. 304: „Wir verzeihen oft andern, wenn sie uns langweilen, aber nie, wenn wir sie langweilen."

7 Außer bei La Rochefoucauld finden sich zahlreiche Belege bei La Bruyère, Vauvenargues, Rivarol, Montesquieu, Massillon, Joubert, Chamfort – vgl. dazu u.a. Fritz Schalk (Hrsg.), Die französischen Moralisten, zwei Bände, München 1973, I, 93, 150f., 200, 432; II, 214, 303.

des 19. Jahrhunderts artikuliert. Die Massengesellschaften – ob als Weltanschauungsdiktaturen oder Konsumentendemokratien – des 20. Jahrhunderts schaffen einen existentiellen Homogenitätsdruck, der sich scheinbar ohne zentral abstrahlende Instanz ausbreiten kann. Doch in der unmittelbaren Nähe der modernen Despoten war noch dieselbe Langeweile zu erfahren wie zu ihrem neuzeitlichen Beginn. In dieser Spezifik der modernen Macht-Erfahrung haben Angst und Langeweile denselben phänomenologischen Effekt – nämlich die zeitlich erfahrene ‚Hingehaltenheit' (Heidegger) an etwas bzw. jemanden, für das bzw. den Zeit keine Rolle spielt. Die korrumpierende Langeweile der puren Macht(ausübung) pervertiert gewissermaßen das emotionale ‚Involviertsein', worin Selbst- und Welterfahrung ständig miteinander korrelieren. Das Erlebnis solcher Perversion ist keineswegs auf anonyme Sachzwänge beschränkt. Die zahlreichen Überlieferungen von Stalins Orgien ebenso wie von Hitlers Tischgesprächen bieten dafür spektakuläre Beispiele. Die fesselnde und doch ennuyierende ‚Attraktivität' einer vom emotionalen Zustand ihrer Umwelt ungerührten Macht entfaltet sich so grausam wie grotesk, was eine halbfiktionale Erinnerungsliteratur dankbar aufgegriffen hat. Viele Gäste, so wird dort berichtet, langweilten sich z.B. bei Stalin fürchterlich – und wagten doch nicht zu gehen. Als scheinbar vergnügte Esser mußten sie ihre Angst wie ihre Langeweile hinunterwürgen. Ein Dokumentarroman schildert das plastisch: „Während Stalin plauderte und scherzte, suchte er sich im Geiste schon jene aus, die als nächste dran waren, und während sie kauten und schnauften und glucksten, wußten sie: Sie erwartete, demnächst erschossen zu werden."[8] Bei Hitler ging es nüchterner zu, so dehnte sich die Zeit ins Endlose. In seiner Gegenwart und auf sein Geheiß „sahen sich die Leute Filme an, aßen Gebäck und tranken Kaffee mit Schlag, während er sie langweilte, während er sprach, theoretisierte, erläuterte. Alle zitterten vor Stumpfsinn und Angst, fürchteten sich, zur Toilette zu gehen."[9] Die Macht, die weder göttlicher noch geburtlicher Legitimierung bedürfen will, muß nicht auf Abstand halten, sie läßt nahe, bis ins Allernächste kommen; ihre Herrschaft verwirklicht sich funktional: Jeder *kann* die Stelle im Zentrum einnehmen. Eben deshalb geht von dem Jedermann, der sie dann *tatsächlich* inne hat, die ungeheure Demütigung erzwungener Langeweile aus. Die Macht bestimmt, was Gegenwart sei – was begegnet oder ausbleibt. Man ist ihr unmittelbar ausgeliefert, ohne daß sie sich von Angesicht zeigen müßte. Die Macht kennt keine Weltzeitordnung (z.B. ‚natürlich'-zyklisch oder sozial-regelhaft) außerhalb ihrer; sie sitzt am Ursprung der Zeit. Die Macht läßt warten, kann anderen die Zeit setzen und leer lassen. Die massenhafte Erfahrung dessen machen heute die in Wohlfahrtsämtern aufgereiht War-

---

8 Saul Bellow, Humboldts Vermächtnis. Roman, München 1980, 234.
9 Ebenda.

tenden, die privilegiertere Situation im kleinen Kreis war zu Beginn der
Moderne das Audienzenwesen mit seiner Demütigung der Hochwohlgebo-
renen (Colbert, der Bürgerliche, hatte Vortritt beim König). Das Vermögen
einer Zentralinstanz, verschiedene Daseinsformen zu ihrer Peripherie um-
zuformen und darin qualitativ zu neutralisieren, wird intern schnell als
systemischer Zwang wahrgenommen und erzeugt den eskapistischen Protest (Empfindsamkeit, Jugendbewegungen aller Art, konservative Revolution). Die expansive Außenseite desselben Sachgefüges wird zur Erfahrung
von Lebensformen, die sich auch untereinander ihrer qualitativen Differenz
bewußt sind; Revolutionszeitalter und Napoleonische Kriege stoßen diesen
Zusammenhang mit Wucht ins politisch-soziale Bewußtscin. Das prozeß-
geschichtliche Denken um und seit 1800 artikuliert die Verlangweiligung
der Welt als Korrelat imperialer Machtentfaltung – darin stimmen Romantiker, Historische Schule und Hegel überein. Letzterer findet als Vergleich
die Situation von Spätrom: „Die Zeit des unendlichen Schmerzes war gekommen, als die Römer die lebendige Individualität der Völker zerschla-
gen, damit ihre Geister verjagt, ihre Sittlichkeit zerstört und über die Vereinzelung die leere Allgemeinheit ihrer Herrschaft ausgebreitet hatten.“ Es
war die Zeit einer „Vereinzelung, die keine Versöhnung fand, und dieser
Allgemeinheit, die kein Leben hatte, in dieser *Langeweile der Welt*“.[10]

*

Die von Hegel benannte spätrömische Herrschaftsauffassung und ihre
Leistungen: Formalismen des Rechts, Professionalisierung ursprünglicher
Erbämter und Sachlogik im Umgang mit dieser Ämtermacht bis hoch zum
Kaiser (M. Aurel) finden ihre Fortsetzung im Topos vom ‚Ersten Diener
des Staates‘ (Friedrich II.) und schließlich vom Funktionär des Fortschritts,
mag dies nun der Parteisoldat oder der ‚ideologiefreie‘ Ingenieur sein.
Ihnen allen gilt das Ressentiment einer zuweilen eher politischen, dann
wieder eher theologischen *Romantik*, das seinen konzentrierten Ausdruck
in der Rede vom modernen *Nihilismus* findet: Die Mittel hätten sich ver-
selbständigt, die Sachlogik zeige eine Perversion des Wertempfindens an.
Das – in mehrwertschaffende *Arbeit* und leidenschaftliche *Liebe* verein-
fachte, darin Gattungs- und Selbsterhalt als Funktionen trennende und
pervertierende – Dasein kenne nichts über sich hinaus, werde als ‚rational‘
gewollter Selbstzweck fade, wertlos, langweilig. In solchen Deutungen ist
bewußtseinsgeschichtlich eine Problemexposition ausgedrückt, die auch
die Differenz von eher aufgeklärt-despotischer oder eher massendemokra-
tischer, von eher personzentrierter oder eher funktional-dezentrierter

---

10 Vgl. Johannes Hoffmeister, Dokumente zu Hegels Entwicklung, Hamburg
    ²1974, 314ff., hier: 475, 318.

Machtausübung übergreift. Der Einheitsgrund der modernen Langeweile der Macht wie der Kritik daran ist, daß diese Macht sich auf – materielle oder kulturelle, physische oder seelische – *Bedürfnisse* gründen, also jedenfalls weltimmanent legitimiert sein will und dennoch zur Erfahrung unvorhersehbarer Kontingenz kommt: als ‚entfremdetes‘, von politökonomischen oder sozialpolitischen Funktionären ‚verwaltetes‘ Leben, als falsche Fülle in einer durchgehenden, der Nivellierung zu Ich-Atomen geschuldeten Leere. Der moderne Wohlfahrtsstaat hat den Menschen als Bedürfnis- und Mangelwesen entdeckt und sein Glück als Kulturziel ausgerufen. Das kann auf zweierlei Weise langweilen: durch bedürfnisdüpierende Faktizität seines eigenen, selbstgenügsamen Funktionierens, bei Ausrufung der ‚allseitigen Befriedigung der materiellen und kulturellen Bedürfnisse des Volkes‘ als Gesellschaftsziel (die realsozialistische ‚Verkrustung‘); durch eine Freiheit, die selbst zum Faktum erklärt, also in *allen* Typen von Bedürftigkeit anzutreffen ist, weswegen sie sich in nichts bzw. zu nichts anderem mehr entwerfen kann, in ihrer Immanenz – d.h. formalen Selbstbestätigung – gefangen bleibt (die konsumgesellschaftliche ‚Entfremdung‘, ‚Verhärtung‘, ‚Frustration‘ eines selbstbefestigten Subjekts, das überall auf seinesgleichen trifft). Die Macht, die nicht jenseits des Menschen, nicht also verhimmelt oder bei zähneknirschender Einsicht in irgendwelche Notwendigkeiten geduldet, bestehen will, muß dadurch alle seine Beziehungen durchdringen, die somit als Machtverhältnisse thematisch und umkämpft werden; die Kulturkritik von rechts wie links hat dies als umfassende Selbstobjektivierung des Menschen in einem universell-verrechtlichenden ‚Anspruchsdenken‘ charakterisiert.

Wie kann dies langweilig werden? Macht definiert sich neuzeitlich als Kraft, Vermögen (potestas), nichts sonst; dadurch vereinfachen und verbinden sich zugleich die Aspekte menschlichen Daseins. Charakteristisch dafür ist die „immer ausschließlichere Verwurzelung der Weltauslegung in der Anthropologie, die seit dem 18. Jahrhundert ansetzt".[11] Die anthropologische Sicht auf den Menschen polarisiert – und primitiviert – ihn je auf Individual- und Gattungsinteressen hin. Mit ihrer Ausrufung des Menschen als Bedürfniswesen (und der Bedürfnisse als Anrechte!) hat die neuzeitliche Staatlichkeit und Wissenschaft zunächst einmal Humanität bis aufs äußerste reduziert: Der Mensch ist in die harte, vermittlungsarme Dialektik von Gattungs- und Selbsterhalt, von ‚Begehren‘ und ‚Tätigkeit‘, *Liebe* und *Arbeit* entlassen, die – mangels zwischengelegener Institutionen – ein reziprokes Verhältnis konstituieren. Die alltägliche Frage nach dem Befinden geht auf ‚beruflich und privat‘. Die Steigerung des einen entspricht exakt der Schwächung des anderen, in jedem Fall ist es ein *Vermögen*, das sich

---

11 Martin Heidegger, Die Zeit des Weltbildes, in: Holzwege, Frankfurt/M. 1980, 73–110, hier: 91.

verausgabt. Dessen einziger Anhalt und Widerstand wäre eine innere Grenze, ermeßbar im Gefühlsverlust. Man könnte die Fadheit einer Macht- bzw. Kraftausübung, die ihre einzige Grenze in sich selbst findet, nun der langweilenden Tautologie des Individualitätsprinzips bzw. der Selbstver- wirklichungsideologie allein zuschreiben, die das Gefühlsleben uniformie- ren, entweltlichen und schließlich in die Verfügung einer autonomen prak- tischen und theoretischen Vernunft stellen. Dazu kommt aber noch ein anderes. Die philosophische Neuzeit hat ausdrücklich die Arbeit als *Be- dürfnis*, die Liebe als *Notwendigkeit, Trieb, Zwang* anerkannt; sie hat durch Idealisierung dort, Naturalisierung hier also gewisse alteuropäische Ver- hältnisse auf den Kopf gestellt. Die eingetretene Pervertierung ist namhaft geworden in der Rede von der *Arbeit als Menschenrecht* und der *Liebe als Passion*, kurz: je von *Arbeit* und *Liebe um ihrer selbst willen*.

*

Arbeit: Jenseits der Subsistenz und ihrer naturgebundenen Zeitlichkeit, muß Arbeit sich als Tätigsein offenen Ausgangs verstehen, als Tun, das seine eigene Zeit setzt. Das Machenkönnen gerät so zum Selbstzweck, andererseits ist die Welt aber einschränkungslos in ein Feld erfüllungfor- dernder Bedürfnisse transformiert. Die Arbeit wird sodurch onto- und noo- logisch grenzenlos, kann ‚Autonomie' bzw. ‚Glaubwürdigkeit' nur wahren, wenn sie als neue, nunmehr innerweltliche Transzendenz dem Menschen gegenübertritt. Schlägt dies fehl, weil es z.B. zu viele Produkte oder zu wenige Konsumenten gibt, so macht sich Langeweile (Leeregefühl und Zeiterfahrungsschmerz im Gegenüber der – dauerhafter denn Menschenle- ben beschaffenen – Substantialität der Produktion) breit. Aus dieser aber sollte die Arbeit ja gerade heraushelfen: Wenn es keine nicht-natürlichen Bedürfnisse mehr gibt, kann einzig deren tätige Befriedigung die Mangel- empfindungen verscheuchen. Die (kontinuierliche) Arbeit ist somit zwei- deutig Platzhalter und Liquidator der vorneuzeitlichen Langeweileerfah- rung, und zwar des jahreszeitlich-naturhaft erzwungenen bäuerlichen Pau- sierens nicht weniger als des aristokratisch-naturfernen Müßiggangs. Die bürgerlichen Ideologen der Arbeit haben dies auf ihre Weise anerkannt (Locke, Helvétius, Kant, Sulzer – s. I.2.1). Sie empfahlen Arbeit als Mittel gegen die Langeweile, doch ebenso Mittel gegen die Langeweile der Ar- beit. Aus letzterem ergeben sich die zahlreichen Analogien der Arbeit – etwa zu einer Wissenschaft um ihrer selbst willen, einer Technik, einer Agonalität, einer Konkurrenz, einer Passion um ihrer selbst willen, kurz: das Sportive, scheinbar Zweckfreie. Die Arbeit kann Menschenrecht und Daseinssinn nur dort heißen, wo ihre lebenssichernde Funktion nicht un- mittelbar einsichtig ist; das demütigend Langweilende einer Arbeit, die nicht aus der reinen Not-Bekämpfung (Daseinssicherung), sondern der

Vermeidung von Sinnlosigkeit geboren ist, besteht in dieser Notwendigkeit zweiten Grades. Um elementare *Daseins*sicherungen leisten zu können, muß an den *Eigensinn* eines Nicht-Elementaren, eines um seiner selbst wertvollen und darin unabsehbaren Tuns geglaubt werden; Mittel (Techniken, Ideen) müssen als Zwecke glaubhaft werden. Die Säkularisierungstheorie fand diese Bewußtseinslage nur durch den theologisch-transzendenten Aspekt „quasireligiöse Funktion", „innerweltliche Bewährung" (M. Weber) vorm Nihilismus bewahrt. Doch auch jenseits der Erinnerung einer calvinistischen oder überhaupt christlichen Abkunft des Arbeitsprinzips zeigt sich dessen nihilistische Tendenz. Sie besteht schlicht in der Sachlogik, die selbst noch das *eigene Dasein* als Zweck, als eigenwertige *Notwendigkeit* auffassen läßt.[12] Der Mensch hat sich verdoppelt, in den (irgend etwas) Arbeitenden und in jenen Selbstwert ‚Humanität', dem diese Arbeit gilt. Sobald dem Menschen nichts über den Menschen selbst geht, ist er den Sachen und ihrer Logik unmittelbar ausgeliefert. Er muß, da alles mundan Existierende *Wert* haben soll, an seinen *Selbstwert* glauben können, wenn er existieren will. Diesen verbürgt ihm nur eine Arbeit, ganz gleich welche. Die Langeweile meldet sich daraufhin in doppelter Gestalt. Einmal bei der vollkommenen Selbsthingabe an die *Sachlogik* des Arbeitens: als Überarbeitung, psycho-physische Fühllosigkeit gegen allen übrigen, nicht-erarbeiteten Sinn, zum anderen in dem Selbstbewußtsein, das sich durch Distanzerfahrung gegenüber einer verteilten und zu wählenden Arbeit ausgebildet: ein positives Erleben von Sinnleere – dem *Job*-Nehmer ist jede Tätigkeit äußerlich, da angesichts der Gegenstandsform seines Selbst austauschbares Akzidens. Philosophischer Materialismus (L. und G. Büchner), schwarze Romantik, literarischer Realismus des 19. Jahrhunderts (Gontscharow, Flaubert) haben die erstere Möglichkeit bedacht,[13] die literarisch-philosophische Bewegung um 1800 die letztere schon an der eigenen Seele erfahren in der Schwierigkeit, das von aller innerweltlichen Verankerung losgekommene Selbst, ein substanzgewordenes Prinzip, seinerseits loszuwerden, ‚Grund' zu fassen, Welt zu gewinnen.

*

Liebe: Sie dürfte, „um ehrlich zu erscheinen, nur aus sich selbst zusammengesetzt sein, nur aus sich leben und bestehen" (Chamfort). Mit diesem Postulat bildet ‚Liebe als Passion' neuzeitlich eine Strukturanalogie zur

---

12 So wird der Mensch zum Material eines willenshaften Intellekts. Zu dieser Neueinteilung der Welt in ‚Geist' und ‚Material', „das Schlachtfeld, das zu erobern ist", vgl. Friedrich Heer, Europäische Geistesgeschichte, hrsg. von Sigurd Paul Scheichl, Wien-Köln-Weimar 2004, 353.

13 Hierzu immer noch lesenswert: Walter Rehm, Gontscharow und Jacobsen oder Langeweile und Schwermut, Göttingen 1963.

Arbeit als Selbstzweck. Vergleichbare Asymmetrien und Polaritäten sind die Folge. Die Langeweile, von der die neuzeitliche Liebesleidenschaft ständig bedroht ist, entspricht ihrem Entwurf als autonomer Macht mit dem Daseinszweck vollständiger Hingabe an Freigewähltes. In der dadurch eröffneten, äußerst simplen Zweipoligkeit von Freiheit und Faktizität kann sich Langeweile in zweierlei Hinsicht einrichten: als *leerlaufende*, sich im Leerlauf selbst bestätigende erotische *Aktivität* in Entsprechung zur Macht als universellem Machenkönnen und restlos sich verausgabender Potenz, die nur in Akten ist; als *enttäuschte Rezeptivität* aus der vollkommenen Naturalisierung bzw. naturalen Benennbarkeit eigener Wünsche als ‚Bedürfnisse'. Das übergangslose Wechselspiel zwischen beiden Formen der Liebeslangeweile ist neuzeittypisch. Es entspricht dem bewußtseinsgeschichtlichen Gefangensein in der Polarität von Ich und Welt, das alle innerweltlichen Ich-Bindungen (durch oder über ‚Institutionen') als unauthentische Formen der Liebe verwerfen muß. Dadurch fehlt den Liebenden ein Code, in dessen Abrufbarkeit bzw. Anwendbarkeit auf unvorhersehbare, gemeinsam zu bestehende Lebenslagen ein dauernder Aufenthalt möglich wäre. Das Fehlen dieses Dritten, worin Ichüberhebung und Selbstverdinglichung zu vermeiden wären als in einer Ordnung, die von der Differenz Aktiv/Passiv, Faktizität/Freiheit, Natur/Ideal etc. unabhängig wäre, drückt sich zuletzt in der exzessiven *Rede* von ihr aus. Wenn es dieses Dritte gäbe, wäre Liebe ‚Kommunikation'.[14] Diese kann es nicht geben, weil sie selbst die Sache geworden ist, die der Liebe fehlt und wonach die Liebe sucht. Eine gemeinsame, Ichmächtigkeit und Weltfaktum überschreitende *Sache*,[15] worin die Liebenden übereinkommen könnten, gibt es

---

14 ‚Kommunikation' ist freilich der Grundmythos bzw. die Leitmetapher des modernen Gefühlslebens. Doch wovon reden die Liebenden? Niemals von einer gemeinsam geteilten objektiv-realen Sphäre, sondern – von sich selbst. Daher die emotionale Paradoxie einer Selbst-Objektivierung durch verbalisierte Subjektivität des Fühlens. „Die Sprachideologie der Moderne beruht wohl auf dem speziellen Glauben an die Macht der Sprache, unsere soziale und emotionale Umwelt zu verstehen und zu kontrollieren." (Eva Illouz, Gefühle in Zeiten des Kapitalismus, Frankfurt/M. 2006, 64) Das Modell der Kommunikation fordert damit jedoch „einen kognitiven Stil, der Beziehungen ihres besonderen Charakters beraubt und in Objekte verwandelt, die, weil sie mit Hilfe von Standards wie Fairneß, Gleichheit und Bedürfnisbefriedigung beurteilt werden, eher dazu neigen, das Schicksal ausgetauschter Waren zu teilen. … Voraussetzung der ‚Kommunikation' ist, paradox genug, *die Aufhebung der eigenen emotionalen Verwobenheit mit einer sozialen Beziehung.*" (62).

15 Die autonom Liebenden müssen in etwas übereinkommen, das ontologisch ihrer konkreten Liebesakte eigentlich nicht bedarf – dieses Dilemma aller bürgerlichen Leidenschaft hat vielleicht zuerst Marsilio Ficino benannt: Eine echte ‚amicia' bildet sich nur zwischen drei Polen, nämlichen zwei Menschen und

– als Erfahrung – aber nicht, höchstens die Erinnerung daran. So fordert die in der bürgerlichen Ehe und ihren Substituten institutionalisierte ‚amour-passion' als Aufrichtigkeitsbeweis ein treues Erinnern an den Akt oder die Stimmung, die sie einst stiften half. Der geforderte Respekt vor vergangenen Passionen kämpft mit der aktuellen Langeweile, die unmittelbar affektive Evidenz behauptet. Sie entspringt schlicht daraus, daß – abgesehen von der bürgerlichen, auch nicht-erotisch denkbaren *Arbeitsehe* mit ihrer gelegentlichen Erregung der ‚Partner' aneinander – *Nicht-Gegenwärtiges* die Liebenden verbinden soll. Dadurch gerät, wie musterhaft in Sartres Ontologie des Erotischen ausgeführt, die Liebesbeziehung zu nurmehr einem weiteren Anwendungsfall des Kampfes um Aufmerksamkeit,[16] zwischen langweilender Selbstbehauptung und gelangweiltem Entgegennehmen der Gabe des Anderen.

*

Je klarer und vollständiger das menschliche Welt- und Selbstverhältnis sich in die Pole von Arbeit und Liebe gegliedert hat, desto brachialer und auswegloser wird zwischen beiden ein Machtverhältnis statuiert, wenn es die beiden Pole zu vermitteln gilt. Die Arbeit soll geliebt werden, die Liebe eine Arbeit sein. Die daraus entspringenden Formen der neuzeitlichen Langeweile bleiben an Aggressivität einander nichts schuldig. Im 20. Jahrhundert entsprechen sie den zwei Formen von ‚Modernisierung': Während die aufgeklärten Despotien des Ostens ihre Völker mit dem Gebot langweilten, die Arbeit zu lieben, selbst wo diese, hochindustrialisiert, nurmehr arbeitsteilig parzellierten Sinn aufweist, haben es die Konsumentendemokratien des Westens lediglich zur Utopie des Erotismus gebracht. Sie freilich wird mit dem ganzen Ernst industrieller Arbeitsamkeit angegangen: flankiert von Ärzten und Wissenschaftlern, mit industriell gefertigten Utensilien – ob Implantat oder Installation – ichkräftigender und vorzeigbarer Lust, mit vergnügungsideologischer Vor- und Nachbereitung, mit gewissenhaften Protokollen ihrer Ekstasen. Die verborgene Ubiquität des Gähnens haben hellsichtige – ‚reaktionäre' oder ‚radikale' Geister[17] – in beiden Formen bemerkt und angeprangert, sie herrscht jedoch meist unberedet als kulturelle Selbstverständlichkeit. Arbeitsliebe und Lustverpflich-

---

dem Gott, worin sie gründe. Vgl. Paul Oskar Kristeller, The Philosophy of Marsilio Ficino, New York 1943, 279.

16 Vgl. Jean-Paul Sartre, Das Sein und das Nichts. Versuch einer phänomenologischen Ontologie, Reinbek bei Hamburg 1989, 464ff.: „Die konkreten Verbindungen mit anderen".

17 Oder radikale Reaktionäre – vgl. etwa die arbeits- und erosphilosophischen Reflexionen von Nicolás Gómez Dávila, Einsamkeiten. Glossen und Text in einem, Wien 1987, 37ff.

tung sind in ihrer Langeweile propagierte Ideale und gefühlte Realitäten zugleich. Beide bezeugen den modernen Positivismus der Repräsentationsformen, die – ob als ein Stöhnen oder als ein Jubilieren – nur ‚glaubwürdig' sein, weil eben ontologisch an nichts teilhaben müssen; es handelt sich nicht um Symbole ihrer Sachen, sondern um deren vollständige Vertretungen. Not und Bedürfnis selbst müssen *darstellbar* sein, d.h. zeichenhaft, dadurch aber auch ontisch autonom werden, so daß sie ‚projekt'tauglich geraten wie ‚die Moderne' überhaupt.

*

Liebe und Arbeit finden, durchs Selbstzweck-Postulat, gleichermaßen ihren Seinssinn in der *Autonomie*. Autonomie ist seit Beginn der Neuzeit umrissen als Fähigkeit zu Selbstbehauptung, -erhaltung, -entwicklung. Dadurch geraten Liebe und Arbeit in ein Verhältnis gegenseitiger Autonomiebedrohung. Die bürgerlichen Wissenschaften vom Menschen entdeckten in Selbst- und Gattungserhalt Funktionen bzw. *Vermögen*. Das zugehörige, ausführlich im Aufklärungszeitalter formulierte Daseinsideal sieht ein ausgewogenes Verhältnis vor. Es gelte, Liebe und Beruf, Binnenwärme und Außenkälte zu vereinbaren. Dagegen steht die Erfahrung, daß Einseitigkeit die höhere Stabilität gewährt. Der romantische Korrekturversuch am bürgerlichen Sein weist auf die Kosten dessen hin – die Langeweile. Sie bildet die je abgewandte Seite der reinen Liebe und der Arbeit als Selbstzweck. Implizit verweist aber jedes der beiden auf das jeweils andere. So steigert sich die Liebe als Passion, geheiligt als Gefühl oder ‚Bedürfnis', bis zur Ratlosigkeit des Paares, das sie gern etwas Größerem zu Füßen legen möchte. Dafür kommt nur noch die Arbeit, der berufliche Erfolg in Frage. Die leidenschaftliche Liebe setzt Kräfte frei, Potenzen, die im Berufsleben zu sichtbaren Ergebnissen führen, der ‚Karriere'. Diese Art des Vorankommens freilich gibt sich in allen Gesellschaften, die über die Zyklen und Begrenztheiten der Subsistenz hinaus denken, als selbsttragendes System. In der Anverwandlung des Einzelnen an dieses System und seine prästrukturierte Zeit – die beruflichen Karrieremarken entsprechen Stufen des Lebensalters – meldet sich abermals eine Überdruß-Empfindung. Das System der Selbstverwirklichung (-entwicklung, -steigerung) erscheint nämlich, sobald bedingungslos und rücksichtenfrei wählbar, als ein ‚unpersönliches' Allgemeines, das das konkrete, vor allem: natur- und gefühlshafte Subjekt zu entwurzeln drohe. Paradoxerweise dünkt dieses, in der strengen Monotonie der Erfolgslaufbahn, der entfesselten Erwerbstüchtigkeit, gerade seine Gattungsfunktion ein Ausweg ins Persönliche zu sein. Das ökonomische Erfolgssubjekt möchte für jemand oder etwas sein Geld verdient haben. Nur die Leidenschaft fehlt noch, um durch Notwendigkeiten überpersönlicher Art (Familie nähren, Gattung erhalten) alles wieder ins Lot zu bringen. Die Paradoxie kulminiert in der Sehnsucht nach der Sehnsucht. In der Welt erzeug- und beschaffbarer Objekte fehlt das Sehnen nach ihnen, das sie beseelen könnte. Eben das ist präzis die Situation der Langeweile, der vor der Zeit das Wünschen ausgegangen ist. Noch ‚Wünsche übrig haben' heißt jetzt Glück (Schopenhauer); entsprechend sentimental fällt der Blick auf Menschen und Völker aus, die zur Langeweile erst unterwegs scheinen.

Die langen Weilen des neuzeitlichen Liebes- und Arbeitslebens bilden untereinander einen Verweisungszusammenhang. Dessen Grundlage ist der von einer autonomen und auf Autonomie setzenden Macht in seine natürlichen Bestandteile zerlegte Mensch. Seine ‚Bedürfnisse', je nach Selbst- und Gattungserhalt, treten außerhalb eines teleologischen Gefüges (Mittel-Zweck-Hierarchie) auf; sie begünstigen und benutzen Postulate autonomer Sinn- und Seinsordnungen: die selbstbestimmte Arbeit, die reine Liebe. Sie sehen der Langeweile zum Verwechseln ähnlich und fassen obendrein einander je als Palliative ins Auge. Jede von ihnen vermag es, Prospekte einer unbegrenzten Gegenwart – in der rücksichtslosen Leidenschaft, im unendlich kreativen (fortschrittstüchtigen) Arbeiten – zu eröffnen. Zugleich artikulieren sich Bewußtsein von und Bedürfnis nach begrenzendem Sinn durch bemessenes Sein. Diese Begrenzung kann sich temporär und intern herstellen gerade durch den äußersten Überdruß jeweils an der Homogenik des nicht-mehr-gebrauchswertbezogenen Arbeitens oder der selbstgenügsam-romantischen Liebe. Der Manager mit Wärmeverlangen und das verliebte Paar, das sich ein Herz faßt und die Firma gründet, sind soziale Prototypen solches Sinngewinn-Hoffens durch Ziel- und Grenzsetzung. Die Glück-durch-Arbeit-Kultur propagiert sie in Wort, Bild, Gesang: die geläuterten, durch Vermittlung ursprünglich heterogener Triebe vor Langeweile bewahrten Egoisten.

*

In der entfalteten Neuzeit gibt es eine faktische Metaphysik des Ennui im Angesicht der Eigenmacht, womit Liebe und Arbeit ausgestattet sein sollen. Die Massenutopien des Erotismus und der Vollbeschäftigung liefern die unmittelbaren, alltäglich zugänglichen Langeweilephänomene der modernen Welt. Langeweile sehnt sich nach dem, was sie hervorbringt und hinterläßt, einem heroischen Aufschwung, einer blinden – affektiven – Überanstrengung des Willens. Sie bezeugt darin nur seine Inversion. Ihre beiden Hauptphänomene sind von eben dieser Struktur: ein verkehrter, weil auf sich selbst gestellter Gattungs- und Selbsterhaltungswille. Die Leidenschaft, die das Ich erfreuen, der Beruf, der unabsehbaren Projekten der Gattung dienen sollte – sie erfahren und vollenden sich in Pornographie und Arbeitslosigkeit. In ihnen werden Begierden und Bedürfnisse – zu einer vorhandenen Objektwelt – selbst gewünscht und gewollt, schließlich sogar gemacht und gefordert. Liebe als Passion und Arbeit als Beruf sind die spezifisch neuzeitlichen Voraussetzungen einer langweilenden Sinnentzugs-, aber auch Zeitlichkeitserfahrung (s. I.2), denn an ihrem Ursprung steht die selbstbewußte Loslösung des Einzelnen aus begrenzter Sorge für begrenzte Bedürfnisse, seines Sich-Transzendierens bzw. -Anpassens an weltzeitliche Erfordernisse. Für Langeweile kann dagegen kein Platz sein, wo durch die ‚Forderung der Stunde' der Eingang in Ich-Transzendentes eröffnet oder versprochen ist. Das Verlangen nach Autonomie kann innerhalb solcher ‚Involviertheit' des Daseins nicht aufkommen. Gewißheit des Wissens und sollensethische Selbstzweckhaftigkeit sind Forderungen eines bereits nicht-involvierten, desengagierten Daseins. Wenn es versucht, sich ‚selbst zu bestimmen', dann kann es das nur außerhalb des Emotionalen tun, also durch Volition und Kognition – als ethisches und epistemisches Subjekt. Die ethischen wie epistemischen Autonomie-Vehikel der philosophischen Neuzeit sind *Evidenz* und *Konstruktion*. Sie verdrängten den sich mit – begrenztem, zeitlichem – Sein erfüllenden Sinn zugunsten der *Augenblickspräsenz* der Wunscherfüllung und der zeitlosen, zeitunempfindlichen *Endlosigkeit der Projekte*. Vergnügen seiner selbst und Fortschritt der Gattung sind die neuzeitlichen Substitute von ‚Augenblick und Ewigkeit' (J. W. Goethe), die nurmehr in solchen dichterischen Synthesen zusammenfinden können. Ihre historische Realität bzw. alltägliche Erfahrung bildet die Langeweile einer Geschichte, die auf formale Zeitcharaktere reduziert ist, auf eine *als endlos vorstellbare* Reihe unverbundener, der Verbindung unbedürftiger, weil *qualitativ homogener Momente*.

*

In diesem Doppelarrangement gibt sich das – romantischerseits als ‚ennuyierend' verachtete – Daseins- und Wissenschaftsverständnis zu erkennen, das man *positivistisch* nennt. Zum Positivismus gehört eine vernunftförmige Geschichtlichkeit – eine Geschichte, die nichts weiter als zeitüberdauernde Vernunft ist. Die vernunftförmige Geschichtlichkeit setzt sich aus den Momenten der Weltmächtigkeit und der Selbstvergewisserung zusammen, deren temporalen Ausdruck *Dauer der Projekte* und *aktualisierende Kraft des Ego* (Apperzeption, Appräsentation etc.) bilden. Damit soll zugleich jene Geschichte ihr Ende finden, die auf einer ontologischen Asymmetrie, nämlich dem Übergewicht des Vergangenen (aufgefaßt z.B. als ‚Tradition', ‚Natur', ‚Unfreiheit') beruhte. Dieses wird als Ort der Leidenschaft und der Unbeherrschbarkeiten dem neuzeitlichen Wollen und Vorstellen ein Gegenstand sentimentalischer Zuwendung: Dem tat- und willenskräftigen, aber tendenziell gelangweilten Positivismus stellt sich „die aesthetische Aushilfe, das aesthetische Complement" (Yorck v. Wartenburg) zur Seite.[18] Geschichte als gegenwärtiges Widerfahrnis oder vom Vergangenen her drückende Tradition kann vermieden werden, wenn Ich und Welt sich auf isolierte Zeitcharaktere reduzieren. Der Spontaneïtät des Willenssubjekts entspricht die Theoretisierbarkeit der Welt als Summe aller Objekte, die nach Naturgesetzen dauern. Selbst-Ermächtigung und Welt-Virtualisierung sind die Extrempole dieser bewußtseinsgeschichtlichen Situation. Das noëtische Ich ist um so willensstärker, als die Welt in die Trägheit des bloß Ontisch-Vorhandenen versinkt. Am Ursprung dieser Reduktionen steht der moderne Binarismus der Vernunft nach Wollen und Denken, Tun und Vorstellen; die neuzeitliche Reformulierung der Dualität praktisch/theoretisch. Er beseitigt die transzendente Schlagseite, die allem Sakramentalen bzw. Symbolischen eignete, das ja nur repräsentiert, insofern es partizipiert am Dargestellten. Sichtbare und unsichtbare Welt verhalten sich nunmehr zueinander wie die *Wirkungen* der Macht zu ihren *Vermögen*. Absolutismus und Aufklärung lehren die Macht als (ganze und) solche erkennen und organisieren. Die Macht herrscht nicht in der Doppelung sichtbar/unsichtbar, als weltimmanente Transzendenz; vielmehr überläßt sie diesen Platz den menschlichen ,Projekten'. Die Differenzen sichtbar/unsichtbar, weltlich/geistlich etc. müssen nicht verschwinden, doch ordnen sie jetzt das *Ganze* des Bewußtseins- wie des Daseinsraums. Die Macht ist überall und nirgends – Abbild der Langeweile-Dialektik von Fülle und Leere. Universaler Sinn durch Autonomie, Selbstmächtigkeit und -steigerung, kann seine Fülle nur in einer Leere, einem Vakuum der Langeweile entfalten. Die Langeweile – fühlbare Sinnleere, Offenbarkeit der Macht leergelassener, leerlaufender Zeit – ist als innerweltliches Begegnis nicht vorgesehen, wird gefürchtet; eben darum bleibt sie aber als Bedingung des Sinns wie des Unsinns des Seinsganzen stets präsent. Ihr Zeitcharakter hat sich geändert gegenüber Daseinsweisen, die unter weltli-

---

18 Der totalisierende Befund muß sich seinerseits als Wendepunkt, als Weg zur Historisierung der Neuzeit selbst begreifen. Im Zusammenhang lautet er: „Es kann nicht scharf genug ausgesprochen und bestimmt genug nachgewiesen werden, daß die letzten 3 Jahrhunderte vergangen sind, nicht das Capital für die erforderliche neue geschichtliche Wirthschaft abgeben, insbesondere daß die aesthetische Aushilfe, das aesthetische Complement der Mechanik Bankrott gemacht hat. Eine ganze volle Selbstbesinnung nach Entkleidung von der wissenschaftlichen Convention! Nach meiner sich befestigenden Überzeugung stehen wir an einem historischen Wendepunkte ähnlich wie das 15. Jahrhundert. Im Gegensatz zu der Art des wissenschaftlich-technischen Fortschritts, der in verschärfter Abstraktion und Isolation besteht, bildet sich ein Neues dadurch, daß der ganze Mensch wieder einmal Stellung nimmt und hinzutritt zu dem Probleme des Lebens." (Briefwechsel zwischen Wilhelm Dilthey und dem Grafen Paul Yorck von Wartenburg 1877–1897, hrsg. von Erich Rothakker, Halle 1923, 128 – Brief vom 22. Juli 1891).

chem oder geistlichem Zwang arbeiten und pausieren müssen, deren Gefühlsleben sich zwischen Freiheit und Form bewegt. Dort war die Langeweile Ereignis und Geschichte, hatte Affekt- und Affärenform. In der philosophisch wie politisch-ökonomisch entfalteten Neuzeit ist das anders.
Langeweile verwirklicht sich geistig und materiell in Projekten. Diese
behaupten Eigensinn, das Sein ihres Sinns liegt in der Kraft, sich selbst
zeitigen zu können. Initial dafür war, geistesgeschichtlich gesehen, der
Renaissanceplatonismus mit seiner Entdeckung einer dritten Ordnung zwischen Sinnlichem und Psychischem.[19] Ein objektives Reich von Sinngebilden existiert potentiell, harrt seiner Verwirklichung. Der neuzeitliche „Wa-
gemut" und „jugendliche Leichtsinn" besteht in eben dieser „Schöpfung
von der Gesellschaft unabhängiger stabilisierter Objekte" (B. Latour).[20]
Zeitlich genommen, bedeutet das den *Nachvollzug* einer präexistierenden
Reihe. Die menschlichen Projekte müssen das Eigensein und Eigenrecht
prozeßfähiger Reihungen unterstellen, ja ausdrücklich beanspruchen. Darin
liegt die metaphysische Adelung der Langeweile – an den Sinn von Projekten ist zu glauben (‚Bestimmung des Menschen', ‚Fortschritt der Menschheit'), noch ehe ihr Ziel sich innerweltlich abzeichnen kann. Die Langeweile ist die ständig beihergehende facultas der ‚Projekte'. Alle emotive
Zuwendung durch Arbeit ist ja gegenüber der objektiv zu setzenden Ordnung onto- und noologisch sekundär, weil Nachvollzug. Das nachvollzie-
hende Subjekt darf sich darin all- und ohnmächtig zugleich fühlen. Sein
Allmachtsgefühl verdankt sich der außerzeitlichen Stellung, aus der es sich
zum Ganzen der Projekte verhalten kann; seine Ohnmacht besteht in dem
Zwang, sich nur als Ganzes und den Projekten als ganzen unterwerfen zu
können. Die Langeweile ist in dieser doppelten Erfahrung, von Ohnmacht
und Allmacht, als Zeit- *und* Sinnphänomen ausgewiesen, nämlich im Gefühl des eigenen Nicht-Verhältnisses zu einer potentiell endlosen innerweltlichen Dauer von etwas. ‚Sinngebung' und ‚Sinnfindung' sind hierbei
gleichermaßen unmöglich. Der Unsinn des Seins enthüllt sich angesichts
nicht einer langen, sondern einer endlosen Weile *bei* etwas, das mit der
sogenannten erlebten Zeit nichts mehr zu tun hat. Frühe Erfahrungen dessen boten die Kontinua der neuzeitlichen Politik, Kommerzialität, Indu-
strie, die über die psycho-physischen Begrenzungen, die Verweilbedürfnis-
se des Individuums bei zeitlich-begrenztem, emotional-erfahrbarem Sinn
hinweggehen mußten.[21] Die romantische Reaktion, von Jean Paul bis M.

---

19 Vgl. Paul Oskar Kristeller, Humanismus und Renaissance, zwei Bände, Mün-
    chen 1974, I, 65.
20 Und korrelativ dazu „die Freiheit einer von Objekten befreiten Gesellschaft" –
    vgl. Bruno Latour, Wir sind nie modern gewesen. Versuch einer symmetri-
    schen Anthropologie, deutsch von Gustav Roßler, Berlin 1995, 177.
21 Den trivialsten wie ständig erneuerten Beleg dessen bildet – in den Ländern
    des Nordens – die Ubiquität des Alkohols als Langeweilemedizin. Er half die

Heidegger, bestand dagegen in der Umkehrung, nämlich einer Ausrufung der individuellen Endlichkeit bzw. Zeitlichkeit als Sinnhorizont alles innerweltlichen Seins – die Totalität der neuzeitlichen Temporalisierung allen Sinns läßt nur diese semantische Inversion zu.[22] Ihr philosophischer Ehrgeiz zielt darauf, sich als erkanntes Prinzip der Zeitigung selbst beim Schopfe zu fassen. Nicht Reaktion, sondern Vollzug der neuzeitlichen Langeweile-Exposition ist also die – daseinsmäßige wie theoriefähige – Auflösung aller innerweltlichen Sinnbegrenztheit von Gebilden, Geschichten, Werken, Projekten. Der potentiell unendlichen Dauer des innerweltlich Hergestellten durch Anschluß-, Verbesserungs-, Steigerungsfähigkeit eines positiv 'Gegebenen' entspricht die Reduktion des Daseins auf lauter In-actu-Sein, eine Reihung unverbundener Präsenzen. Zeit und Sinn werden darin gleichermaßen unfühlbar, denn der Erfüllung des noologischen Raums mit Potentialitäten eigenen Rechts, den 'Projekten' und ihrer irreversiblen Intentionalität, ihrem Telos zur Reihenbildung durch eine materialisierte Weltzeit, muß nicht noch eine messende und maßgebende Zeit als Denkrahmen oder Anschauungsform beigesellt werden. Allherrschaft bedeutet auch Alleinherrschaft. Daher die rein zeitliche Qualifikation alles Andersartigen, Abweichenden – als Vorzeit, Vormoderne, Vorgeschichte. Das von der Eigenzeit der Projekte ausgeschlossene und zugleich an sie ausgelieferte Dasein erfährt und begreift sich seinerseits als etwas, das jeden Augenblick vollständig 'gegenwärtig', eben: *da* sein kann und muß; dadurch bringt es das Dasein zu keiner Vergangenheit, kann sich nicht transzendieren aus eigener Kraft, sondern nur im überbietenden oder trotzigen Widerspiel zu den 'Projekten', Siegern der Weltgeschichte und auch noch Siegern über die Weltgeschichte selbst. Wenn nicht ihre Allherrschaft das Dasein langweilen soll, aus der Monotonie einer lückenlosen Dauer im Fortschreiten, dann muß es sich bewußt auf seine formale Konsistenz festlegen und sachliche Transzendierungen vermeiden. Das geschieht im Versuch, gerade die eigene 'Autonomie' zum Motor der Leidenschaft zu ernennen. Kulturgeschichtlich entspricht dem die moderne Langeweile des anerkannt Privaten. Dieser *Zerlegung* des neuzeitlichen Menschen im Griff geflohener und gefundener Langeweile sind zahlreiche andere nachgeordnet. Typisch ist ihre durchgehende Binarität: physische oder psychische

---

seelischen und physischen Grenzen verwischen, die den Einzelnen von einer nicht-interiorisierbaren Zeit der Arbeitsprozesse trennen. In seinem Schatten vollzog sich die Industrialisierung. Bis auf den heutigen Tag bilden Bier- und Schnapsdunst gewissermaßen die *Atmosphäre* der industriegesellschaftlichen Zeit, die mehr und mehr Nicht-Zeit bzw. „Frei-Zeit" sein muß. Vgl. Sebastian Scheerer, Sucht, Reinbek bei Hamburg 1995, 21f.

22 Hierzu immer wieder Karl Löwith, Heidegger – Denker in dürftiger Zeit, vgl. in: Sämtliche Schriften, hrsg. von Klaus Stichweh und Marc B. de Launay, neun Bände, Stuttgart 1981–1988, VIII, 125, 165f., 194.

Zerrüttung, Stumpfsinn des Seins oder Leere des Sinns, Überarbeitung oder Arbeitslosigkeit; Sinnbesitz ohne Zeit oder Zeitreichtum jenseits des Sinns. Derlei entspricht einer Situation, worin Zeitigungsinstanz und Zeitlichkeitserfahrung sich voneinander befreiten, einander fremd gegenüberstehen; eben das ist die neuzeitliche Langeweile.

*

Langeweile entspringt einer Emanzipation von der Zeit, die sich dadurch ihrerseits in Dasein und Bewußtsein zu fühlen gibt: sie ,läuft' bzw. ,verläuft', ohne daß jene sich dazu verhalten könnten, ist „Dauer ohne Inhalt" (E. M. Cioran). Die neuzeitliche Form der Zeitigung des Daseins ist *Geschichte als Prozeß*, deren Idee zunächst ein innerzeitliches Sinnversprechen bedeutet: Das Dasein müsse seiner Gegenwart nehmen lassen, auf daß ihm die Zukunft gebe. Darin ist ein Vertrauen auf die Eigenmacht, die ,Ständigkeit' (Yorck v. Wartenburg) der Zeit beschlossen. Umgekehrt besagt dies: Sinnleere wird neuzeitlich, unterm Aspekt einer kontinuierlich fortschreitenden Prozeßzeit, erlebt als Zeitleiden, ungeliebte Gegenwart, überflüssiges Bewußtsein an einem ihm heterogenen Sein. Abhilfe verspricht nur Besinnungslosigkeit, also Sich-Andienen oder Anverwandlung an die Zeitmacht selbst – Überarbeitung und blinde Leidenschaft. Mit den – heute: innovationstechnologisch-neoliberalistisch formierten – Utopien eines Anfangs ohne Ende und der Autonomie jedes existentialen Augenblicks ist aber genau *die* Prozeß-Zeit restituiert, aus deren Sinnanmaßung jene hinaushelfen sollten. Die Enttäuschung durch Prozeßgeschichte bzw. ihre Erfülltheit wirft den Menschen – in Dasein wie Bewußtsein – auf die zeitlichen Grundcharaktere ,Jetzt' und ,Dauer' zurück, die Skelette dessen, was das Prozeßgeschichtsdenken einst als ,Individualität' der Epoche und ,Entwicklung' der Menschheit benannt hatte. Die Zeit herrscht unumschränkt, weil teleologisch befreit. Mit ihrer freien, von keiner Geschichte beschränkten Macht scheint auch der Mensch befreit und ermächtigt, sich seinem Selbsterhalt und seiner Selbstverwirklichung *direkt* zuzuwenden. Diese Zuwendung ist zugleich Notwendigkeit, denn Welt und Selbst als solche, d.h. als innerlich verweisungsfreie, autarke Präsenzen von ,Dauer' und ,Jetzt', bieten keinen Halt. Sie wirken weltzeitlich als erdrückende oder als aushöhlende Langeweile, als Öde einer selbstgenügsam voranschreitenden Weltzeit oder als Monotonie immergleicher Augenblicklichkeit der Selbstappräsentation von Wille und Vorstellung, von Ethik und Logik der autarken ,Individualität'. Liebe und Arbeit, ,Leidenschaft' und ,Sachlichkeit', Augenblicksekstase und Fortschrittsfähigkeit werden somit zu Erlösungsversprechen angesichts einer nagenden oder lastenden Macht der Zeit. Doch nach der Emanzipation von einer Geschichte, die Leidenschaft und Beruf selbst nurmehr als Affäre und Projekt kannte, sind auch diese Hoffnungen schnell – und dadurch immer aufs neue – enttäuscht: die Liebe wird nur als erinnerte Selbstüberschreitung des Ego in ‚Passion' zur besitzbaren Substanz, die Arbeit nur in ihrem quasi-natürlichen Eigensinn wechselnder Bedürfnisse ein Ankerplatz sinnerfüllter Gegenwart. Zuletzt treibt gerade die äußerste Enttäuschung an den Versprechungen ‚Passion' und ‚Profession' auf unerfüllbare Erwartungen, offenbart sich die Langeweile gerade in der Anstrengung, sie zu verbergen. Die Enttäuschten an allem Geschichts-, Projekt-, Affärenförmigen suchen die erotische Präsenz im unendlich kleinen Augenblick; die reine Gegenwart wird zum Synonym für die Wahrheit, gerade die Winzigkeit der erotischen Erfüllung prädestiniert sie zu ihrer endlosen, monotonen, langweilenden Wiederholung – einer aus lauter winzigen hedonistischen Essenzen zusammengesetzten Zeit-Reihe. Lustindustrie und sexueller Buchhaltergeist räumen mit der Zeitverschwendung mühseliger Anbahnungen auf und überantworten ‚das Subjekt' direkt der Langeweile des dinglichen Besitzes, aus der mit nichts zu füllenden, allherrschenden Zeit einer Freiheit durch Reduktion: Leiber zu Körpern, Körper zu Sachen. Diese Reduktion war umgekehrt am *Weltpol* des Daseins von Anbeginn wirksam, als die bürgerlich-industrialisierte Neuzeit Sinnkohärenz durch Spezialisierung herzustellen suchte. Etwas ‚von Profession' zu tun, bedeutete, es immer tun zu können, aber eben auch nichts anderes; diese Öde des Spezialismus hat die neuzeitliche Anthropologie der Arbeit früh registriert (s. II.2). Nicht aber der – spätaufklärerische, vorromantische – Versuch, dieser Langeweile mit einer ‚Ganzheit aller Kräfte und Vermögen', dem ‚ganzen Menschen' zu begegnen, hat sich durchgesetzt, sondern die Spezialisierung auf immer kleinere Zeitintervalle hin. Was gelernt wird, soll weltzeitlich genau abgemessenen, weil inhaltlich definierten ‚Projekten' entsprechen. Gerade hieraus entspringt die sinn-zeitliche Indifferenz des spät- oder nachbürgerlichen Jobwesens, der engagierten Tagelöhnerei. Der Jobsuchende und -bestellte ist der Spezialist für ständig Neues, die Dauer seines Lebens setzt sich zusammen aus den – immer kürzeren – Momenten seiner Angestelltheit. Das langweilt. Aber vielleicht sind zwei Langeweilen, die erotische und die arbeitsweltliche, weniger als eine, vielleicht ‚gelingt' – um es einmal feierlich zu sagen – das Leben unterm Stern der neuzeitlichen Langeweile, indem private und berufliche Enttäuschung einander den Menschen in immer schnellerem Wechsel zuwerfen?

*

Dieses Gelingen des Lebens in einer nicht-organischen, nicht-teleologischen, ‚kalten' Synthese aus kognitivem und voluntativem Weltzugang hat unterm Ennui-Aspekt ausführlich *Kant* bedacht. Die romantische wie die idealistische Antwort auf die Restriktionen seines Programms,

kurz: Schwärmerei und Spekulation, waren von Anbeginn durch ein Erlebnis der Öde jener transzendentalphilosophisch vermessenen Welt bestimmt. Schelling, Hegel, F. Schlegel, Jacobi – sie alle sehen in der konse-
quenten Transzendentalphilosophie einen Weg ins Nichts, in die Leere –
zunächst aber den Weg zu Fichte, dem Nihilismus-Herausforderer im doppelten Sinne.[23]

Kant denkt die Langeweile, indem er Gattungs- und Selbsterhalt, Liebe
und Arbeit behandelt, als müßten sie gerechtfertigt werden. Was aber
könnte das Dasein rechtfertigen in seiner zweifach-vereinfachten Gestalt?
Einzig, daß sich für sein Faktum kein letzter Rechtfertigungsgrund finde,
wie eifrig und redlich man auch nachforsche! Im Immer-strebend-sich-
Bemühen entstehen die transzendentalen Doppelgänger von Liebe und
Arbeit: das Wollen aus Pflicht und das Welthandeln aus Selbstsorge. Leib
und Seele sind anvertraute Güter, pfleglich zu behandeln und in Bewegung
zu halten; die „Anthropologie in praktischer Hinsicht" gibt detaillierte
Fingerzeige. Es ist die von klein auf erlernte, machtvoll in Schulen und
sonstigen Anstalten eingetrichterte Langeweile des Preußentums. Einzelne
retten sich aus dieser Existenz-Trivialität. Doch nur im *Leiden* der Autonomie, in den *quälenden* Extremen von Selbstbefragung und Selbstzerset-
zung, von aufs äußerste reinigungssüchtiger Liebe und rücksichtsloser
Arbeitsamkeit gelingt die Flucht aus dem alltagsfaktischen Protestantismus
der Langeweile, durch Aktivierung seines paulinisch-augustinischen Ge-
fühlsgrundes:[24] Wer könnte noch gerecht werden vor sich selbst, der einmal angefangen hat zu fragen – nach dem geistig-sittlichen *Grund* (der
ratio) seines *Daseins*, wer könnte Grund *finden* in sich selbst, der einmal
angefangen hat, nach ihm zu *suchen* …

Die *Liebe* als bürgerlich-christlich formierte Passion *darf* keinen Grund
haben, findet sich jedoch immer wieder aus und zu einem *Zweck* gemacht
(ob Himmel-Erhoffen oder Trieb-Teleologie); in der höchsten Frömmelei
des Amourösen wird Liebe zu Gott als Neigung selbst problematisch;[25] die
Menschen dagegen behandle man pflichtgemäß wohltätig[26]. Was bleibt da
für die Liebe als ‚bloße Neigung' anderes, als blind zu sein, um ihrem
Antrieb ins Angesicht sehen zu können? Unbeirrbare (‚blinde') Leiden-

---

23 Zu der um Fichtes Transzendentalismus entbrannten Auseinandersetzung vgl.
     Otto Pöggeler, Hegel und die Anfänge der Nihilismus-Diskussion, in: Man
     and World III/IV (1970), 163–199.
24 Kierkegaards „Authentizität" als Steigerung von Kants „Autonomie" der Sitt-
     lichkeit ins konsequent Absurde behandelt Jacob Golomb, In Search of Au-
     thenticity. From Kierkegaard to Camus, London-New York 1995, 55.
25 Vgl. die Ausführungen in der „Grundlegung zur Metaphysik der Sitten", I.
     Abschnitt.
26 Vgl. die Empfehlungen in der „Kritik der praktischen Vernunft", I, 1, 1.3:
     „Von den Triebfedern der reinen praktischen Vernunft".

schaft, nicht anders als guter Wille, langweilt aber ihre Subjekte kaum weniger als ihre Objekte; es sind unempfindliche Strebungen, Routinen eines verständigen Stumpfsinns.

Die *Arbeit* hat Kant nicht als Seins-, sondern als Sinnfrage interessiert; der Einzelne steht ihr scheinbar souverän gegenüber. Sie ist ja das Mittel, um das ermattende Wollen zur kulturfähigen Emsigkeit wieder emporzukitzeln, wo es in die Immanenz der schlechten, augenblickszufriedenen Gegenwart abzusinken droht. In der „Anthropologie in praktischer Hinsicht" tritt der Philosoph, als Langeweiletherapeut, der Welt der Arbeit so frei gegenüber wie der Welt der Natur und ihren Notwendigkeiten und Bedürfnissen – was aber umgekehrt auch heißt, daß sie sich ihm entzogen haben muß: Die Not, die dem Dasein Sinn gibt, die Mühsal, die Leib und Seele wohltätige Erschöpfung verheißt, meldet sich eben nicht immer (vgl. ApH, 276); auch in seiner kulturellen Vermittlung gehört der Kosmos der ‚bürgerlichen Thätigkeiten' doch in den Fundus der Natur. Man soll arbeiten, sich zeitlich transzendieren, um Langeweile zu vermeiden – deshalb wird sie einen, wenn die Arbeit fehlt oder unfühlbar leicht von der Hand geht, um so sicherer überfallen.

Kants Transformationen von ‚Hunger und Liebe', Daseins- und Geschlechtsnot lassen Wollen und Machen ‚an sich' als wertvoll scheinen – eine typisch nihilistische Inversion. Kreditierungen ersetzen Erfahrungen des Sinns. Das Utilitätsprinzip der bürgerlichen Welt, das allen Sinn nur relational sein läßt, verweist in der transzendentalen Durchleuchtung an den sinnfreien Eigensinn von Daseins- und Arbeitszusammenhang. In moralisch-intellektuellen Winkelzügen, die ganz unbefangen nur außerhalb des transzendentalphilosophischen Hauptwerks wirken, erweist sich der Kritizist als bürgerlicher Vollstrecker der frühneuzeitlich-aristokratischen Langeweile: Sie wird nüchtern als Thema benannt und bedacht, allerdings in einem Umfang und mit einem Anspruch, der anderen Theoretikern der Bürgerwelt wie Locke oder Helvétius wohl peinlich gewesen wäre (s. II.2). Kant denkt nicht nur der Erfahrung von Langeweile nach, er ist auch der Vordenker einer permanent langeweilegefährdeten Welt. Ihre Beliebigkeit wurzelt in der Heterogenität der sinnlichen und noëtischen Vermögen. Langeweile bemächtigt sich der phänomenalen Wirklichkeit durch die Doppelhinsicht praktischer und theoretischer Vernunft: Einmal in der Behandlung der eigenen Leiblichkeit selbst als Material, das zu beurteilen, als Stoff, aus dem sich die bearbeitende Instanz, jenes reine praktische Wollen, nach Kräften emporzuarbeiten habe bis zum transzendentalen Schein seiner Grundlosigkeit, Unverursachtheit, Neigung aus Pflicht. Dann wird der leibliche Ehevollzug zum Akt kontraktgemäßer Wollust-Entzündung, zur Pflichtübung des Geschlechts (die berüchtigte Ehedefinition über „wechselseitigen Gebrauch der Geschlechtswerkzeuge"). Das Wollen (Begehren) vor der immer schon ‚gegebenen' Anwesenheit seines Gegenstands gerät selbst zur Wünschbarkeit, die Kantische Gattenliebe präfiguriert die gefühlsfreie Erotik-Besessenheit des 20. Jahrhunderts. Beide bezeugen dieselbe Langeweile aus einem freigewordenen Wollen, das sein Objekt erst auffinden muß; ihre Phänotypen, ob die sériosité der bürgerlichen Ehe oder der Einzelkämpfer mit der Bibel sexueller Befreiung unterm Arm, überzeugen durch die nämliche Langeweile gewollten Wollens bzw. ‚wünschbarer Wünsche' (H. G. Frankfurt).[27]

Dieselbe Aneignungsproblematik findet sich im Verhältnis zur Arbeit. Gegenüber allen Wechselfällen des Mangel-Überschuß-Gleichgewichts behauptet sie die Stellung eines Absoluten, eines zeitenthobenen Apriori des Sinns, das einer ansonsten völlig gestaltlosen Material-Umwelt aufgeprägt werden muß. Da in der bürgerlichen Welt der ‚Thätigkeiten' aber *über* der Arbeit selbst nichts mehr steht, muß diese selbst zum Objekt von Vermenschlichungsversuchen, von Beseelungen werden; nicht immer vermag ja ein Bedürfniswesen einzusehen, wie notwendig ihre kultivierenden Leistungen sind, denn der Kulturprozeß ist nicht als „Gang der Dinge *von unten hinauf*", sondern *„von oben herab"* deduziert.[28] So kommt alles darauf an, vor sich selbst ‚glaubwürdig' die Komödie der allgemeinen Not zu spielen, aus der die Arbeit helfen soll, ein überzeugender *Repräsentant* irgendeiner Tätigkeit zu werden – ein *Vertreter*. Dessen Gebaren, von ebenso großem Autonomieglauben gezeichnet wie das reine praktische Wollen, erregt, wo massenhaft geworden, ein Gähnen.

Die durch Kant erschlossene moderne Welt ist in allen ihren Teilen die vertraut gewordene Welt der Langeweile. Genauer gesagt, ist es die Zerlegung der Welt in Teile, in autonome Sinn-Bereiche, die den Einzelnen in die Dialektik von Ennui-Eingeständnis und -Kompensation entläßt. Jeder Sinn-Bereich scheint für sich ein *Interesse* zu fordern einzig und allein deshalb, weil er dieses Interesses für seinen Eigenwert eigentlich nicht bedürfen soll. Die Kantische Weltzerlegung je in ethische und epistemolo-

---

27 Beiden Erfahrungen hat der Existentialismus des 20. Jahrhunderts den philosophisch-literarischen Segen gegeben. Überwunden hat er sie nicht. Existentialismus ist lediglich *radikalisierte* Bürgerlichkeit, d.h. bewußter Verzicht auf emotionale Verstrickung zugunsten einer – allerdings dann ennuigefährdeten – Souveränität. Die ‚passion' wird getauscht gegen die Sicherheit und das Abenteuer. Die Gemeinschaft zweier Willenssubjekte wird formal fixiert, damit jedes sich in folgenlosen Erlebnissen ergehen könne. Strukturell ist und bleibt es das bourgeoise Gleichgewicht von Ehe und Ehebruch, transformiert ins Vokabular von Autonomie und Freiheit. Das berühmteste Paar des Existentialismus, de Beauvoir und Sartre, hat mit seinem ‚Pakt' fürs Leben somit der Bürgerlichkeit ihre reinste Gestalt gegeben.

28 Immanuel Kant, Ob das menschliche Geschlecht in beständigem Fortschreiten zum Besseren sei, in: ds., Zur Geschichtsphilosophie, hrsg. von Arthur Buchenau, Berlin 1948, 74.

gische Kompetenzbereiche ist die Grunddifferenz, an deren Totalisierung für alles innerweltlich Begegnende zahlreiche Nachfolgedifferenzen arbeiten. Je mehr die ganze, kritisch erschlossene Welt von autonomem Bereichssinn erfüllt ist, desto heftiger wird das menschliche *Interesse* auf die andere, die transmundane Seite gedrängt.[29] Je intelligibler das Ganze, desto größer die Schwierigkeit, sich gefühlhaft hineinzufinden, sich zu ,involvieren'. Kants Welt ist nicht nur in ihren Teilen, sondern auch als ganze intelligibel als eine Welt der Langeweile. Das wissen die Philosophen, die im Ganzen denken und leben. Diese überall transzendental gerechtfertigte, auf ihre Möglichkeitsbedingungen zurückgeführte Welt ist darin nämlich *allzu* vertraut. Die Langeweile des vollendeten Kantianismus nimmt ihren Ausgang von Evidenzen, bei denen es nicht sein Bewenden haben soll. Man weiß doch und sieht doch, daß Naturwissenschaft und Sittlichkeit, Newtons Lehren und Mutters Vorbild, Denken und Wollen bereichssinngerecht funktionieren. Man möchte wissen, *wie* – was sonst könnte man noch wissen wollen? Eine Aushebelung der Weltwirklichkeit als ganzer, durch universalen Nachweis von Konstitutionsbedingungen, rückt in Greifnähe. Sinngenesen lassen sich ja nicht beobachten, nur das Gedankenexperiment eines ,Was wäre, wenn ...' bleibt. Sein Gelingen zeigt die Welt, wie sie ist, genau angemessen dem, der sie denkt. Die ,transzendentale Deduktion' erfüllt so das Telos der Acedia-Theologie, der Ennui-Theoreme, wonach die Leere schuldhafter – temporaler – Platzhalter einer Fülle, alles weltliche Sein von Gnaden des Nichts sei und umgekehrt (s. I.1). Zur vorhandenen, physisch und moralisch funktionierenden Wirklichkeit findet sich das Interesse der praktischen und theoretischen Vernunft hinzu, das jene erst in ihrer Möglichkeit begreift – das weist schon auf die Struktur jenes Schopenhauerschen Glücks, dem vor einer Welt bezuglosisolierter Objekte das Sehnen nicht ausgeht (s. II.5).

Gewiß ist das *Denken des Mannes Kant selbst* deswegen nicht unmittelbar Faktor oder Indikator einer Langeweile. Es verhält sich zu seiner – im großen und ganzen: der heutigen – Welt, wie es die Vernunftkritik konzipiert hat, nämlich wie die Form zum Stoff. Das heißt aber: Wer geistig die Langeweile der modernen Welt erfassen will, muß den Weg durch Kants Dualismus nehmen. Die Langeweile dieser Welt wird bei Kant verständlich als Erkenntnis und als Ethik, deren faktisches Dasein als Moral und Wissen immer vorausgesetzt ist. Sich langweilen ,nach' Kant heißt darum, sich langweilen an der Post-hoc-Applikation des Kategorieninstru-

---

29 Das hat die kritische Kantrezeption (Wizenmann, Obereit, Jacobi) früh artikuliert. In der entfalteten Romantik wird die religiös-transzendente Wendung dann vollends aus der Langeweile der Weltimmanenz plausibel.

mentariums oder an der durch Kant so gründlich begriffenen Welt selbst.[30]
Diese reinen Ethiken, Epistemologien etc. langweilen. Daher sogleich die
frivole, ja aggressive Lust der Vermittlung (zwischen den Vernünften) wie
der Verunreinigung (durch Partialisierung, Radikalisierung, Reduktion);
spekulativer Idealismus dort, Naturalismen des Apriori hier. Den echten,
entwicklungslosen Kantianer lockt nichts dorthin, er bleibt ganz still und
bei sich und bewahrt wie sein Meister jenes demütig-hochmütige Lächeln,
wie aus Verlegenheit darüber, durch einen Möglichkeitsaufweis zu soviel
Wirklichkeit, durch ein Nichts zu soviel Macht gekommen zu sein.

*

Der philosophische Austrag der neuzeitlichen Langeweile besteht darin,
dieses ‚Nichts' explizit zu machen. Dafür mußte die Langeweile als Ursprung, Weg und Ziel des Philosophierens benannt werden, sei es auch nur,
um so die Philosophie selbst zu überwinden.[31] Die Sorgfalt, mit der M.
Heidegger dieses Projekt in seiner Langeweile-Vorlesung von 1929 verfolgt hat, namentlich die Vollständigkeit bei der Diskussion der möglichen
Hinsichten darauf, weist es zwar seinerseits als ein akademisches, profes-
sionsphilosophisches aus. Dennoch ist offensichtlich, daß sich hier das
Telos der neuzeitlichen Langeweilemetaphysik erfüllt hat. Alle Denker
nämlich, die explizit die Langeweile bedacht haben, fallen durch ihre aggressive Polemik gegen die professionelle Philosophie auf. Ob F. Schlegel,
Kierkegaard, Schopenhauer, Nietzsche, Mainländer, Cioran – sie alle erblicken in der Berufsphilosophie eine unausdrückliche, ihrer selbst nicht
gewärtige Langeweile, die gerade wegen ihrer existentiellen Unreflektiert-
heit schwer zu ertragen sei.[32] Die asymmetrische Dialektik von Langwei-

---

30 Die Hartnäckigkeit, mit der ein ins 20. Jahrhundert verschlagener Kantianis-
    mus wie der Habermas'sche bemäkelt worden ist, versteht sich nur aus der
    Vollkommenheit, mit der dieser eine bestimmte Daseinsweise, die (sich)
    kommunizierende liberale Demokratie, in den Dialekt von ‚Möglichkeitsbe-
    dingungen' übersetzt hat – ein Bei-sich-Sein der Vernunft, das die Langeweile
    selbst ist.

31 Für den Heidegger der „Grundbegriffe der Metaphysik" ist Langeweile alles
    andere als ein ‚Gegenstand', über den man zu ‚einer Philosophie' gelangen
    könne. Ganz im Gegenteil. „Philosophie ist nur da, um überwunden zu wer-
    den." Das freilich „kann sie nur, wenn sie erst steht." Doch steht sie eben nicht
    durch einen Entschluß, sich Gedanken *über* etwas zu machen. Der philosophi-
    sche Einsatz im Umgang mit der wesentlichen Langeweile hänge davon ab,
    „eine tiefe Langeweile unseres Daseins zu sehen bzw. ihr, sofern sie ist, nicht
    entgegenzusein." (GdM, 232f.)

32 An der (professionellen) Philosophie, so E. M. Cioran, störe ihn vor allem
    dies. „Wenn du die Philosophen liest, vergißt du das menschliche Herz, und
    wenn du die Dichter liest, weißt du nicht, wie du dich seiner entledigen sollst."

lern, die sich nicht langweilen, und Unterhaltsamen, die von jenen gelangweilt werden, wird hier von ihrem Ursprung in der französischen Moralistik auf das Verhältnis von Berufsphilosophie und freier Geistigkeit übertragen. Gerade die Langeweile, welche die unabsehbare Reihung von fachphilosophischen Produkten errege, gilt nun als wichtigster Einwand gegen deren Sinnhaltigkeit. *Die erklärten Denker der Langeweile zeichnet ein geschärftes Bewußtsein für die existentielle Ohnmacht des Denkens gegenüber den ‚Gegenständen' Liebe, Arbeit, Macht aus*, genauer: für ihre Gegenstandsuntauglichkeit. Dieses Ohnmachtsbewußtsein verdichtet sich zu dem einzigen Gedanken, daß gewisse Sachverhalte nur zu erleiden oder zu ertragen, jedenfalls nicht in den Gedanken zu zwingen seien, daß in der ontologischen Nichtigkeit des Denkens jedoch sein Wesen bestehe und seine Freiheit erfahren werde, eventuell sogar seine Größe (Pascal!), daß aber die diskursiven Erträge dieses Denkens keine repräsentative Aufreihung für den philosophischen Nachvollzug erlaubten. Eine Kette von einander homogenen Präsenzen des Denkens, von Gedanken, Theoremen, Ideen, Philosophemen, wie sie – wenngleich schon defensiv – im Projekt von ‚Philosophiegeschichte' kulminierte, gilt als widerlegt durch die denkerisch-existentielle Langeweile, wie sie jede gegenständliche Form innerzeitlicher Kohärenz erregen muß. Kierkegaards Überdruß am ‚absoluten Wissen', an Geschichte als System, spricht dies erstmals in aller Unbefangenheit und Unversöhnlichkeit aus. Nicht zufällig hat sich, mit Heidegger, am Ende ein *universitätsphilosophischer* Denker der Langeweile zugleich als Destrukteur der abendländischen Metaphysikgeschichte betätigt, die ihren Zusammenhang in dem – postum erhobenen – Anspruch fand, die Geschichte eines identischen Gegenstands zu sein. Die Denker der Langeweile verurteilen alle Versuche, ob des Verstandes, ob des Geistes überhaupt, in sich selbst Grund zu fassen, als nichtig; den professionell erarbeiteten Positivitäten dieser Nichtigkeit können sie allein das ausgehaltene Nichts der Langeweile, der bewußt ‚leergelassenen' Zeit entgegenhalten. Umgekehrt kontrapunktiert das tiefempfundene Leiden der Langeweilephilosophen von Kierkegaard bis Cioran an der metaphysischen Macht von Liebe, Arbeit, Macht die professionelle Bändigung dieser Themen in der neuzeitlichen Philosophie. Das betrifft schließlich deren Form überhaupt. Aus der *platonischen Auffassung der Philosophie als Analogie des Erotischen*, als innerlich unbegrenztes Verlangen, wurde dessen *bewußte Mime-*

Philosophie ist allzu *erträglich*. Das ist ihr großer Makel. Ihr fehlen Leidenschaft, Alkohol, Liebe.“ (Gd, 124) Auch dieses Unbehagen noch bringt der professionelle Philosoph in Begriffe: Heidegger spricht vom Ausbleiben „wesenhafter Bedrängnis“ in einer unreflektierten, ‚vulgären' Langeweile. Seine philosophisch-pädagogische Ambition ist es, ein „Gefühl für dieses Ausbleiben zu wecken“ (vgl. GdM, 244, 247) – ein eher ‚philosophisches' Gefühl, wird man vermuten dürfen.

sis in der Anhäufung von Werken. Die Unverständlichkeit des platonischen Eros für die Neuzeit entspringt dem Totalcharakter, den im Denken von Zeit und Sein hier die *Arbeit* behauptet. Das sublime Ohnmachtserlebnis des platonisch-philosophischen Erotikers gegenüber dieser ganzen Welt der Macht und der Werke, die gedacht – ,idealisiert' bzw. ,ideiert' – werden soll, ist dadurch gar nicht mehr möglich, ein platonisches ,Scheitern an den Realitäten' von vornherein ausgeschlossen. Der Logos hängt nicht mehr zart, aber fest an seinen Sachen, sondern ist ins Sonderreich der Ideen abgeschoben; Platonismus ist in der Neuzeit fast nur noch als Dualismus plausibel. Damit muß ein sogenannter philosophischer Trieb in die Deutungsalternative von zwar unbegrenzter, dafür aber material entleerter, ,vergeistigter' platonischer Liebe und von zwar materialisierter, aber eigenverantwortlich herzustellender Konsistenz von ,Erlebnissen', die natürlich immer wieder enttäuschen, zerfallen. Beides erscheint in der neuzeitlichen Liebesmetaphysik fast gleichzeitig – Ende des 18. Jahrhunderts – und erregt sofort Langeweilegefühl und -vorwurf. Massiv und gebündelt bei Jean Paul in der Doppelpolemik gegen reine ,Idee' und puren ,Stoff': ätherische, widerstandslose Liebe, die durch alles hindurchgeht, sei fade, der Kosmos des selbstherrlich Formbaren wiederum sei öde, hohl, leer (,,Vorschule der Ästhetik"). Die Entscheidung für den philosophischen Eros in seiner gespaltenen Gestalt markiert den Beginn eines *Philosophierens als Arbeit*. Dessen basale Operationen sind die endlose Prüfung des Werkzeugs und des Materials, von Methode und Gegenstand, Regel und Faktum etc. – Lieblingsanlässe eines grimmigen, oftmals kultur- und bürgertumskritischen Gähnens. Das systematische Scharnier zwischen der bürgerlichen Transformation des Erotischen ins Arbeitsmäßige bildet die Idee von Freiheit durch Autonomie, auch dies wieder in einer typischen Doppelgestalt. Einmal nämlich als Kraft der Irrealisierung alles Vorhandenen, als – freilich nur methodisch zu leistende – ,Nichtung'; universaler, aber letztlich konstruktiver Zweifel, Als-ob-Erklärung der ganzen Welt zur phänomenalen. Auch die eigenen Begierden, als welche man das Erotische jetzt hauptsächlich auffaßt, fallen darunter, sie gelten als durch Arbeit sublimierbar, semantisch-pragmatisch verwandelbar, da als ,Bedürfnisse' oder ,Energien' evident und akzeptabel. Zum anderen im Konzept von Arbeit als – idealerweise kontinuierlicher – Selbsterzeugung des Menschen, weshalb noch im hochspezialisierten Betrieb der ,Geistesarbeit' die Idee des Originalgenies spukt, des einsam und frei Denkenden und Schaffenden, der unaufhörlich allereigenste Produkte in eine bislang davon unberührte, darob erstaunende Welt sendet. Was namentlich vom professionellen Philosophen verlangt wird – Liebe als Arbeit und Liebe zur Arbeit –, erweist sich als *geistiger Austrag* des neuzeitlichen *Machtverhältnisses*. Scheint es doch im Berufsphilosophentum vorbildlich kultiviert: Arbeit ist Selbstzweck, den man lieben kann und muß, als ,Geistesarbeit'; die grundlose

Selbstbewegtheit des grenzenlosen Eros stand dieser Arbeit, die nicht nur ihre Produkte, sondern auch ihre Kräfte ständig selbst erzeugt, Modell. Macht als Autonomie, Prinzip der Selbsterzeugung, Selbsterhaltung, Selbststeigerung, muß hierbei gar nicht mehr als solche und gesondert in den Blick treten können: Die Vorstellung, daß sie *über* etwas herrsche, das vielleicht vor oder neben ihr bestand, ist ihrem Anspruch sogar abträglich. Eros als *érgon* und *érgon* als Eros fallen zusammen, stützen sich gegenseitig; für die – souveräne – Macht sind die Räume des Möglichen und des Wirklichen identisch. Die Macht beherrscht genau das, was sie konstruiert; ihr Konstruieren ist der Erweis der Nichtigkeit jedes machtunabhängigen Seins.[33] Streben, Wollen, Machen sind autonom, in sich gegründet – ebenso wie Liebe und Arbeit in der neuzeitlichen Eros- und Technikauffassung. Ihre buchstäblich grundlose Entfaltung ist von der Langeweile als freigelassener, unbeherrschter wie unbeherrschbarer Zeit nicht zu unterscheiden. Die Denker der Langeweile entdecken diese Strukturanalogie von Liebe, Arbeit, Macht als grundloser Zeitigung, die, um überhaupt humanisierbar zu scheinen, gedacht werden müßte als etwas, das den Menschen *überfällt*. Die professionelle Philosophie dagegen erscheint aus dieser Perspektive als eine Verherrlicherin und Apologetin der Langeweile, wenn sie in der ‚philosophischen Tätigkeit' den arbeitgewordenen Eros, die liebeswürdige Arbeit eigenen Sinnes und Zweckes konzentriert sieht, denn wäre beides tatsächlich grundlos bzw. in sich, d.h. seiner eigenen Zeitlichkeit gegründet, ginge es niemanden an; die dem Seinsganzen eröffnende ‚Angängigkeit' (Heidegger) eines ‚gestimmten' bzw. ‚involvierten' (Heller) Daseins fehlte. Die unaufhörliche Produktivität des philosophischen Eros in der Neuzeit, aus der prätendierten Autonomie seines Arbeitszusammenhangs, kann einer langeweilegeprägten Denkerfahrung nur als ins Zeitliche gewendetes ‚Machten' (Heidegger), als dreiste Autonomie-Behauptung inmitten einer ahuman entfesselten Zeit erscheinen. Schopenhauer, der nur erst *anthropologisch* die Langeweile bedacht hat, attackierte darum das philosophische Originalgenie des deutschen Idealismus nicht weniger als den positivistischen Geistesfacharbeiter; er mußte hier Betrug oder Selbstbetrug am Werke wittern: prätentiöses Emporrecken eines Allzu-Menschlichen entlang der unmenschlichen Größe der absoluten Begrifflichkeit oder zynischer Selbstverzicht der spezialgelehrten Humanität im Dienste eines Großbetriebs, der für sich philantropische Motive beansprucht (s. II.5). Beides wird, nach Schopenhauer, durch eine Macht ermöglicht, die sich von der Philosophie weder bedroht noch gestützt sehen

---

33 Die Fiktion der Weltvernichtung als methodischen Ausgangspunkt der ursprünglichen neuzeitlichen Weltbemächtigung, nämlich durch Physik, formuliert Thomas Hobbes, De Corpore II, 71, 1, in: Opera Latina, Reprint Aalen 1961, 81f.

darf – vom Staat. Die Euphorien des sich selbst gründenden absoluten Ichs, Geistes, Wollens einerseits, die stolze Bescheidenheit des Geistesarbeiters andererseits, der sich im Betrieb aufgehoben weiß, bezeugen somit dieselbe Nichtigkeit einer Philosophie als solcher, autonomer. Gerade weil sie nichts und niemandem fehlt, kann sie an ihren eigenen Zusammenhang glauben. Dieser Zusammenhang, abgelöst vom übermächtig Begegnenden, Unverfügbaren, Durchdringenden, ja – warum nicht? – vom ‚Sein', das die Langeweile-Denker erfahren haben, ist das Nichts, das sich als ein Seiendes gebärdet. So wird es anschaulich und begreifbar als Langeweile.

Literaturverzeichnis

Albert, Karl: Das Staunen als Pathos der Philosophie, in: Craemer-Ruegenberg, Ingrid (Hrsg.): Pathos, Affekt, Gefühl, Freiburg-München 1981, 149–171

Aristoteles: Nikomachische Ethik, hrsg. von Olof Gigon, München 1991

Arnim, Achim und Bettina: in ihren Briefen, hrsg. von Werner Vordtriede, zwei Bände, Frankfurt/M. 1961

Bellebaum, Alfred: Langeweile, Überdruß und Lebenssinn. Eine geistesgeschichtliche und kultursoziologische Untersuchung, Opladen 1990

Bellow, Saul: Humboldts Vermächtnis. Roman, München 1980

Bernstein, Haskell E.: Boredom and the ready-made life, in: Social Research 42 (1975)

Bertram, Georg W./Liptow, Jasper (Hrsg.): Holismus in der Philosophie. Ein zentrales Motiv der Gegenwartsphilosophie, Weilerswist 2002

Bilz, Rudolf: Paläanthropologie I: Der neue Mensch in der Sicht der Verhaltensforschung, Frankfurt/M. 1971

Bless, Herbert: Stimmung und Denken. Ein Modell zum Einfluß von Stimmungen auf Denkprozesse, Bern u.a. 1997

Blumenberg, Hans: Höhlenausgänge, Frankfurt/M. 1989

Böhme, Gernot: Anthropologie in pragmatischer Hinsicht, Frankfurt/M. 1985

–: Immanuel Kant: Die Bildung des Menschen zum Vernunftwesen, in: Weiland, René (Hrsg.): Philosophische Anthropologie der Moderne, Weinheim 1995, 30–38

Bollnow, Otto Friedrich: Das Wesen der Stimmungen, Frankfurt/M. [3]1980

Brentano, Clemens: Sämtliche Werke und Briefe. Historisch-Kritische Ausgabe, hrsg. von Jürgen Behrens u.a., Stuttgart u.a. 1975ff.

Büchner, Georg: Gesamtausgabe, hrsg. von Fritz Bergemann, Wiesbaden 1958

Cassianus, Johannes: Von den Einrichtungen der Klöster – Unterredungen mit den Vätern, zwei Bände, Kempten 1877

Cioran, Emile M.: Le mauvais démiurge, Paris 1969

–: Lehre vom Zerfall, deutsch von Paul Celan, Stuttgart 1987

–: Gevierteilt, deutsch von Bernd Mattheus, Frankfurt/M. 1989

–: Das Buch der Täuschungen, deutsch von Ferdinand Leopold, Frankfurt/M. 1990

–: Gedankendämmerung, deutsch von Ferdinand Leopold, Frankfurt/M. 1993

–: Der Absturz in die Zeit, deutsch von Kurt Leonhard, Stuttgart 1995

–: Syllogismen der Bitterkeit, deutsch von Kurt Leonhard, Stuttgart 1995

Csikszentmihalyi, Mihaly: Das flow-Erlebnis. Jenseits von Angst und Langeweile: im Tun aufgehen, Stuttgart 1985

Dammann, Gerhard: Zur psychopathologischen Dimension des extremen philosophischen Pessimismus, in: Müller-Seyfarth, Winfried H. (Hrsg.): Was Philipp Mainländer ausmacht. Offenbacher Mainländer-Symposium 2001, Würzburg 2002, 49–63

Decher, Friedhelm: Arthur Schopenhauer. Die Welt als „Makranthropos", in: ds./Hennigfeld, Jochen (Hrsg.): Philosophische Anthropologie im 19. Jahrhundert, Würzburg 1991, 95–108

–: Besuch vom Mittagsdämon. Philosophie der Langeweile, Lüneburg 2000

Dilthey, Wilhelm: Gesammelte Schriften, hrsg. von Bernhard Groethuysen u.a., Berlin-Leipzig 1912ff.

Dilthey, Wilhelm/Yorck von Wartenburg, Paul Graf: Briefwechsel 1877–1897, hrsg. von Erich Rothacker, Halle/S. 1923

Doehlemann, Martin: Langeweile? Deutung eines verbreiteten Phänomens, Frankfurt/M. 1991

Döring, Sabine A.: Emotionen und Holismus in der praktischen Begründung, in: Bertram, Georg W./Liptow, Jasper (Hrsg.): Holismus in der Philosophie. Ein zentrales Motiv der Gegenwartsphilosophie, Weilerswist 2002, 147–167

Drews, Arthur/Hartmann, Eduard von: Philosophischer Briefwechsel 1888–1906, hrsg. von Rudolf Mutter und Eckart Pilick, Rohrbach 1995

Endres, Josef: Angst und Langeweile. Hilfen und Hindernisse im sittlich-religiösen Leben, Frankfurt/M. u.a. 1983

Erdmann, Johann Eduard: Ueber die Langeweile. Vortrag gehalten im wissenschaftlichen Verein Berlin, Berlin 1863

Feuerbach, Ludwig: Briefwechsel und Nachlaß, hrsg. von Karl Grün, Leipzig-Heidelberg 1874

Fichte, Johann Gottlieb: Gesamtausgabe, hrsg. von der Bayerischen Akademie der Wissenschaften, Stuttgart 1964ff.

–: Die Grundzüge des gegenwärtigen Zeitalters. Neudruck aufgrund der 2., von Fritz Medicus hrsg. Ausgabe 1922, Hamburg 1956

Fourier, Charles: Theorie der vier Bewegungen und der allgemeinen Bestimmungen, hrsg. von Theodor W. Adorno, Frankfurt/M. 1966

Frank, Manfred: Das Problem „Zeit" in der deutschen Romantik. Zeitbewußtsein und Bewußtsein von Zeitlichkeit in der frühromantischen Philosophie und in Tiecks Dichtung, Paderborn u.a. 1990

Franke, Ursula: Ein Komplement der Vernunft. Zur Bestimmung des Gefühls im 18. Jahrhundert, in: Craemer-Ruegenberg, Ingrid (Hrsg.): Pathos, Affekt, Gefühl, Freiburg-München 1983, 131–148

Frankfurt, Harry S.: Gründe der Liebe, aus dem Amerikanischen von Martin Hartmann, Frankfurt/M. 2005

Funken, Michael: Das Spiel des Lebens und sein Sinn. Evolutionäre Metaphysik und Praktische Philosophie, Würzburg 1994

Gätschenberger, Stephan: Nihilismus, Pessimismus und Weltschmerz, in: Deutsche Zeit- und Streitfragen. Flugschriften zur Kenntniß der Gegenwart, hrsg. von Franz von Holtzendorff, Jahrgang X, Heft 145–160, Berlin 1881, 1–39

Galiani, Ferdinando: Die Briefe des Abbé Galiani, deutsch von Heinrich Conrad, hrsg. von Wilhelm Weigand, zwei Bände, München-Leipzig 1907

Garve, Christian: Versuche über verschiedene Gegenstände aus der Moral, der Litteratur und dem gesellschaftlichen Leben, fünf Bände, Breslau 1819–1821

Gersdorff, Ada von: Aus Langeweile, Berlin 1899

Golomb, Jacob: In Search of Authenticity. From Kierkegaard to Camus, London-New York 1995

Graeser, Andreas: Positionen der Gegenwartsphilosophie. Vom Pragmatismus zur Postmoderne, München 2002

Große, Jürgen: Kritik der Geschichte. Probleme und Formen seit 1800, Tübingen ²2007

–: Gestalt – Typus – Geschichtlichkeit. Yorck von Wartenburgs Versuch, gegen die präsenzmetaphysischen Voraussetzungen des Historismus anzudenken, in: Philosophisches Jahrbuch 106 (1999), 41–63

–: Negative Ontologie der Geschichte, in: Zeitschrift für philosophische Forschung 54 (2000), 238–255.

–: Nihilismusdiagnosen. Ihr theoretischer und ethischer Status, in: Dialektik. Zeitschrift für Kulturphilosophie 2005/I, 97–122

–: Ennui und Entschluß. Zur Genealogie neuzeitlicher Langeweiledeutung, in: Sinn und Form 58 (2006), 18–31

–: Eros und Ennui: Notizen zu H. G. Frankfurts Philosophie der Liebe, in: Weimarer Beiträge 53 (2007), 283–288

–: Gefühl und Gefühlsverlust. Neuere Beiträge zur Theorie der Emotionen, in: Philosophische Rundschau 54 (2007), 195–216

–: Lebenswert, Lustbilanz, Weltprozeß. Notizen zu Eduard von Hartmann (1842–1906), in: Perspektiven der Philosophie. Neues Jahrbuch 33 (2007), 141–175

Günderrode, Karoline von: Der Schatten eines Traumes. Gedichte, Prosa, Briefe, Zeugnisse von Zeitgenossen, hrsg. von Christa Wolf, Darmstadt-Neuwied 1979

Haag-Merz, Christine/Speidel, Luise: Greifbare Ideen gegen Langeweile, Stuttgart 2001

Hartmann, Eduard von: Philosophie des Unbewussten, 4. unveränderte Auflage, Berlin 1872
–: Gesammelte Studien und Aufsätze gemeinverständlichen Inhalts, Leipzig o. J.
–: Zur Geschichte und Begründung des Pessimismus, Berlin 1880
–: Grundriss der Religionsphilosophie, Bad Sachsa 1909
Heer, Friedrich: Europäische Geistesgeschichte, hrsg. von Sigurd Paul Scheichl, Wien-Köln-Weimar 2004
Hegel, Georg Wilhelm Friedrich: Phänomenologie des Geistes, hrsg. von Hans-Friedrich Wessels und Heinrich Clairmont, Hamburg 1988
–: Dokumente zu Hegels Entwicklung, hrsg. von Johannes Hoffmeister, Hamburg [2]1974
–: Vorlesungen über die Philosophie der Kunst, Berlin 1823, nachgeschrieben von Heinrich Gustav Hotho, hrsg. von Annemarie Gethmann-Siefert (= Vorlesungen, ausgewählte Nachschriften und Manuskripte II), Hamburg 1998
Heidegger, Martin: Gesamtausgabe, hrsg. von Friedrich-Wilhelm von Herrmann, Frankfurt/M. 1977ff.
–: Zur Sache des Denkens, Pfullingen 1969
–: Sein und Zeit, Frankfurt/M. 1972
–: Holzwege, Frankfurt/M. 1980
–: Was ist Metaphysik? Frankfurt/M. 1992
–: Was heißt Denken? Frankfurt/M. 2002
Held, Klaus: Grundbestimmung und Zeitkritik bei Heidegger, in: Papenfuß, Dietrich/Pöggeler, Otto (Hrsg.): Zur philosophischen Aktualität Heideggers I, Frankfurt/M. 1991, 31–56
Hell, Cornelius: Skepsis, Mystik und Dualismus. Eine Einführung in das Werk E. M. Ciorans, Bonn 1985
Heller, Agnes: Theorie der Gefühle, Hamburg 1980
Helvétius, Claude Adrien: Vom Menschen, seinen geistigen Fähigkeiten und seiner Erziehung, hrsg. und übersetzt von Günther Mensching, Frankfurt/M. 1972
Henry, Michel: Die Barbarei. Eine phänomenologische Kulturkritik, hrsg. und übersetzt von Rolf Kühn und Isabelle Thireau, Freiburg-München 1994
Herder, Johann Gottfried: Sämtliche Werke, hrsg. von Bernhard Suphan, 33 Bände, Berlin 1877–1913
Herz, Marcus: Grundriß aller medizinischen Wissenschaften, Berlin 1782
Hilty, Carl: Das Glück, drei Bände, Leipzig 1895
–: Über die Langeweile, in: Politisches Jahrbuch der Schweizer Eidgenossenschaft 22 (1908), 239–254
Hirschman, Albert O.: Leidenschaften und Interessen, Frankfurt/M. 1987
Hobbes, Thomas: Opera Latina, Reprint Aalen 1967

Huber, Johannes: Der Pessimismus, München 1876

Hübner, Benno: Der de-projizierte Mensch. Meta-physik der Langeweile, Wien 1991

Illouz, Eva: Gefühle in Zeiten des Kapitalismus, Frankfurt/M. 2006

Janssen, Paul/Ströker, Elisabeth: Phänomenologische Philosophie, Freiburg-München 1989

Jaspers, Karl: Psychologie der Weltanschauungen, Berlin 1919

Jonard, Norbert: L'ennui dans la literature européenne: des origines à l'aube du XXe siècle, Paris 1998

Kant, Immanuel: Der Streit der Fakultäten. Anthropologie in pragmatischer Hinsicht (= Werke, Akademie-Textausgabe Berlin 1907–1917), Reprint Berlin 1968

–: Zur Geschichtsphilosophie, hrsg. von Arthur Buchenau, Berlin 1948

Kast, Verena: Vom Interesse und dem Sinn der Langeweile, München 2003

Kenny, Anthony: Action, Emotion and Will, London 1963

Kermani, Navid: Dynamit des Geistes. Martyrium, Islam und Nihilismus, Göttingen 2002

Kessel, Martina: Langeweile. Zum Umgang mit Zeit und Gefühlen in Deutschland vom späten 18. bis zum frühen 20. Jahrhundert, Göttingen 2001

Kierkegaard, Sören: Gesammelte Werke, hrsg. von Emanuel Hirsch und Hajo Gerdes, 31 Bände, Gütersloh 1985

Kisiel, Theodore: Das Versagen von *Sein und Zeit*: 1927–1930, in: Rentsch, Thomas (Hrsg.), Martin Heidegger, Sein und Zeit (= Klassiker auslegen, Band 25), Berlin 2001, 253–279

Kittsteiner, Heinz Dieter: Mit Marx für Heidegger. Mit Heidegger für Marx, München 2004

Klages, Ludwig: Der Geist als Widersacher der Seele, Bonn [5]1972

Kleist, Heinrich von: Sämtliche Werke und Briefe, hrsg. von Helmut Sembdner, zwei Bände, München 1961

Klinkmann, Norbert: Gewalt und Langeweile, in: Kriminologisches Journal XIV (1982)

Kondylis, Panajotis: Der Niedergang der bürgerlichen Denk- und Lebensform. Die liberale Moderne und die massendemokratische Postmoderne, Weinheim 1991

Kristeller, Paul Oskar: The Philosophy of Marsilio Ficino, New York 1943

–: Humanismus und Renaissance, zwei Bände, München 1974

La Bruyère, Jean de: Die Charaktere oder Sitten des Jahrhunderts, hrsg. und übertragen von Gerhard Hess, Leipzig 1976

La Rochefoucauld, François VI. Duc de: Reflexionen oder Sentenzen und moralische Maximen, aus dem Französischen von Helga Bergmann und Friedrich Hörlek, Leipzig 1976

Latour, Bruno: Wir sind nie modern gewesen. Versuch einer symmetrischen Anthropologie, deutsch von Gustav Roßler, Berlin 1995

Leconte, Frantz-Antoine: La tradition de l'ennui splénetique en France de Christine de Pisan à Baudelaire, Washington-Paris 1995

Leopardi, Giacomo: Zibaldone: Theorie des schönen Wahns und Kritik der modernen Zeit, aus dem Italienischen von Karl Josef Partsch, hrsg. von Ernesto Grassi, München 1949

–: Ich bin ein Seher. Gedichte italienisch – deutsch, Kleine moralische Werke, Zibaldone: Gedanken zur Literatur, aus dem Italienischen von Sigrid Siemund, Leipzig 1991

Lipps, Hans: Die menschliche Natur, Frankfurt/M. 1941

Locke, John: Gedanken über Erziehung, übersetzt von Ernst von Sallwürk, Langensalza 1910

Löwith, Karl: Sämtliche Schriften, hrsg. von Klaus Stichweh und Marc B. de Launay, neun Bände, Stuttgart 1981–1988

Lütkehaus, Ludger: Nichts. Abschied vom Sein, Ende der Angst, Frankfurt/M. 2003

Maier, Uwe: Philosophische Reflexionen über Langeweile und die Bedeutung der Langeweile in der modernen Sozialarbeit, Marburg 1998

Mainländer, Philipp: Die Philosophie der Erlösung, Berlin 1876

–: Die Philosophie der Erlösung. Zwölf philosophische Essays, Frankfurt/M. 1886

–: Die Macht der Motive. Literarischer Nachlaß von 1857 bis 1875, hrsg. von Winfried H. Müller-Seyfarth, Hildesheim u.a. 1999

Majica, Marin: In höherem Auftrag, in: Berliner Zeitung Nr. 184, 9. August 2005

Mandelkow, Valentin: Der Prozeß um den „ennui" in der französischen Literatur und Literaturkritik, Würzburg 1999

Marquard, Odo: Artikel „Anthropologie", in: Historisches Wörterbuch der Philosophie, hrsg. von Joachim Ritter u.a., Basel-Stuttgart 1971ff., I, 362–374

Marx, Karl: Das Kapital. Kritik der politischen Ökonomie, drei Bände, Berlin 1955

Marx, Karl/Engels, Friedrich: Werke, 43 Bände, Berlin 1956ff.

Meinecke, Friedrich: Die Entstehung des Historismus, hrsg. von Carl Hinrichs, München 1959

Montaigne, Michel de: Essais (Versuche) nebst des Verfassers Leben nach der Ausgabe von Pierre Coste ins Deutsche übersetzt von Johann Daniel Tietz, drei Bände, Zürich 1992

Montesquieu, Charles-Louis des Secondat de la Brède et de: Meine Gedanken. Mes pensées. Aufzeichnungen, deutsch von Henning Ritter, München 2001

Moritz, Karl Philipp: Gnothi sauton oder Magazin von Erfahrungsseelenkunde als ein Lehrbuch für Gelehrte und Ungelehrte, zehn Bände, Berlin 1783–1793

Nietzsche, Friedrich: Werke, hrsg. von Karl Schlechta, drei Bände, München 1960

–: Kritische Studienausgabe, hrsg. von Giorgio Colli und Mazzino Montinari, 15 Bände, Berlin-New York [2]1988

Nipperdey, Thomas: Deutsche Geschichte 1800–1866, München 1983

Nolte, Ernst: Geschichtsdenken im 20. Jahrhundert. Von Max Weber bis Hans Jonas, Frankfurt/M. 1991

Nordon, Didier: L'ennui – féconde mélancolie, Paris 1998

Novalis: Schriften, hrsg. von Richard Samuel und Paul Kluckhohn, sechs Bände, Stuttgart [3]1977–1999

Orth, Elfi: Partnerschaft. Lebenslänglich ohne Langeweile. 30-Minuten-Ratgeber, o. O. 2003

Pascal, Blaise: Gedanken, aus dem Französischen von Ulrich Kunzmann, hrsg. von Jean-Robert Armogathe, Leipzig 1987

Patočka, Jan: Ketzerische Essais zur Philosophie der Geschichte und ergänzende Schriften, hrsg. von Klaus Nellen, Stuttgart 1988

Paul, Jean: Sämtliche Werke. Historisch-kritische Ausgabe, hrsg. von der Preußischen Akademie der Wissenschaften, Weimar 1927ff.

Pöggeler, Otto: Der Denkweg Martin Heideggers, Pfullingen 1990

–: Hegel und die Anfänge der Nihilismus-Diskussion, in: Man and World III/IV (1970), 163–199

Polheim, Karl Konrad: Die Arabeske. Ansichten und Ideen aus Friedrich Schlegels Poetik, München u.a. 1966

Pulcini, Elena: Das Individuum ohne Leidenschaften. Moderner Individualismus und Verlust des sozialen Bandes, Berlin 2004

Rehm, Walter: Experimentum Medietatis, München 1947

–: Gontscharow und Jacobsen oder Langeweile und Schwermut, Göttingen 1963

Rennefanz, Sabine: Die Front in der neuen Heimat, in: Berliner Zeitung, Nr. 184, 9. August 2005

Reusch, Siegfried: Subjektivität – subjektum der Macht, Stuttgart 2004

Revers, Wilhelm J.: Die Psychologie der Langeweile, Meisenheim 1949

Rosenkranz, Karl: Der Fortschritt in der Einförmigkeit unsrer Civilisation, in: Die Gegenwart 2 (1872), 180–182

Rousseau, Jean-Jacques: Emil oder über die Erziehung, Paderborn u.a. 1985

Sartre, Jean-Paul: Das Sein und das Nichts. Versuch einer phänomenologischen Ontologie, Reinbek bei Hamburg 1989

Schalk, Fritz (Hrsg.), Die französischen Moralisten, zwei Bände, München 1973

Scheerer, Sebastian: Sucht, Reinbek bei Hamburg 1995

Schelling, Friedrich Wilhelm Joseph: Ist eine Philosophie der Geschichte möglich? In: Philosophisches Journal einer Gesellschaft Teutscher Gelehrten, hrsg. von Johann Gottlieb Fichte und Friedrich Niethammer, VIII, Leipzig-Jena 1798, 128–148

Schirmacher, Wolfgang (Hrsg.): Zeit der Ernte. Studien zum Stand der Schopenhauer-Forschung, Stuttgart-Bad Cannstatt 1982

Schlegel, Friedrich: Kritische Ausgabe, hrsg. von Ernst Behler unter Mitwirkung von Jean-Jacques Anstett und Hans Eichner, 35 Bände, 1958ff.

Schopenhauer, Arthur: Sämtliche Werke, hrsg. von Wolfgang Freiherr von Löhneysen, fünf Bände, Leipzig 1979

Schuberth, Rolf H.: Ambivalenz der Langeweile, in: Schirmacher, Wolfgang (Hrsg.): Zeit der Ernte. Studien zum Stand der Schopenhauer-Forschung, Stuttgart-Bad Cannstatt 1982, 344–354

Schwarz, Christopher: Langeweile und Identität: eine Studie zur Entstehung und Krise des romantischen Selbstgefühls, Heidelberg 1993

Shattuck, Roger: The Banquet Years, New York 1968

Sousa, Ronald de: The Rationality of Emotion, Cambridge/Massachusetts-London 1987

Spacks, Patricia Meyer: Boredom. The Literary History of a State of Mind, Chicago-London 1995

Spengler, Oswald: Der Mensch und die Technik. Beitrag zu einer Philosophie des Lebens, München 1931

Strenzke, Günter: Die Problematik der Langeweile bei Joseph von Eichendorff, Hamburg 1973

Strube, Rolf: Friedrich Schiller: Vollzug der doppelten Natur des Menschen im Spiel, in: Weiland, René (Hrsg.): Philosophische Anthropologie der Moderne, Weinheim 1995, 39–47

Sulzer, Johann Georg: Vermischte Philosophische Schriften, zwei Bände, Leipzig 1773/81

Svendsen, Lars: Kleine Philosophie der Langeweile, aus dem Norwegischen von Lothar Schneider, Frankfurt/M.-Leipzig 2002

Tetens, Johann Nicolaus: Philosophische Versuche über die menschliche Natur und ihre Entwicklung, zwei Bände, Leipzig 1777

Tieck, Ludwig: Nachgelassene Schriften. Auswahl und Nachlese, hrsg. von Rudolf Köpke, zwei Bände, Leipzig 1855

Tugendhat, Ernst: Selbstbewußtsein und Selbstbestimmung. Sprachanalytische Interpretationen, Frankfurt/M. 1993

Valéry, Paul: Zur Zeitgeschichte und Politik, hrsg. von Jürgen Schmidt-Radefeldt, Frankfurt/M. 1995

Völker, Ludwig: Langeweile. Untersuchungen zur Vorgeschichte eines literarischen Motivs, München 1975

Wallemaq, Anne: L'ennui et l'agitation, Bruxelles 1991

Weber, Heinrich Ernst: Das Cultur-Leben, insbesondere das unsers gegenwärtigen Zeitalters, betrachtet als ein vorzügliches Erregungs- und Beförderungsmittel der Langeweile, in: Der Neue Teutsche Merkur, Weimar 1808, II/8, 300–323

Weier, Winfried: Nihilismus. Geschichte, System, Kritik, Paderborn u.a. 1980

Weiland, René (Hrsg.): Philosophische Anthropologie der Moderne, Weinheim 1995

Welskopf, Elisabeth Charlotte: Probleme der Muße im alten Hellas, Berlin 1962

Wenzel, Justus Uwe (Hrsg.): Vom Ersten und Letzten. Positionen der Metaphysik in der Gegenwartsphilosophie, Frankfurt/M. 1998

Wetz, Franz Josef: Die Gleichgültigkeit der Welt. Philosophische Aufsätze, Frankfurt/M. 1994

Wolf, Ursula: Gefühle im Leben und in der Philosophie, in: Fink-Eitel, Hinrich/Lohmann, Georg (Hrsg.): Zur Philosophie der Gefühle, Frankfurt/M. 1993, 112–135

Yovel, Yirmiyahu: Spinoza. Die Abenteuer der Immanenz, Göttingen 1994

Zeier, Hans: Arbeit, Glück und Langeweile. Psychologie im Alltag, Bern u.a. 1992

Zenkert, Georg: Die Konstitution der Macht. Kompetenz, Ordnung und Integration in der politischen Verfassung, Tübingen 2004

Ziegler, Leopold: Das Weltbild Hartmanns. Eine Beurteilung, Leipzig 1910

Zijderveld, Anton: On Clichés. The Supersedure of Meaning by Function in Modernity, London 1979

Zimmermann, Johann Georg: Über die Einsamkeit, vier Bände, Karlsruhe 1785–1787

Zobeltitz, Hanns von: Gräfin Langeweile, Stuttgart 1903

Personenregister